新科目「公共」

「公共の扉」を生かした
13主題の授業事例集

編｜東京都高等学校
著｜「倫理」「公共」研究会

清水書院

新科目「公共」
「公共の扉」を生かした
13主題の授業事例集

C 持続可能な社会づくりの主体となる私たち

新科目「公共」
『「公共の扉」を生かした 13 主題の授業事例集』の発刊に寄せて

　令和4年4月から新しい高等学校学習指導要領（平成30年3月告示）が実施されています。高等学校公民科の新科目「公共」も2年目を迎え，全国のほとんどの高等学校で学習をスタートさせていることと思います。コロナ禍前の令和元年12月に，本研究会（東京都高等学校「倫理」「公共」研究会，略称：「都倫研」）は，都立高等学校の校長・公民科教員を対象とした『公民科「倫理」「公共」に関するアンケート』を実施しました。当時，アンケートの回答からは，必履修科目である「公共」が，新学習指導要領において原則として入学年次及びその次の年次の2か年のうちに全ての生徒に履修させると示されたことを受け，旧教育課程で3年次必履修が約4割だった「現代社会」との置き換えではなく，どの学校も「公共」を1年次又は2年次に設置するための新教育課程編成に苦心されている状況が明らかとなりました。一方，哲学や宗教学など「倫理」を専門分野とする教員に比べて，政治学や経済学，国際政治・経済学など「政治・経済」を専門分野とする教員は，「公共」の中でも「A　公共の扉」のどの項目においても，「力を入れたい」よりも「不安」が大きいなど，「公共の扉」の具体的な指導内容や指導方法に不安を感じている先生が多い実態があることもわかりました。

　本研究会では，従来から新学習指導要領の趣旨の実現を図ろうとする様々な実践が紹介され，情報の交換や共有がなされてきました。本書は，「公共」の授業の一助となるべく編集され好評を博した『新科目「公共」「公共の扉」をひらく授業事例集』の続編として，こうした現場の多くの先生方が不安を抱えておられる実態を踏まえ，新しい公民科が進むべき方向を見定めながら発刊されるものです。こうした本研究会会員の英知の結集による出版活動は，学術的な講演等で得た専門的な知見を授業実践に生かしてきた本会の活動の特長を表すものといえます。

　学習指導要領の「A　公共の扉」で重視されているキーワードは，孤立して生きるのではなく他者との協働により国家や社会など公共的な空間を作る主体である「自立した主体」，古今東西の先人の取組や知恵などを踏まえ「社会に参画する際の選択・判断するための手掛かりとなる概念や理論」，民主主義や法の支配等の「公共的な空間における基本的原理」など数多く挙げられていますが，最も重視すべきは，「公共」の「目標」の冒頭にある，小・中学校社会科での「社会的な見方・考え方」を発展させた「人間と社会の在り方についての見方・考え方」を働かせ現代の諸課題を追究したり解決したりする活動の重視であると考えます。なぜなら，人間としての在り方生き方に関する教育は，生徒が生きる主体としての自己を確立する上での核となる自分自身に固有な選択基準ないし価値判断，つまり人生観，世界観や価値観を形成することを目指す大切なものであるからです。

　「公共」を学んだ生徒たちが，一人でも多く，伝統や文化，先人の取組や知恵に触れたりすることなどを通し，自らの価値観を形成するとともに他者の価値観を尊重できる存在となって欲しいと願います。この本は，そうした授業実践のための「生徒の心の奥の大切な扉」をひらく一助となることでしょう。

東京都高等学校「倫理」「公共」研究会会長

渡邊　範道（東京都立墨田川高等学校長）

はじめに

　当研究会では，2022年度の高等学校における新学習指導要領の実施，および公民科の新必修科目「公共」教科書の出版に先立ち，『新科目「公共」「公共の扉」をひらく授業事例集』を2018年に出版しました。同書は，思考実験などのアクティビティを中心とする授業の指導方法を知りたいというニーズ，倫理分野にあたる「内容A　公共の扉」の指導に不安を覚える，特に政治・経済を専門とする先生方のニーズなどに応える書籍として好評を博し，おかげさまで2022年には増刷となりました。

　そこで今回は，倫理分野を主に専門とする東京都高等学校「倫理」「公共」研究会（都倫研）に参加するメンバーを中心に，「内容A　公共の扉」をふまえた「内容B　自立した主体としてよりよい社会の形成に参画する私たち」および「内容C　持続可能な社会づくりの主体となる私たち」の具体的な授業事例集の出版を続編として企画し，この度晴れて刊行の運びとなりました。

　新学習指導要領「公共」において，選択・判断の手掛かりとなる考え方や公共的な空間における基本的原理を学ぶ「内容A　公共の扉」は，「内容B」および「内容C」の基盤を養うよう指導することが明記されています。とはいえ，「内容A　公共の扉」で学んだ学習内容を，「内容B」および「内容C」の学習でどのようにつながりを持たせて活用すればよいかが，明確ではありませんでした。そのため，倫理分野の学習にあたる「内容A　公共の扉」を十分にふまえることなく，「内容B」および「内容C」の学習が行われる懸念がありました。

　本書『新科目「公共」「公共の扉」を生かした13主題の授業事例集』では，「内容B」の法・政治・経済に関わる13主題に則した21の授業事例と，「内容C」に則した4の授業事例をご紹介します。資料やワークシートなど，すぐに授業教材として使える内容を盛り込み，探究科目として置かれた選択科目「倫理」および「政治・経済」との接合も視野に入れています。本書および既刊書『新科目「公共」「公共の扉」をひらく授業事例集』を活用することで，アクティビティを中心とする1年間の「公共」の授業を計画することができると思います。「公共」を担当する現場の先生方，教員を目指す大学生・大学院生の皆様と共に，未来の「公共」授業を創ることが叶うならば，望外の幸せです。

東京都高等学校「倫理」「公共」研究会
『「公共の扉」を生かした13主題の授業事例集』編集委員　石浦昌之・村野光則・和田倫明

「公共」における主体とエージェンシー

小玉重夫（東京大学大学院教育学研究科　教授）

はじめに

　「公共」の学習指導要領では，「A　公共の扉」，「B　自立した主体としてよりよい社会の形成に参画する私たち」，「C　持続可能な社会づくりの主体となる私たち」の大項目によって構成されている。これを，旧「現代社会」の学習指導要領と比較すると，特にBとCにおいては，「主体」というキーワードが打ち出されている点に大きな特徴がある。この「主体」は，一般的には「主体的・対話的で深い学び」における「主体」と同義であると解されることが多い。ただしその場合でもそこでの「主体」に込められた意味は必ずしも深められているとは言えない。

　そこで，以下ではこの「主体」に込められた意味を掘り下げるために，「公共」が成立する背景をなす選挙権年齢の引き下げの問題に遡りつつ，その意義を探っていきたい。

1　教育基本法第 14 条

（1）政治教育の意義

　2015 年に公職選挙法が改正されて選挙権年齢が 18 歳以上へと引き下げられ，さらに，2022 年の 4 月からは，民法の成年年齢も 18 歳となった。これによって，高校 3 年生が本格的に成人として政治や社会へ参加していく時代に突入していくこととなる。この，18 歳選挙権の問題を考える際の出発点として，以下に挙げる教育基本法第 14 条がある。

教育基本法　第 14 条
良識ある公民として必要な政治的教養は，教育上尊重されなければならない。
2　法律に定める学校は，特定の政党を支持し，又はこれに反対するための政治教育その他政治的活動をしてはならない。

　ここでいう「公民」は Citizen（シティズン）を日本語に訳したもので，Citizenship（シティズンシップ）はつまり「公民性」ということである。Citizen は現行「公民」と訳されているが，「市民」と訳すこともでき，「公民」と「市民」は，大元の Citizen をふまえていえば双方に置換可能な言葉と考えていい。その Citizen となるに際し必要なものとして本条文では「政治的教養」を掲げている。文部科学省の英訳では，政治的教養は Political Literacy となっている。政治的リテラシーである。

（2）政治教育を妨げてきたもの

しかし本条文の第2項では，政治教育を行うときにふまえなければならない，政治的中立性が要請されている。第14条の1項と2項は，政治教育を行うためには政治的中立性が要請されるという関係に，本来はあった。

ところが，戦後の日本の学校教育や政治の歴史の中では，2項がひとり歩きして，1項が必ずしも十分に実質化してこなかった。そして，政治的中立性＝政治教育を行わないという誤解が広がってきた歴史があった。これが，戦後の日本において，ブレーキ役を果たしてきたのである。この政治教育にたいするブレーキに拍車がかかったのが，以下に述べる1969年通達であった。

2　1969年通達

前節で述べた，政治教育にブレーキをかけてきた一つの極致が，1969年（昭和44）に当時の文部省が初等中等教育局長の名前で出した「高等学校における政治的教養と政治的活動について」（文初高第483号，以下1969年通達）という通達である。

ちょうどこの1969年は，オイルショックの直前，大阪万博の前年で，全国の大学・高等学校で政治的な闘争・紛争が盛り上がっていた。それを受け文部省は，高等学校において生徒は未成年者なので，「未成年者が政治的行動を行うことを期待していない」と明言した通達を出したのだ。この通達によって，高校生は政治的活動が禁止されることになっていく。アルコールやタバコと同じく，政治は20禁という時代に突入していったということである。

3　18歳選挙権の成立と2015年通知

（1）2015年通知とその特徴

これに対して，2015年に公職選挙法が改正され，選挙権年齢が18歳以上に引き下げられたことは，この1969年通達の体制を根本から転換させる意味を持っていた，すなわち，文部科学省では，1969年の通達を2015年10月に廃止し，新たに「高等学校等における政治的教養の教育と高等学校等の生徒による政治的活動等について」（通知）を出した（以下，2015年通知）。

1969年通達では，政治活動については，生徒は未成年者であって，国家・社会は未成年者が政治的な活動を行うことを「期待していない」し，むしろ行わないよう要請するとしていた。また，政治教育については，生々しい論争的問題を含む「具体的な政治的事象については取扱いに留意すべき」とされていた。

他方，2015年通知では，政治活動については，「18歳以上」の高校等の生徒が有権者になったことをうけ，「高等学校等の生徒が，国家・社会の形成に主体的に参画していくことがより一層期待される」こととなったと明記する。つまり，1969年通達では「期待されない」だったのが2015年通知で「期待される」に転換したのである。

また，政治教育は，1969年通達で「取扱に留意すべき」とされていた現実の具体的な政治的事象についても，「生徒が国民投票の投票権や選挙権を有する者として自らの判断で権利を行使する

ことができるよう，具体的かつ実践的な指導を行うことが重要です」というように，「取扱注意事項」から「重要事項」へと位置づけが変わった。

　以上のように，政治的活動についても政治教育についても，1969年通達からは大きく転換したという点が，2015年通知の原則をなしている。この原則に則って，積極的に生徒を政治的な主体として位置付けることが学校に求められているという点が，2015年通知の重要なポイントである（詳細は，小玉　2016を参照されたい）。

（2）新科目「公共」の成立

　筆者が委員長を務めた日本学術会議の分科会は，この2015年通知を「高校生の政治活動を禁止していたそれまでの立場を転換し，高校生を政治的主体として位置づけ，形骸化してきた高校での政治教育を活性化させる可能性を拓くもの」として評価し，その上で，「高校生が自治的活動のなかで政治問題を考えることや，教師がそうした活動を指導する政治教育が，過度の制限や禁止事項によって萎縮させられることのないようにすべきである」とし，「そのためにも重要なのが，高校の公民科に政治的リテラシーをコアとした市民性の涵養を行う新科目を設置すること」であると，提言した（日本学術会議　2016）。

　以上のような背景のもとで，高等学校の公民科は新しく再編され，「公共」という新科目がつくられた。前回の学習指導要領では「公民のうち『現代社会』または『倫理』『政治・経済』のいずれかが必修」となっていたのに対して，今回の学習指導要領では「公民のうち『公共』は必修」となった。この「公共」の成立と関わって，筆者が委員として参加した文部科学省の主権者教育推進会議の最終報告書（文部科学省　2021）では，2015年通知の意義に触れつつ，「現実の具体的な政治的事象を扱った授業の展開を推進する」こと，そのために，「政治的中立性を過度に意識するあまり教師が指導に躊躇する現状」を克服することの重要性を指摘している。

　このように，論争的な問題を含む具体的な政治的事象を扱い，政治的リテラシーを養うことが，政治的主体の育成において重要な条件となっており，「公共」の成立はその根幹となる位置づけを有していた。そうした背景をふまえるならば，「公共」において想定される主体はその中核に，政治的主体を不可欠の契機として含んでいることがわかるだろう。

　学習指導要領上は，「公共」において政治は，Bの（2）において，「主として政治に関わる事項」に位置しているが，それはあくまでも内容上のことであり，「公共」において実現が期待されている「主体」とは，まさにここで見てきたような意味での政治的主体としての性格を色濃く有しているものとしてとらえることが肝要である。それでは，そういう主体が発現する条件は何なのだろうか，この点について，近年の哲学的な知見をふまえた検討を行ってみたい。

4　主体性のパラドクス

（1）エージェンシーとしての主体

　近年，この「主体」概念については，OECDなどを中心に，それを「エージェンシー」としてとらえ直そうという動きが活発化している。

OECD は，キー・コンピテンシーに次ぐ次の段階の新しい教育改革の方向性をエデュケーション 2030 プロジェクトという形で示している。2019 年に発表されたコンセプトノートでは，生徒エージェンシーについて以下のように述べている。

> 生徒エージェンシーとは，変革を起こすために目標を設定し，振り返りながら責任ある行動をとる能力として定義づけられます。つまり働きかけられるというよりも自らが働きかけることであり，型にはめ込まれるというよりも自ら型を作ることであり，また他人の判断や選択に左右されるというよりも責任を持った判断や選択を行うことを指しています。（OECD 2019: 4 ＝2020: 3）

このように，OECD のエデュケーション 2030 プロジェクトでは，社会の激変期にあって，生徒自らが社会の変革を促していく主体になっていくことに焦点化して，エージェンシーを「解放と変革の力」としてとらえている（木村・一柳　2022）。それまでのコンピテンシーに焦点化した議論においては必ずしも前面には出ていなかった社会への適応ではなく社会の変革を促していく主体形成としてのエージェンシーへの着目は，そうした変革主体の育成に学校教育が，より進んで関わっていくべきであるという方向性を示したものとして重要である。

ただしここで問題が生じる。エージェンシーを上記のようなものとしてとらえたとして，果たして学校教育においてエージェンシーを育成することができるのだろうかという問題である。この問題を考える手がかりとして，ガート・ビースタが指摘するパークス－アイヒマンパラドクスについて触れておきたい。

（2）パークス－アイヒマンパラドクス

パークスとは，1950 年代のアメリカでバス乗車中に運転手の指示に背き，白人に席を譲らない行動をとり，逮捕され，公民権運動を全米に広げるきっかけを作った人物である。アイヒマンは，ナチス政権下で優秀な官僚としてユダヤ人の強制移送に従事し，ユダヤ人大量虐殺に加担したということで，戦後イスラエルで処刑され，ハンナ・アレントによって「凡庸な悪」の体現者ととらえられた人物である。

ビースタによれば，「効果的な授業によって学習がうまくいくという視点からすれば，アイヒマンは教育の成功によってもたらされた人物であり，パークスはそれがうまくいかなかったことによってもたらされた人物であるということになるが，人間の主体性という観点からすれば，これとは反対の見方になる，ここにパラドクス（逆説）がある。」と，述べている。つまり，社会の変革を起こすような政治的主体としての市民は，教育の成功によってではなく，失敗によって育成される，というパラドクスがあり，これを「パークス－アイヒマンパラドクス」とビースタは名づける（Biesta 2022:28）。ビースタ自身は教育を主体化（subjectification）としてとらえ直すことを通じて，このパラドクスを超えようとするのであるが，しかしそれ自体が，きわめてパラドキシカルな問題設定であるように思われる。

というのも，主体性の主体に該当する英語は subject だが，subject には服従，従属という意味もあるからである。つまり人間は主体化することで社会の権威や権力に服従，従属するというパラ

ドクスがあり，パークスのような人間が育成されるためには，主体としての subject が服従として
の subject に絶えず転化するという，この絶えざる円環構造を反転，あるいは切断するような，そ
ういう政治的主体化の教育が要請される。そして，この主体化が服従化へと至る筋道を反転させる
ような主体性こそが，OECD のいう社会を変革する主体としてのエージェンシーと関わっている
のではないか。

　そうだとすれば，subject としての主体とエージェンシーとしての主体とはどのような関係にな
るのかをさらに問わなければならない。

（3）エージェンシーの両義性

　subject としての主体とエージェンシーとしての主体との関係を徹底的に突き詰めようとしたの
がジュディス・バトラーである。バトラーによれば，主体化と服従化の間を揺れ動く subject とし
ての主体の閉じた円環を打破し，「主体化＝服従化を超出する」（小林　2023：58）のがエージェン
シーである。しかしエージェンシーは主体化＝服従化を前提とし，そこから出てくるものであるが
ゆえに，以下に述べるような二面性に直面するという。

　　　致命的あるいは象徴的な支配の諸形式は，私たちの行為が常に既にあらかじめ「飼い慣らされて」
　　いる，という仕方で捉えられる。あるいは，一連の一般化され，時間を超越した考察は，未来に向か
　　うすべての運動の持つアポリア的な構造を対象とする。私が示唆しておきたいのは，いかなる歴史的，
　　あるいは論理的帰結も，従属化とのこうした根源的な共犯関係には必ずしも従わないし，ある可能性
　　が不確かな仕方で生じる，ということだ。エージェンシーが従属化に包含されることは，主体の核に
　　おける決定的な自己矛盾の表れではないし，従って，その有害な，あるいは役立たずな性格のさらな
　　る説明ではない。しかし，それはまた，主体のエージェンシーは常にただ権力に対抗する，という主
　　体に関する純粋無垢な観念－古典的な自由主義的－人間主義的定式化に由来する－を復活させるもの
　　でもない。第一の見方は，政治的な意味で聖人をよそおった運命論の諸形式の特徴である。第二の見
　　方は，政治的楽観主義のナイーブな諸形式の特徴である。私は，これら二つの選択肢のどちらも回避
　　したいと考えている。（Butler 1997:17＝2012:26-27）

　私たちの主体性は常に既に既存の支配的秩序の中で「飼い慣らされている」。そうした主体＝服
従の往還を超え出るものとしてエージェンシーが存在するが，エージェンシーはそれ自体，従属化
に絡めとられ，飼い慣らされる可能性を否定できない。生徒会の執行部にいわゆる「優等生」が多
い（学校がある）ことなどはその例かも知れない。エージェンシーは「従属化に包含されること」
と，「権力に対抗する」こととの両面の間で，常に揺れ動いているのである。前者を強調するだけ
だと，「政治的な意味で聖人をよそおった運命論」に陥るし，後者の強調は「政治的楽観主義」に
なる，重要なのは「これら二つの選択肢のどちらも回避」し，エージェンシーの二面性を見すえる
ことだと，バトラーはいう。

　以上をふまえてバトラーは，過去と未来の間の交差点に「反覆される両義性」を核心とするエー
ジェンシーを位置づけ，そこに，飼い慣らされない主体性を構想しようとする。

超出することは自由になることではないし，主体はまさしく自らを拘束するものを超出すのである。この意味において，主体は自らを構成している両義性を抑制することはできない。《既にそこにある》と《これからやって来る》の間のこの揺れは，困難で，動的で，将来の望みに満ちた，主体を横断したすべての道程を結び合わせる交差点であり，エージェンシーの核心にある反覆される（reiterated）両義性である。(Butler 1997:17-18=2012:27)

このようにエージェンシーを，従属する主体と変革する主体の間を揺れ動く両義的なものとしてとらえることによって，教育の場において，前者（従属する主体）から後者（変革する主体）へと転化する条件が何なのかを問うことも可能になる。

おわりに

冒頭でも確認したように，「公共」の学習指導要領では，ＢとＣの大項目において，「主体」というキーワードが打ち出されている点に大きな特徴があった。それをふまえて，「公共」における「主体」のありようを具体的に構想し，ＡからＢ，Ｃへと授業を展開していく際，以上でみてきたような，エージェンシーの両義性をふまえた授業と探究の場の創出が求められるだろう。それは，飼い慣らされない主体性としてのエージェンシーの発現をめざすものでなければならない。それは，コンピテンシー（資質・能力）ベースから，エージェンシー（行為主体性）ベースへのカリキュラムの転換としてとらえられるだろうと，筆者は考えている（前節と本節で述べたエージェンシーの両義性は，より立ち入って検討する機会を持ちたいが，さしあたり，小玉 2023 でより詳しく論じているので，哲学的な議論に関心のある方は，そちらも合わせて参照されたい）。

〈参照文献〉
・Gert Biesta 2022 *World-Centered Education*, Routledge
・Judith Butler 1997 *The Psychic Life of Power*, Stanford University Press（= 2012 佐藤嘉幸・清水知子訳『権力の心的な生−主体化＝服従化に関する諸理論』月曜社）
・木村優・一柳智紀 2022 「解放と変革の力としてのエージェンシーを再考する」『教師教育研究』15 巻，福井大学大学院教育学研究科教職開発専攻（教職大学院）「教師教育研究」編集委員会編
・小玉重夫 2016 『教育政治学を拓く−18 歳選挙権の時代を見すえて』勁草書房
・小玉重夫 2023 「コメント：アナーキズム的転回へ向けて−飼い慣らされない主体性のために」小玉重夫編『報告書 18 歳成人時代の主権者教育を考える―サブジェクトとエージェンシーのあいだで―』所収，http://skodama.cocolog-nifty.com/blog/2023/06/post-552732.html
・小林夏美 2023 『『語る子ども』としてのヤングアダルト−現代日本児童文学におけるヤングアダルト文学のもつ可能性』風間書房
・OECD 2019 *OECD Future of Education and Skills 2030 Concept Note: Student Agency for 2030*, https://www.oecd.org/education/2030-project/teaching-and-learning/learning/student-agency/Student_Agency_for_2030_concept_note.pdf（= 2020 秋田喜代美ほか訳「2030 年に向けた生徒エージェンシー」）

本書の使い方

　冒頭には，東京大学の小玉重夫先生による論考「『公共』における主体とエージェンシー」を掲載した。「内容A　公共の扉」で学んだ学習内容を生かし，アクティビティを中心とする「内容B」および「内容C」で「主体」的に学ぶことの意味を確認しておきたい。

　次に，新科目「公共」の「内容B」で扱う，法・政治・経済に関わる13主題に則した授業事例21例，「内容C」に則した授業事例4例が示されている。各事例は，最初に，**指導のねらい**を示したあと，**学習内容・授業方法等の概説**で学習指導要領との対応関係を説明し，つづいて**学習指導案**を提示している。

　学習指導案には1時間〜4時間構成のものがあるが，**授業展開**の記述の中で，実際の授業では展開を抽出したり再構成したりして，学校や生徒の状況に合わせてアレンジしやすいよう配慮している。また，授業で実際に使用することを想定した資料やワークシートを，原稿スペースに合わせて，できるだけ多く配置している。これも，適宜アレンジして使われることが好ましい。

　最後に，**学習内容のまとめと評価**，**他の授業例／発展的な授業例**，**レポート・小論文課題例**，**ディベート・ディスカッションのテーマ例**，**選択倫理**，**選択政治・経済**，**総合的な探究の時間との関連**，**〈参考資料〉**などの事項が，テーマや教材に応じて置かれているので，参考にしていただきたい。

　ここに示された授業案どおりに実施されるというよりは，内容の難易度や授業の構成をそれぞれの生徒の状況に合わせて，適切に組み替えたり加除したりしてご活用いただきたい。

〈ワークシート　ダウンロードのご案内〉

　『「公共の扉」を生かした13主題の授業事例集』をご購入いただいた方への特典として，本書に掲載されているワークシートの中からダウンロードして使用していただけるPDFファイルを用意しています。

　次のQRコードを読み込むか，URLから清水書院のウェブサイトにアクセスしていただき，ユーザー名とパスワードを入力のうえご確認ください。

https://www.shimizushoin.co.jp/koukyounotobira/

　ユーザー名：koukyounotobira2

　パスワード：奥付（最終ページ）に記載されている

　　　　　本書ISBNコード下6桁の数字（ハイフンなし）

　※ダウンロードの際にかかる通信料はお客様負担となります。
　　あらかじめご了承ください。

「公共の扉」を生かした 13主題の授業事例集

　新科目「公共」の「内容B」で扱う，法・政治・経済に関わる13主題に則した授業事例を21例，「内容C」に則した授業事例を4例掲載しました。すでに「公共」の指導を行っている教員を中心に，汎用性の高い授業を提案しています。資料やワークシートなど，すぐに授業教材として使える内容も盛り込み，探究科目として置かれた選択科目「倫理」および「政治・経済」との接合も視野に入れました。1時間〜4時間の授業となっていますが，そのまま実施していただくほか，1時間だけを取り上げたり，アクティビティだけを取り上げていただいても構いません。「本書の使い方」でも触れましたように，それぞれお使いの教科書や授業方法，生徒の状況に合わせて，適切にアレンジしながら活用していただければと思います。

法や規範の意義及び役割①

法の意義や役割とは何だろう

指導要領【公共】B-ア

ア（ア）法や規範の意義及び役割，多様な契約及び消費者の権利と責任，司法参加の意義などに関わる現実社会の事柄や課題を基に，憲法の下，適正な手続きに則り，法や規範に基づいて各人の意見や利害を公平・公正に調整し，個人や社会の紛争を調停，解決することなどを通して，権利や自由が保障，実現され，社会の秩序が形成，維持されていくことについて理解すること。

指導のねらい

①法の強制力にどのような意義があるか考えさせる。
②公法と私法，社会法の分類を理解させ，人生の中で法と関わる具体的な場面を考えさせる。
③「道徳や慣習」と「法」の違い，法の役割の限界について理解させる。

学習内容・授業方法等の概説

・学習指導要領「3　内容の取扱い」（3）カ（エ）の解説には，「公共的な空間を作る自立的な主体として，法の内容を吟味して，よりよいものにしていこうとする努力が大切であることを理解できるようにする」と述べられている。また，その具体的な方法として，「法やルールを定める時には，どのようなことを考慮する必要があるか，どのような基準で法を評価すればよいか，法によって解決することが適切なのは，どのような問題か，といった具体的な問い」を設けることとあり，本授業には身近な法を考察することを通じて，主題を追究し解決する学習活動を取り入れた。

内容Aで身に付けた考え方・基本原理

・社会契約説や自然法思想：権利の保障と，権利の譲渡・信託の考え方
・ユダヤ教の律法主義とキリスト教の黄金律：律法との向き合い方の違い
・カントやヘーゲルの法に関する思想：自律的な道徳法則，主観と客観を兼ね備えた人倫
・ハーバーマスの対話的理性：規範の根拠を捉え直すことで生活世界の植民地化から脱却

学習指導案

	授業内容	備考
導入	小・中学校の校則を思い出し，法や規範の意義を確認したうえで，それらの目的を考察する。 　　　　　　　　　　　　　　　　　　　　　（5分）	
展開	1．社会規範とは何か，そして「道徳や慣習」と「法」の違いは何か，について考察する。 2．法の分類について理解し，自分と関わりの深い法律について考察する。 3．法やルールの目的の正当性や手段としての相当性，公正性といった視点をもとに，法やルールを検討する。 　　　　　（35分）	適宜，発問し考察させる。 身近なテーマで検討させる。
まとめ	1．気づいたことや考えたことをワークシートにまとめる。 2．法の限界について理解する。 　　　　　　　　　　（10分）	

授業展開 ◆法の意義や役割とは何だろう

導入

(発問) 小・中学校の校則にどのようなものがあったか，思い出してみよう。

（解答例）制服の着方や服飾品について，持ち込み可のものが限定されている　など

(解説) 法や規範の意義の確認

「公共的な課題の解決や社会秩序の安定を実現するためにつくられる公的なルール」

(発問) 法や規範の意義を確認したうえで，小・中学校の校則にはどのような目的があったのかを考えよう。

（解答例）集団生活を円滑に進めるため，盗難などの被害を予防するため　など

(解説) こうした身の周りにあるさまざまなルールと法は何が違うのか，そして刑事罰といった罰則の有無は何によって決まるのかを授業の中でおさえていくことを伝える。

> **板書事項**
> ・社会規範…社会生活を営むうえでのさまざまなルールであり，違反するとなんらかの制裁が
>   　　　　ある
>   道徳や慣習：違反した場合は社会的に非難
>   　　　法：違反した場合は国家権力による制裁（刑罰や損害賠償）⇒強制力をともなう

解説　社会規範には法や道徳，慣習および宗教上の戒律などがあり，法は道徳などと区別される社会規範の一種である。法には一定の行為を命令・禁止したり，紛争が生じた場合に，その紛争を解決したりする機能のほかに，犯罪に対する心理的な抑制効果や人々の自由・平等を保障するための指針としての機能もある。

発問　「道徳や慣習」と「法」にはどのような違いがあり，また，なぜそうした違いが生じるのだろうか。
　　（解答例）①国家による強制力の有無。人々の命や身体，財産の安全を脅かす恐れのある行為に関しては「法」によって強制される。
　　　　　　　②内容の成立や修正の過程。「法」は国会を通じて新たにつくられたり，内容が変更されたりするが，「道徳や慣習」は長い間に培われてきた習慣や文化によって形成されており，修正は難しい。

> **板書事項**
> ・法の分類
>   自然法　…　人間の理性に基づいて普遍的に成り立つ法
>   実定法　…　人為的につくられた法
>   　　　　公　法　…　国家のしくみや国家と個人の関係などについて定める
>   　　　　私　法　…　私人（個人や法人）相互の関係を定める
>   　　　　社会法　…　経済的・社会的に弱い立場の人々を保護する
>   　　　　　　　　⇒民法や商法といった私法は私たちの生活と密接に関わっている

解説　自然法とは，社会契約説の授業でも扱っているが，時代・場所を問わず永久不変に適用される法のこと。人間の理性といったものがその根源とされている。実定法は，国家などによって人為的につくられた法であり，制定法である成文法と，慣習法などの不文法に分かれる。公法は，国家や地方公共団体と個人との関係や，それぞれの組織の活動を定める法のこと，私法とは私人間の関係を定める法のこと，社会法とは労働法など社会権の実現のために定められた法のことを指す。

発問　誕生から高校卒業まで，一体どのような法律が関係しているか，調べて挙げてみよう。
　　（解答例）戸籍法（出生届），教育基本法（義務教育法），少年法，民法（18歳成人）など

解説　法は，私たちの権利や義務を定めているだけでなく，学校での授業や，学校に来るまでの公共交通機関の利用，道路や公園などの公共財，スーパーや商店街での買い物などとも大きく関わっている。普段意識することは少ないが，私たちの生活と密接に関わっている。

展開2

　対話的活動として，法やルールを検討するワークを取り入れる。検討の際の視点としては，①法やルールの制定理由や目的の正当性，②目的を達成する手段としての相当性，③納得して受け入れることができる公正性の3つの視点に関して意見交換を行いながら，最終的な合意形成をめざす。

テーマ　部活動のルールを考えよう。

やり方　・4人1組のグループをつくり，架空の部活動を発足する生徒A～Dの役割を振り分ける。

　　　　　　生徒A：朝練は必ず行う。朝7時集合。

　　　　　　生徒B：先輩や先生には，立ち止まって挨拶をする。

　　　　　　生徒C：お昼休みはみんなで集まってお昼ご飯を食べる。

　　　　　　生徒D：ルールは一切必要ない。

　　　　・部活動のルールを検討する際の視点を提示して，相手を説得するための準備をさせる。

　　　　・ルールを決める活動を通じて，普段自分たちが守っている「ルール」の根拠（制定の動機）を考察させる。

解説　生徒A～Cは，それぞれの課せられたルールを採用してもらうため，「ルール」の根拠を考察し，相手を説得するために説明する。生徒A～Cはそれぞれ，A＝結果を出したい，B＝礼儀を大事にしたい，C＝仲良くなりたい，という価値観をもつ。一方で，生徒Dは常にルール不要を訴えるため，生徒A～Cはいっそう深く「ルール」の根拠の正当性や妥当性を考える必要が出てくる。生徒Dの存在は，批判的思考でルールを検討してもらう対話の起爆剤のような位置づけであり，安易に合意しないようにさせたい。

まとめ

　合意できたルールとできなかったルールにはどのような違いがあったのか，そしてルールを検討した際に気づいたことや考えたことをワークシートにまとめさせる。

解説　今回部活動のルールを検討した際の視点は，実社会の法やルールを検討する際にも有効であるが，実社会では，年齢や経済的状況など，置かれている状況が大きく異なる多くの人たちとの「合意」が必要であるため，さまざまな立場への理解を含めた公正さを検討する必要がある。また，先に示した視点以外にも，「法の一般性」や「法の明確性」など，法を評価する視点は存在する。その一方で，みなが暮らす「公共的空間」においては，法やルールをつくりそれを守らせることで，自分たちの暮らしを守ることができるが，思想や信条などといった個人の内面や道徳観に関しては，法で規制したり法を適用させたりすることはできない。この「法の限界」も含めて，実社会の法やルールを主権者として今後も点検していく必要がある。

■学習内容のまとめと評価

・論述テーマ

法の意義と役割および法を評価する視点について，以下のキーワードを用いてまとめなさい。

【キーワード：社会規範　　強制力　　紛争解決　　正当性　　公正性　　法の限界】

（例）

法は社会規範の一種であり，社会秩序の安定化といった意義や，紛争解決，犯罪に対する心理的抑制，自由・平等の実現などの役割をもつ。また，法に違反した場合は国家権力による制裁が規定されており，道徳とは異なり外的な強制力がある。個人の内面や道徳観に関しては法で規制できないといった法の限界もあるが，さまざまな立場の人が暮らす公共空間の課題解決を図るうえで，法の正当性や相当性，公正性などの視点で，法を主権者として評価する必要がある。

・評価方法（ルーブリックも可）

A（5点）	B（4点）	C（2点）	D（0点）
与えられたキーワードのほかにも，論述をまとめる際に必要な語句を適切に補足し，まとめている。	すべてのキーワードを適切に用いて，法の意義と役割，評価する視点についてまとめている。	キーワードの使い方に一部誤りがある。または，無関係な事項を混入してまとめている。	白紙，またはすべてのキーワードを誤って使用している。

■他の授業例／発展的な授業例

・多様な学校で実施されることを踏まえ，身近な話題を出発点にしているが，実際の法律や生徒の関心が高い現実社会の諸課題をテーマに検討させてもよい。

　　例：ドイツのハイジャック機撃墜法，香川県ネット・ゲーム依存症対策条例　など

・内容Aで触れた，ユダヤ教とキリスト教の律法との向き合い方の違いを踏まえ，社会のルールや法に対しての私たちの向き合い方を問うてもよい（処罰を恐れて全員が一律形式的に守ることがよいのか，その法を守る主体である人間としての生き方在り方を重視することがよいのか）。

・カントやヘーゲルの法に関する思想を比較して，道徳と法のあり方を考察してもよい。

・ハーバーマスの生活世界の植民地化をからめて，法や政治制度に対しても対等な立場で自由に議論し，合意形成に至る必要性を説明してもよい。

〈参考資料〉

・法務省　高校生を対象とした教材　https://www.moj.go.jp/housei/shihouseido/housei10_00038.html

『未来を切り拓く法教育～自由で公正な社会のために～』

法教育視聴覚教材「～個人の自由の尊重と調整～」「～紛争解決・司法～」

（外側淳久）

法や規範の意義及び役割②
社会規範としての法や道徳，
それぞれの役割とその限界

指導要領【公共】B-ア

ア（ア）法や規範の意義及び役割，多様な契約及び消費者の権利と責任，司法参加の意義などに関わる現実社会の事柄や課題を基に，憲法の下，適正な手続きに則り，法や規範に基づいて各人の意見や利害を公平・公正に調整し，個人や社会の紛争を調停，解決することなどを通して，権利や自由が保障，実現され，社会の秩序が形成，維持されていくことについて理解すること。

指導のねらい

公共的な空間における基本的原理としての「法の支配」を前提に，「法や規範の意義及び役割」に関わる現実社会の課題をもとに，法の適切さや法の限界について考える視点を身に付ける。

学習内容・授業方法等の概説

・電車内の利用者のあり方について，問題に思っていることを挙げ，その問題に対する解決策としてのルールを検討する。そのうえで，その解決策としてのルールはどのように運用されるのが適切かについて，さまざまな社会規範があることを前提に，考えを深める。

・これにより，「法の支配」を実現するために法が公正なルールとして備えるべき特質を理解し，法の適切さを考える視点を身に付けるとともに，法と道徳や宗教の関係について留意して，法の役割の限界についても理解する。

内容Aで身に付けた考え方・基本原理

・A（3）公共的な空間における基本的原理「法の支配」

必要に応じて下記のような先哲を示すことで，生徒に自分が重視している価値を一般化させる。

■孔子（徳治主義）
道徳的に教化すれば
厳しい刑罰がなくて
も人々は治まる。

■韓非子（法治主義）
厳しい刑罰をともなう法
律によって人々を統治す
る。

■ J.S. ミル（内的制裁）
道徳を強制する力，
良心が個人をとがめる。

■ベンサム（外的制裁）
社会の不利益となる行為
をすれば，苦痛が生じる
ようにしむける。

	授業内容	備考
導入	・法務省の高校生向け法教育教材『未来を切り拓く法教育～自由で公正な社会のために～』等を活用しながら，法的主体となることに向けた学習に見通しをもたせる。たとえば，資料① を引用したうえで，発問 について考えさせる活動などが想定される。 ・電車内での利用者のあり方について，問題に思っていることはあるか，グループで簡単に考えさせ，各グループに１つずつ，発表させる。　　　　　　　　　　　　　　　　　　　　　　　（10分）	資料① (pp.20-21) 発問 (p.21)
展開	・教員が本時のテーマの候補として 資料② の３点を挙げ，候補の中のどのテーマで話し合いたいか，生徒に決めさせる（教員が事前に決めておいてもよい）。そのうえで，そのテーマに関して，問題点を具体的に挙げさせ，それに対する解決策をまとめさせる。その際，肯定派・否定派・中庸派といったさまざまな立場があるという前提を意識させるために，教員が，机間巡視をしながら，資料② の「問題の例」「観点」を，生徒の意見と異なる視点として，各グループに示すようにする。 ・自分のグループの解決策はどう運用するのが適切か，もしくはどのように運用しているものといえるのか，資料③ に穴埋めをする形で，示されている他の２つの事例と比較しながら，考えさせる。そのうえで各グループに，テーマに関する【問題点】とそれに対する【解決策】，その解決策の【運用のしかた】を，解決策とその運用のしかたが適切であると考える理由とともに，発表させる。　　（35分）	資料② (p.22) 資料③ (p.22)
まとめ	ルールを策定するにあたっては，それが効果的であるかどうかだけでなく，どこまでを規制し，どこからをモラルに任せるのか等，さまざまな視点で検討する必要があることを示す。そのうえで，実際に用いられている，マナー啓発のためのポスターや違反事例を周知するポスター等を生徒に示す。　　　　　　　　　　　　　　　　　　　　　（5分）	

授業展開　◆社会規範としての法や道徳，それぞれの役割とその限界

導入

資料① ルールの意義・必要性について

　社会には，様々な価値観や考え方を持った人々が存在しています。このような人々がそれぞれ自由に行動しようとすると，他者の自由と衝突することがあります。

　例えば，「室内で犬を飼いたい」と思っているＸさんと，「静かな生活を送りたい」と思っているＹさんが隣同士の部屋に暮らしていたとします。Ｘさんが自分の希望のとおりに行動し，犬を飼い始めた場合，犬の鳴き声で，静かに暮らしたいというＹさんの自由と衝突してしまうかもしれません。

　このように，自由同士が衝突した場合に，ルールがなければどうなるでしょうか。強い立場の人や多数派の自由ばかりが優先され，弱い立場の人や少数派は自由な活動ができなくなって

しまうかもしれません。

　そのような事態にならないよう，お互いの自由を尊重した上で，調整を行うためにルールは存在しています。ルールは，人々が円滑な社会生活を行う上で必要なものなのです。

　もちろん，自由同士が衝突・対立し得る場合には必ずルールを作るべきだというわけではなく，ルールを作らず，個人個人の考えや行動に委ねた方が望ましい場合も考えられます。

　また，実際にルールを作るべきかどうかを検討するに当たっては，検討の基礎となるべき事実を正しく認識することも重要ですし，ルールを作る際は，そのルールの目的や機能だけを考えるのではなく，そのルールが社会全体の中でどのような機能を果たすことになるかを評価する視点を持つことも必要です（さもなければ，せっかく作ったルールがかえって社会の人々にマイナスを及ぼすことにもなりかねません。）。

　ですから，ルールづくりの授業を行うに当たっては，そもそもルールを作るべきなのか，作るとしてもどの範囲でルールを作るべきかについても考えるなど，様々な観点から考察することで，ルールの意義・必要性への理解がより深まると思います。

　また，たとえルールが存在していたとしても，誰も従おうと思わないルールでは意味がありません。ルールを作るときの大切なことの一つに，ルールの適用を受ける人たちがそのルールに納得するということがあります。一人でも多くの人たちの納得を得るためには，どのようにルールを作るか（手続）と，どのようなルールが良いか（内容）の二つのポイントがあります。

（『未来を切り拓く法教育〜自由で公正な社会のために〜』法務省，2019, pp.8-9

https://www.moj.go.jp/housei/shihouseido/housei10_00038.html）

（発問）「室内で犬を飼いたい」と思っているＸさんと，「静かな生活を送りたい」と思っているＹさんの，協働の利益を確保するために，どんなルールが必要でしょうか。

（解説）ルールは，目的達成のために役に立つものであるかどうか（手段の相当性），複数の解釈ができないか（明確性），立場を入れ替えても受け入れられるものであるかどうか（平等性），といった視点でその内容が評価される。たとえば今回であれば，つくったルールが，ＸさんＹさんいずれかに過大な不利益を与えるものになっていないか，ＸさんＹさんがそれぞれ自分の都合のよい解釈をできるものになっていないか等について，生徒に考えさせることもできる。ただ，実際の法律の規定には，さまざまな理由から，あえて明確化せずに抽象的な原理を宣言する意義が認められているものもある。つまり，ルールを明確化することは重要だが，それだけが判断基準なのではなく，ルールの目的に応じたルールづくりが必要なのである。

　そもそも法は人々を公平・公正に処遇し，相互の信頼を確保することで協働の利益を実現しようとするものである。一方で，人々の間で機能している社会規範は法だけではない。道徳や宗教などがあり，それらは主体的な個人の内面的規律や自立，個の確立も重視している。法で解決するべきか，個人の判断に委ねるべきか，そのようなことも含めて考える視点を身に付けることが求められる。

(発問) 以下の３つのテーマのうちから１つを選び，【問題点】を具体的に挙げ，それに対する【解決策】をまとめてみましょう。

資料②

テーマ	携帯電話の使用	ベビーカーの持込み	車内での飲食・化粧
問題の例	騒音	混雑	匂い
観点	・優先席付近と通常の座席付近とで，差異はあるか。 ・通話とメール等の通信では，差異はあるか。 ・小さな声での通話よりも，大きな声での会話のほうが問題ではないか。	・生後３か月の赤ちゃんと３歳の子どもで差異はあるか。 ・子どもを抱っこした状態でベビーカーに荷物を載せている場合はどうか。 ・事実上，抱っこひもの携帯義務を課すことにはならないか。	・時間帯・混雑具合によって状況は変わるか。 ・飲食について，飴，おにぎり，弁当，汁物など，ものによって差異はあるか。 ・化粧について，異性はあなたと同じ意見をもつか。

(発問) 以下の表の空欄を埋めながら，選んだテーマに関する【解決策】の【運用のしかた】を考えてみましょう。そのうえで，考えた【運用のしかた】が，適切だといえる理由を発表しましょう。

資料③

	人のものを盗む	葬式に赤い色のスーツで出席する	あなたがルールで規制の対象とした行為
そもそもやっていいことか？			
どんなルールで規制されているか？	刑法第235条	×	あなたがつくったルール
罰を与えるべきか？（与えられているか？）	○		
罰を与えるなら，どんな罰であるべきか？（どんな罰であるか？）	10年以下の懲役又は50万円以下の罰金		
罰を与えないなら，どんな運用をするか。	×		

解説 資料③ から，実際に運用されている解決策には，法的罰を与えることによって強制するものだけでなく，教育や啓発によって矯正していこうとするものもあることがわかる。「法は道徳の最小限」という言葉がある。生徒たちは，法によらない解決策も含めて検討することによって，より広い視点で社会のあり方を考えられるようになったかもしれない。

では，罰で強制するものとして，「法は自由を縛るもの」なのだろうか。むしろ法がない社会のほうが，いっそう不自由である場合もあるだろう。私たちが自由に生きていくうえでは，一定の秩序が維持されている必要があるからである。本来，法は，すべての人が自由に共生していくためのものであり，人々の生活をより豊かにするために存在している。その理解のもとで，法と法以外の社会規範の【運用のしかた】を考えることが求められる。

まとめ

解説 教科書や学習指導要領の内容を踏まえて，ここまでで学習した内容を体系的に振り返らせることで，授業のまとめとする。具体的には，社会規範には強制力をもつ明文化された法だけでなく，道徳やマナーのように強制力をともなわないものもあるということを示すとともに，法と道徳には共通の性質があり，法的義務と道徳的義務がお互いに支え合って社会規範を成り立たせている面があることも示す。

■学習内容のまとめと評価

・以下を評価のポイントとして，生徒の学びを見取るようにする。
　①明確な基準をもって，自分の重視する価値を明らかにできているか。
　②自分の重視する価値が，他の価値に対して，相対的にどのように位置づけられるかを，把握できているか。

■他の授業例／発展的な授業例

　ヘーゲルの人倫の思想では，法と道徳の関係について言及されている。それによると，法は客観的だが形式的になる恐れがある一方で，道徳は自発的だが主観的な個人の問題になる恐れがある。この法と道徳の関係については，次のような展開で，さらに考えを深めることができる。

・発展的な授業例
　「法や規範の意義及び役割」についての発展的な授業例として，社会的な事象や事例を，下記の①〜④の4つの象限に分類させることでより深く考えさせるものがあり得る。
　①法的にも道徳的にも許される。　　　　　②法的には許されるが道徳的には許されない。
　③法的には許されないが道徳的には許される。　④法的にも道徳的にも許されない。
　たとえば，森鷗外の『高瀬舟』では，喜助という人物が弟を救う目的で嘱託殺人を犯すが，その喜助の行動を，生徒は上記③に分類することがある。そのような分類をした生徒に対して，「法的である，道徳的であるということは，どのような意味に捉えられているのか」を教員が問うことで，法と道徳を弁証法的に統合する意義について，考えを深めさせることができよう。

・思考実験
　思考実験を扱うにあたっては，その内容の紹介だけで終わらずに，背景にある価値同士の対立にまで生徒の思考が及ぶようにする必要がある。そもそも思考実験は，学習指導要領上，考察の際に用いられるべき概念的枠組みの一つとされているからである。思考実験を概念的枠組みとして捉えさせるための方法の一つとして，複数の思考実験を扱いながら，生徒にアナロジー的な思考を発揮させるものがある。
　たとえば，次ページ 参考資料 の1つ目は賄賂を許容しないと発展途上国への清潔な水の提供も実現しなくなるというジレンマを扱ったものであるが，そのような，「違法行為を拒否することが，必ずしも，人としてのよい在り方になるとは限らない」という構造は，参考資料 2つ目においても見出すことができる。暗殺という違法行為を拒否すると，戦争という最悪の事態が防止できなくなる可能性があるからである。思考実験同士の比較により，内容だけでなく構造にも着目するよう促せば，思考実験が概念的枠組みとして機能するものになり得ると考えられる。

50　善意の賄賂　〜目的が善なら道徳を曲げてよいか？

　首相は自分のことを「まっすぐな気性の男」だと思いたがっていた。政府内での汚職や自堕落を心から忌み嫌い，もっとクリーンで正直な政治をしたいと願っていた。

　ところが，ある出来事のせいで，首相はままならぬジレンマに陥った。官邸内のレセプションで，ひとりのビジネスマンが首相をそっと脇へ連れていった。平然と悪事を働くことで有名な人物だが，刑事でも民事でも前科はない。何ごとかたくらむ様子で，その男が首相の耳もとで声をひそめる。「わたしは大勢の人から嫌われていますし，仕事のしかたでも，敬意を払われてはいません。でも，そんなことはどうでもいい。困るのは，そういう評判のせいで，国から栄誉を受けられないことなのです」

　「それでね」男は続けた。「あなたとわたしとが協力すれば，万事うまくいくはずです。わたしが1000万ポンド用意して，アフリカの何百何千という人たちに清潔な水を提供するお手伝いをしますから，あなたは，新年叙勲名簿でわたしにナイトの称号を授けると保証してください。もしだめなら，その金はわたしひとりで使ってしまいますよ」

　彼は首相の背中をぽんと叩き，「よく考えておいてください」と言うと，人の輪の中へそっと消えていった。これは一種の賄賂(わいろ)だと首相にはわかっていた。しかし，その見返りがあきらかに善意として使われるときでも，自国の最高栄誉のひとつを売り渡すのは，やはり間違いなのだろうか？

63　つぼみを摘む　〜違法行為が許される場合とは？

　大統領は声を抑えて言った。「君の言っていることは違法だぞ」

　「そのとおりです，大統領」将軍が答えた。「しかし，国民の命を守るには何をすべきか，考えていただかなくてはなりません。状況はわかりやすいものです。テータムは，自国での民族浄化作戦を開始し，なおかつ，わが国に軍事攻撃を仕掛ける決断をしています。機密情報によると，その計画に乗り気なのはほとんど本人だけですし，もしわれわれの手で片づければ，後継者は，はるかに穏健なネスタになるはずです」

　「わかっている。しかし，あの男を殺すとなると……。他国の指導者を暗殺するのは国際法に違反する」

　将軍はため息をついた。「ですが，大統領。ごく簡単な決断ではありませんか。銃弾一発，加えてもう数発ですむのですし，それも事後，セキュリティサービスがきれいに片づけます。それだけで，広範囲の大虐殺も，戦争の可能性も未然に防げるのです。ご自分の手を，他国の指導者の血で汚したくないお気持ちはわかりますが，そうしなければ，何千というかの国民と，そしてわが国民の血の海で溺れることになるのですよ」

（ジュリアン・バジーニ『100の思考実験』紀伊國屋書店，2012）

（久世哲也）

多様な契約及び消費者の権利と責任①
契約とは

指導要領【公共】B-ア

ア（ア）法や規範の意義及び役割，多様な契約及び消費者の権利と責任，司法参加の意義などに関わる現実社会の事柄や課題を基に，憲法の下，適正な手続きに則り，法や規範に基づいて各人の意見や利害を公平・公正に調整し，個人や社会の紛争を調停，解決することなどを通して，権利や自由が保障，実現され，社会の秩序が形成，維持されていくことについて理解すること。

指導のねらい

①成年年齢が18歳に引き下げられたことにともない，「契約」を中心とする学習を通して，自立した消費者になるために必要な知識や技能を身に付けさせる。

②契約が日常生活において身近なものであること，契約が個人の生活を豊かにさせることを実感させ，理解させる。

③契約成立の要件やいったん成立した契約を例外的に解消できる場合について理解させる。

学習内容・授業方法等の概説

・学習指導要領「3　内容の取扱い」（3）カ（エ）には，「『多様な契約及び消費者の権利と責任』については，私法に関する基本的な考え方についても扱うこと」と述べられている。「契約」は私法のもっとも基本になる要素であるから，よく理解させる。

・また，民法改正による成年年齢の引き下げにともなう変更点（錯誤による契約は「無効」から「取り消し」に，未成年者取消権の適用年齢など）に焦点を当てる。

内容Aで身に付けた考え方・基本原理

・エリクソン：青年期における「アイデンティティの確立」と「モラトリアム」

・ハヴィガースト：

青年期の発達課題

「社会制度などの知識，民主主義の問題を処理するために必要な言語と合理的思考」

「社会的責任のある行動」

・社会契約：人々がお互いの間に自然権の侵害が生じるのを防ぐために交わす約束。

国家は政府と人民との間の契約によって成立している。

社会との契約が自由をつくる。

ロック「自由は人間同士の契約で成立する」

・ユダヤ教，キリスト教における契約：

「神」と「人」との間に結ばれたもの。モーセがシナイ山で結んだ神との契約が十戒である。つまり，十戒とはユダヤ人と神との契約書である。この十戒が刻まれた石板は棺に入れられたとされている。その棺はアークと呼ばれ，インディ・ジョーンズシリーズの第1作目「レイダース　失われたアーク《聖櫃》」などの映画のテーマともなった。

・盗みをしてはならないこと

・隣人に関して嘘の証言をしないこと

・隣人の財産を欲しがらないこと

この神との契約を遵守することがユダヤ教徒の義務である。

キリスト教は旧い契約が更新され新しい神との契約となった。

（『旧約聖書』『新約聖書』）

学習指導案

〈1時間目〉

	授業内容	備考
導入	・「大人になる」ということとは ・「成人年齢18歳」（「朝日新聞」2018年5月14日） ・「18歳成人のお金のリスク」（「読売新聞ワークシート通信」2022年3月2日発行）　　　　　　　　　　　　　　（10分）	新聞記事 ワークシート
展開	1．18歳と17歳の契約における違い 　未成年者である17歳には「未成年者取消し」が適用されるが，18歳は「未成年者取消し」の対象にならない。 2．身近な契約について考える 　生徒に「どのような契約をしたことがあるか？」と発問する。 　（身近な契約の例） 　　・モノを買う。　　　　　　　・電車に乗る。 　　・アパートの部屋を借りる。　・アルバイトをする。 3．契約はいつ成立するのか 4．消費者契約法で救助が受けられるケース 　・「契約解除通知書」を作ってみる。 5．クーリング・オフ制度 　・「クーリング・オフ」をしてみよう。　　（35分）	クイズ形式での質問 発問 演習 演習
まとめ	契約をする際に注意すべき点をまとめる。 ・契約をする前に，慎重に考えることが必要。 ・怪しいサイトにはアクセスしない。 ・困ったら相談すること。　　　　　　　　（5分）	

〈2時間目〉

	授業内容	備考
導入	1．宗教や思想の学習から考える「契約」 2．「もう大人『契約』にご注意」（「読売新聞」2022年11月29日）を読み，ワークシートの裏面に感想を記入する。　　　　　　（5分）	ワークシートに記入
展開	1．悪質商法によるトラブル事例を学ぶ 　①インターネット通販による返品トラブル 　②架空請求・ワンクリック詐欺 　③マルチ商法 　④サブスクのトラブル 　⑤SNSを介したデート商法 ・それぞれの事例でどのような点がよくなかったのか，また，どのような対策が必要かについて考えさせる。 ・グループ内で意見をシェアし，討論を行う。 ・代表者に発表させる。 2．契約でトラブルが起きた際の解決方法について学習する。 ・契約トラブルの解決方法について解説する。 ・1時間目で学習したことを思い出す。 　クーリング・オフ制度 　消費者ホットラインの活用など ・消費者被害に遭いやすくなる心理について発問し，解説する。 　　　　　　　　　　　　　　　　　　　　　　　　　　（40分）	グループ学習
まとめ	・悪徳商法の注意点をワークシートの裏面にまとめる。 ワークシートに授業のまとめと感想を記入。　　　　　（5分）	ワークシート

授業展開　◆契約とは

〈1時間目〉　18歳成人と契約

導入

板書事項　大人になるとは

（発問）大人になるとは？　考えてみよう。

解説　ワークシート「18歳成人のお金のリスク」（p.28）を生徒にやらせる。

2018年6月に民法の一部を改正する法律が成立し，成年年齢が18歳に引き下げられた。成年となった18歳は「契約」を自分の判断でできるようになった。

讀賣新聞
ワークシート通信

★★★★ 　**18歳　お金のリスク注意**

2022年3月2日

読売新聞 教育 ネットワーク
YOMIURI EDUCATION NETWORK

年　　組　（　　）　名前

サイン

18歳 お金のリスク注意

投資やカード作成可能に

4月から成人

成人年齢が4月から18歳に引き下げられる。親の同意がなくても、株式取引したり、クレジットカードを作成したりできるようになる。自らの判断で、お金にかかわる契約の範囲が広がる一方、トラブルに巻き込まれるリスクも増える。

世界では、18歳成人が主流となっており、日本も民法改正で、明治期以来、約140年にわたって定着してきた成人年齢を変更した。飲酒や喫煙、競馬などの公営ギャンブルは、20歳未満の禁止が維持されるが、金融商品に関しては18歳でできることが増える。

たとえば、証券口座を開いて、株式や投資信託の売買をすることも可能になる。現在も、子ども名義の口座をつくることはできるが、取引には親権者の同意が必要だ。若年層の利用が多いインタ

ーネット証券は好機とみる。楽天証券はこのところ、口座の開設数が急増している。昨年12月時点で700万件を超え、前年に比べて4割増えた。

「老後資金に2000万円が必要になる」との話題は記憶に新しい。将来に備えて、若いうちからコツコツためようという人が増えている。ネット証券はスマートフォンで手軽に取引できるので、若手の利用が多い。楽天では、新規開設者の4割を20歳代以下が占めている。

ネット通販の買い物でたまったポイントで投資信託を購入する例も多い。担当者は、若年層の投資への関心は高まっている。成人年齢引き下げをきっかけに、ネット証券の使いやすさを広くアピールしていきたい」と話す。

◆4月から成人**年齢**が18**歳**に引き下げられます。変わることと、変わらないことをまとめましょう。

（2022年2月21日
読売新聞朝刊より）

【1】成人年齢を20歳としたのは、約何年前ですか。

約 ▢ 年前

【2】記事も参考にしながら、表の空欄（**くうらん**）を調べて埋（**う**）めましょう。

	親の同意	年齢
国民年金加入	必要なし	20歳
証券口座開設（※）		
携帯電話購入（※）	必要なし	18歳
自動車の大型・中型免許取得	必要なし	20歳
飲酒・喫煙		
競馬などの公営ギャンブル		
クレジットカード作成（※）		
ローン契約（※）	必要なし	18歳
住宅の賃貸契約（※）	必要なし	18歳

※企業（**きぎょう**）によって異（**こと**）なる場合もある。

【発展（**はってん**）問題】なぜ成人年齢が18歳に引き下げられるようになったのかを調べ、裏（**うら**）に書きましょう。

©The Yomiuri Shimbun

教育関連情報は kyoiku.yomiuri.co.jp で

展開

板書事項　18歳と17歳の違いについて「契約」を通して考える。

解説

1．成年と未成年にみる契約

①成年とは

　　民法の定める成年年齢には「一人で契約を結ぶことができる年齢」と，「父母の親権に服することがなくなる年齢」という2つの意味がある。

　　成年になると親の同意なしに，自分の意思でさまざまな契約をすることができるようになる。住む場所や進路などさまざまなことについて自分で決定することができるのだ。その反面，大きな責任も負わなければならなくなる。このように成年年齢の変更で18歳になればスマホの契約をしたり，ローンを組んだり，クレジットカードを作ったりするなどの契約も自分一人でできる一方，自分の責任で契約しなければならなくなる。

> 民法第4条　年齢18歳をもって，成年とする。
> 民法第5条　未成年者が法律行為をするには，その法定代理人の同意を得なければならない。ただし，単に権利を得，又は義務を免れる法律行為については，この限りでない。
> 　2　前項の規定に反する法律行為は，取り消すことができる。

　　成年年齢の引き下げによって，社会経験に乏しい高校生を悪質業者がターゲットにした契約に関するトラブルが増えることが予想される。新成年者を悪質業者が狙っており，彼らが正しい知識をもつことが大切である。

先哲の思想：思い出してみよう

サルトル「生まれつき自由を運命づけられた人間は，自らの人生を自由に創造する必要がある。一方で，自由な判断や行動には責任を負う」と述べた。

②未成年者の契約と未成年者取消し

　　未成年者である17歳には「未成年者取消し」が適用されるが，18歳は「未成年者取消し」の対象とならない。

　　成年になると一人で契約できる反面，原則として一方的に契約を取り消すことができない。

　　一方，未成年者は社会経験に乏しく，判断能力が未熟であることから，親権者や未成年後見人である法定代理人の同意が必要で，その同意がない契約は取り消すことができる（未成年者取消権）。

2．身近な契約について考える

発問 みんなは**どのような契約**をしたことがあるか？

　　　（具体的な例）　・売買契約（コンビニでモノを買う）

　　　　　　　　　　　・賃貸借契約（アパートの部屋を借りる）

　　　　　　　　　　　・雇用契約（アルバイトをする）

　　　　　　　　　　　・旅客運送契約，役務提供契約（電車に乗る）

　　　　　　　　　　　・消費貸借契約（お金を借りる）

○13 の典型契約について考える。

　贈与，売買，交換，賃貸借，消費貸借，使用貸借，雇用，請負，委任，寄託，組合，和
解，終身定期金

3．契約はいつ成立するか
　①契約の成立
　（発問）契約はいつ成立するのか？（店で買い物をしたとき）
　　　　（答え）店員が「はい，かしこまりました」と言ったときに契約は成立する。
　　　　　　　　消費者と事業者とが契約内容について合意すれば契約は成立する。つまり，文書
　　　　　　　　などは基本的には必要とせず，当事者同士の合意があれば，その時点で成立する
　　　　　　　　のである。
　・契約とは「法律的な拘束力が生じる約束」のことで「当事者双方の意思表示が合致すること
　　によって成立する」。つまり，約束のうち，法律が適用されるものをいう。その際，口約束
　　でも成立する。契約書にして，そこに署名や押印するのは，書面にしたほうが内容が明確化
　　され，証拠として残すことができるからである。

　　民法第522条　契約は，契約の内容を示してその締結を申し入れる意思表示（以下「申込
　　み」という。）に対して相手方が承諾をしたときに成立する。
　　民法第555条　売買は，当事者の一方がある財産権を相手方に移転することを約し，相手方
　　がこれに対してその代金を支払うことを約することによって，その効力を生ずる。

　・契約は「法的な責任が生じる約束」なので拘束力があり，権利と義務が生じる。
　②契約自由の原則
　・そもそも契約をするか，しないか。する場合も誰とどんな内容，条件，形式で結ぶかは自分
　　の意思で自由に決めることができる。（契約自由の原則）
　　　4つの自由：契約締結の自由，契約方式の自由，相手方選択の自由，内容決定の自由

　　民法第521条　何人も，法令に特別の定めがある場合を除き，契約をするかどうかを自由に
　　　決定することができる。

　・個人間の契約は国家の干渉を受けず，個人の意思を尊重する。また，その内容も当事者の自
　　由なので，いったん契約が成立すると，お互いにその契約内容を守る責任が生ずる。そのた
　　め，どちらか一方の都合で契約を解除することは原則的にできない。社会は信用で成り立っ
　　ているのだ。しかし，契約内容が公序良俗に反する場合の契約は無効であり，また，錯誤
　　（勘違い）に基づいて行われた場合，取り消すことができる。さらに，契約が詐欺や脅迫に
　　基づいて行われた場合，契約は有効であるが，あとから取り消すことができる。

　　民法第1条の2　権利の行使及び義務の履行は，信義に従い誠実に行わなければならない。
　　　（信義誠実の原則）

先哲の思想：思い出してみよう

　　日本人の道徳観「清明心」：「人に対する誠実な心」

　　仏教の八正道の「正語」：「常に真実のある，正しい言葉を語ること。決して嘘や悪口，陰
　　　　　　　　　　　　　　口などは口にしない」→中世の正直

　　孔子の論語：・「子曰く，人の生くるや直し，これをしいて生くるは，幸いにして免るる
　　　　　　　　　　なり」。人が生きていくうえで正直なことが何よりも大切である。
　　　　　　　　・人間関係においては信義が大切で，人として信用できない人はよい人では
　　　　　　　　　ない。

　　伊藤仁斎の「誠」：「自分に対しても，他人に対しても偽りをもたない純粋な心」

③契約自由の原則の例外

　　対等とはいえない当事者同士の契約などは契約自由の原則の修正がある。たとえば消費者契
約における消費者は交渉力も弱く，企業よりも情報や法律の知識に乏しく弱い立場にある。つ
まり，売り手と買い手には情報量の差があるため，原則が修正される。

　　このような観点から，対等な契約を実現するために定められた法律が消費者契約法である。

4．消費者契約法で救済が受けられるケース（消費者契約法による無効の主張や取り消し）

　　・不実告知（事実と違うことを言う）

　　・不利益事実の不告知（消費者に不利益になる事実をわざと言わない）

　　・断定的判断の提供（不確実なことを断定的に言う）

　　・不退去（帰らない）

　　・監禁（帰りたいのに帰してくれない）

　　・消費者に対して不安を煽って契約を迫る

　　演習　「契約解除通知書」を作ってみよう

5．クーリング・オフ制度（特定商取引法による取り消し）

　　これは消費者が買うつもりがなかったのに，売買契約を交わしてしまった場合，一定期間内
に必要な手続きをすれば無条件で解約できる制度である。特定商取引法においては，生鮮食料
品を除くすべての商品が対象となると規定している。

　　ただし，訪問販売などの特定の商取引を対象としており，店舗で購入したものやインター
ネットを含む通販で購入したものなどは適用されない。

　　演習　クーリング・オフをしてみよう

　　　　1．書面（はがきなど）で行う。

　　　　2．契約を解除する旨を書く。

　　　　3．簡易書留など記録に残る形で送付する。

　　　　4．郵便物受領書とハガキのコピーを証拠とする。

　　　　5．契約書面を受け取ってから，8日以内であれば無条件で契約解除できる。

　　　　※契約書に記載されていれば，メールで送ることもできる。電子メールで送る場合は送信メー
　　　　　ルを保存しておく。ウェブサイトのフォーム等からクーリング・オフする場合は，入力した
　　　　　画面のスクリーンショットを残しておく。

まとめ

契約をする際に注意すべき点について考える。

- ・契約をする前に慎重に考える。
- ・成年になったばかりのときには悪徳業者に狙われやすい。
- ・断るときはきっぱりと断る。
- ・怪しいサイトにはアクセスしない。
- ・困ったり悩んだりしたら信頼できる人や機関に相談する。「188」
- ・お金を儲けたい，就職したい，友人に頼まれたなど，人間がもっている欲に付け込まれることを理解する。

クーリング・オフが
可能な期間
※特定商取引法に基づく条項

取引形態	おもな内容	期間	根拠条項※
訪問販売	キャッチセールス，アポイントメントセールス，催眠商法も含まれる	8日間	第9条
電話勧誘販売	学習教材や不動産投資など，比較的高額なもの	8日間	第24条
特定継続的役務提供	エステティックサロン・語学教室・家庭教師・学習塾・結婚相手紹介サービスなど	8日間	第48条
連鎖販売取引	マルチ商法	20日間	第40条
業務提供誘引販売取引	内職・モニター商法	20日間	第58条
訪問買取	自動車，家電（携行が容易なものを除く），家電，書籍，有価証券，CD・DVD などは除く	8日間	第58条の14

〈2時間目〉悪徳商法から考える契約

導入

1．宗教や思想の学習から考える「契約」

解説 宗教や社会契約説の学習を通して，契約という言葉がどんな箇所で使われていたのか，振り返る。契約という考え方のルーツとしてのユダヤ教，キリスト教の考え方に迫る。また，近代立憲主義の基本となった社会契約という思想にも触れる。

発問 これまでの学習（公共の扉）で「契約」という言葉が使われていた箇所を見つけてみよう。

2．「もう大人『契約』にご注意」（「読売新聞」2022年11月29日）を読む。

　「若者が巻き込まれるトラブルは「美」と「お金」に関するものが多い」。「国民生活センターによると，令和4年4月から10月末までに全国の消費生活センターに寄せられた18歳と19歳からの相談は5,108件。前年同期より259件増えた。相談の種類別では，「脱毛エステ」に関する相談が716件でもっとも多く，前年同期の7倍以上に増加。ヒゲなどを処理する男性も増えてきており，若者を中心に相談が相次いでいる」。

→ ワークシート に新聞記事の感想を記入する。

展開

1．高校生ら若者に多い①〜⑤の悪質商法における消費者被害の事例を考える。

　　それぞれの事例ではどのような対応がよくなかったか（原因），また注意すべき点や対策（どうすれば防げたか）について個人で考えたあと，グループで意見交換しよう。

①インターネット通販における返品トラブル

　　ユウタはネット通販で限定モデルのTシャツを買った。届いたらちょっとイメージしたものと違っていたから，返品したいと思った。それは可能か。

　解説▶特定商取引法における通信販売は，消費者が自発的意思に基づいて購入したことから，クーリング・オフ制度は適用されない。しかし，通信販売は返品トラブルが多いため，広告に返品の可否や条件を明記することが義務付けられている。お店での販売と異なり，直接商品を見て，商品の形態や品質の確認ができないため，広告の表示や説明が重要な意味をもつ。だから，購入前に返品条件についての記載をしっかりと確認することが重要である。

②架空請求・ワンクリック詐欺

　　タクムはスマホで動画を観ていたときにある画像をクリックしたら，アダルトサイトの登録画面となり「3日以内に入会金10万円を振り込んでください。支払わないと法的措置を取らせていただきます」というメッセージが表示された。怖くなって10万円の登録料を振り込んだのに，画面が消えない。

　解説▶まず，契約は意思表示の合致が条件となるので，タクムは申し込みをしていないのだから，契約は成立しない。だから，入会金を支払う必要はなかった。これは架空請求である。ここで大切なことは，身に覚えのない請求には応じないことである。また，慌ててメールの返信や電話など連絡してしまうと自分の個人情報を教えることになってしまい，悪用される可能性があるので注意しなければならない。そもそも詐欺である架空請求は無視することが大切である。

③マルチ商法

　　セイヤは友人から呼び出されて，「会員になってサプリを知り合いに売るだけで誰でも絶対に儲かるよ」，「あと知り合いに売るたびに高額の紹介料も入るよ」と言われた。信頼する友人からの誘いだったので，断れず会員になり，スマホのアプリで消費者金融から借金をして契約してしまった。しかし，結局サプリを売ることは全然できずに，借金と商品の山だけが残ってしまった。

　解説▶【マルチ商法とは】

　　商品を販売しながら会員を勧誘すると報酬が得られるとして，契約者を増やしていく商法のことで，特定商取引法が定める「連鎖販売取引」に該当し，契約の締結までに不利益な事実を告知しないことや，「絶対に儲かる」「スマホがあれば何もしなくても稼げる」といった誤認を招くような誇大広告が禁止されている。

【このケースの注意点】

友人や先輩からのお願いであっても，人間関係を気にせずに，きっぱりと断ることが重要である。もし，断り切れずに買ってしまったら，すぐにクーリング・オフしなければならない。そして，自分が知り合いに売ってしまったなら加害者となってしまう。

マルチ商法は特定商取引法で連鎖販売取引として規制されている。業者は契約者に契約書を渡す義務がある。なおクーリング・オフ期間は契約書又は商品を受け取ってから20日間である。

現在では情報化の進展によって，マルチ商法が"モノなし"へシフトしている。日本経済新聞でも「連鎖販売取引（マルチ商法）をめぐるトラブルが，物品販売から暗号資産（仮想通貨）や投資商品の儲け話などにシフトしている。「モノなしマルチ商法」と呼ばれ，全国の消費生活センターなどに寄せられた相談件数は10年間で倍増した。20代の相談が急増して半数を占め，勧誘グループがSNS（交流サイト）などを通じて標的にしているという指摘が出ている」（「日本経済新聞」2022年12月2日朝刊）と指摘している。

④サブスクの解約トラブル

コウタは「動画1か月間は無料で見放題＋映画1回無料」という特典に魅力を感じて，すぐにそのアプリに会員登録をして何回か利用した。そしたら知らない間に有料会員になっていて，月に3,000円が銀行口座から引き落とされていた。解約したいけど，手続きの方法がわからない。

解説 **サブスクとはサブスクリプションのことで，**もともとは新聞や雑誌などの定期購入のことであったが，今では決められた料金を定期的に支払うことによって，一定期間商品やサービスを利用できる定額制サービスを意味するようになった。このサービスは観たり聴いたりしなくても料金が発生してしまう。これにはダイエット効果をうたった健康食品や芸能人を広告に使った化粧品など美容関連の被害も多い。男子の脱毛のトラブルも増加している。「脱毛エステに通い放題」といわれて契約したが，契約書には期間や回数の制限が載っていた場合が多い。

サービスや商品を本当に継続的に利用したいのかを冷静に考えることが大切である。そして，契約の条件や解約手続きをしっかりと確認してから，契約しなければならない。

また，サブスクの動画や音楽の配信は通信販売に該当する。2022年6月の特定商取引法の改正により，通信販売契約は，配信業者が契約内容について消費者に誤解を招くような表示をしたり，重要事項を非表示にした場合には取り消しが可能となった。

通信販売サイトはSNSから誘導される事例が増えている。なお低価格で買うには定期購入を前提としていることが多いが，その際，契約条項が小さく表示されていたり，見つけにくい場所にあったりするので気をつけなければならない。

⑤SNSを介したデート商法

SNSで出会ったイケメン男性から，サオリのLINEに「今度是非とも会って話がしたい」とメッセージがきた。プロフにあった写真を見て好みであったことから実際に会うことにし

た。実際に会ったらサオリは彼のことをますます好きになってしまった。ある日遊んだときに彼から「うちのブランドのネックレス，絶対サオリに似合うから買ってつけてみない？」と言われたので，大好きな彼のためならと30万円の契約をしてしまった。その後すぐに彼は姿を消してしまった。

解説 これはデートを装って契約させる商法で，人間の恋愛感情を利用して勧誘する。商品としてはアクセサリーや絵画が多い。特定商取引法で8日以内であれば，クーリング・オフすることができる。恋愛感情があるので，なかなか難しいかもしれないが，知り合った相手が本当に信用できるか，冷静かつ慎重に判断することがもっとも大切である。SNS上ではいい人に見えても，勧誘詐欺の目的で近づくこともあるので注意が必要である。

発問 消費者被害に遭いやすくなる心理的な要因について考えてみよう。
　　（解答例）不安や悩みなどがある心理状態
先哲の思想
　　嘘をつくこと：カント「嘘をつくものは（中略）償いをしなくてはならない」

まとめ

・グループ討論や 解説 を通して，悪徳商法の注意点を ワークシート の裏側にまとめる。
（マルチ商法）
　　こんなうたい文句で勧誘
　　・誰でも簡単に儲かる。
　　・就職しなくても金に困らない。
　　・すごい人を紹介する。
　　・借金してもすぐに元がとれる。
（困ったら早めに相談）
　　・1人で悩まず消費者ホットライン（188）に電話する。
　　・契約書面を受け取った日から20日以内は原則として無条件でクーリング・オフできる。
　　・事実と違うことを言われ，誤認して契約した場合は取り消せる。
　　・いったん入会しても理由を問わず退会できる。
　　　　　　「マルチ商法トラブル」（「朝日新聞」2022年11月28日朝刊）より
・授業のまとめと感想を ワークシート の裏面に記入する。

■学習内容のまとめと評価

	学習内容	A	B	C
導入	大人になることと契約	新聞記事の感想やワークシートをすべて記入できた。	新聞記事の感想やワークシートを半分以上記入できた。	新聞記事の感想やワークシートをほとんど記入できなかった。
展開	これは契約なのか？	すべて契約であることを理解した。	契約であるかどうか，あいまいである。	契約であるかどうかを説明できない。
	契約自由の原則と例外	契約自由の原則と例外について十分理解した。	契約自由の原則と例外についての理解があいまいである。	契約自由の原則と例外についてまったく理解していない。
	悪質商法のトラブル事例	自分で考え，グループで積極的に意見を述べた。	自分であまり考えず，グループでも意見を述べたりしなかったが，他の人の意見は聞いていた。	自分でまったく考えず，グループでもまったく意見を述べず，参加しなかった。
まとめ	注意すべき点	ワークシートにすべて記入した。	ワークシートにあまり記入しなかった。	ワークシートにほとんど記入しなかった。

〈参考資料〉

・公益財団法人消費者教育支援センター『18歳成人になる前に学ぶ契約とお金の基本ルール』旬報社，2022
・池上彰『これから大人になる君たちへ』KADOKAWA，2022
・「大人になる君へ　社会で役立つ契約知識」東京都消費生活総合センター，2021
　https://www.shouhiseikatu.metro.tokyo.lg.jp/manabitai/shouhisha/167/02.html
・「飯田橋四コマ劇場」東京都消費生活総合センター，2018
　https://www.shouhiseikatu.metro.tokyo.lg.jp/manabitai/4koma/
・『東京くらしねっと No.279』東京都消費生活総合センター，2022
　https://www.shouhiseikatu.metro.tokyo.lg.jp/kurashi/2209_10/
・「社会への扉」消費者庁，2017
　https://www.caa.go.jp/policies/policy/consumer_education/public_awareness/teaching_material/material_010/student.html

（照井恒衛）

多様な契約及び消費者の権利と責任②

消費者のエンパワーメントをめざして

指導のねらい

①モノやサービスの購入を通じて，さまざまな人とつながり合っていることを理解する。
②消費行動における意思決定のあり方について理解する。
③消費者が事業者に比べて弱い立場に置かれていることを理解したうえで，消費者のエンパワーメントについて考えさせる。

学習内容・授業方法等の概説

学習指導要領「3　内容の取扱い」には次のように述べられている。
・（1）イ　（略）この章に示す地理歴史科，家庭科及び情報科並びに特別活動などとの関連を図るとともに，項目相互の関連に留意しながら，全体としてのまとまりを工夫し，特定の事項だけに指導が偏らないようにすること。
・（3）カ（エ）　（略）「多様な契約及び消費者の権利と責任」については，私法に関する基本的な考え方についても扱うこと。

内容Aで身に付けた考え方・基本原理

・啓蒙思想：ヨーロッパにおいて啓蒙思想や市民革命を通じて「権利」という概念が確立した。
・実存主義：主体的に生きていくためには自らの価値観に基づいて選択していかねばならない。

	授業内容	備考
導入	私たちは毎日のようにお金を使っている。現金でなくてもスイカやパスモで料金を支払ったりしている。そうして支払ったお金はめぐりめぐって誰かの給料になる。私たちが食べているものの原材料の多くは輸入品で，私たちが着ているもののほとんどは外国製（メイドイン○○）である。ということは，それらを買うことで，私たちは世界の人々とつながっていることになる。 （5分）	何かを買うことは，誰かとつながることであることを意識させる。
展開	1．消費する（モノを買ったり，サービスを利用する）ことの社会的影響 （1）消費を通じて世界とつながる （2）モノを買うことは経済的投票である 2．弱者としての消費者 （1）消費者と事業者の情報格差 （2）消費者と事業者の力関係 　①消費者＝個人 　②事業者＝主に企業（集団） アクティビティ 「消費者基本法の条文を批判的に解読し，問題点をできるだけたくさん挙げなさい」 3．消費者が考えなければならないこと （1）それを本当に購入する必要があるのか （2）限られたお金をどう使うのか （3）モノを買うことで世界へ影響を及ぼしている 　①ファストファッションが引き起こす児童労働 　②ファッション業界による環境汚染 （4）食肉の問題（動物の福祉） （40分）	消費者は弱い立場に置かれていることを理解させる。 エシカル消費やフェアトレードに向かうのではなく，児童労働などの基底にある途上国の貧困問題に気づかせる。
まとめ	4．消費者のエンパワーメントのために （5分）	

授業展開 ◆消費者のエンパワーメントをめざして

導入

板書事項　授業タイトルを記入

(発問) 私たちは毎日のようにお金を使っています。現金以外でも交通系 IC カードなどで料金を支払ったりしています。現金やカードで支払ったお金は最終的にどこにいくのでしょう？

展開

板書事項

1．消費する（モノを買ったり，サービスを利用する）ことの社会的影響

（1）消費を通じて世界とつながる

→衣料品の約98％，食料品の約98％，住宅用木材の約98％は外国産である。私たちが服を買ったり，食料品を買ったりすると，そのお金はめぐりめぐって海外の工場や農場で働く人の給料となる。つまり，私たちの消費行動は海外の人々の人生とかかわっている。

（2）モノを買うことは経済的投票である

→悪質な会社から商品を買えば，その会社の生き残りに力を貸すことになる。消費者の行動は市場や社会全体に大きな影響を与えている。

2．弱者としての消費者

（1）消費者と事業者の情報格差

・事業者（主に今日）は商品（原材料・生産方法・効能や機能・危険性など）やサービス（流通システムなど）についての詳細な情報をもっている

・事業者が提供する商品・サービスの中には，場合によっては消費者の生命・健康に危害を加える可能性を含むものもある（商品に含まれる有害物質，漏電・発火などの危険性）

・消費者が知りうるのはほんのわずかな情報でしかない（情報の非対称性）

（2）消費者と事業者の力関係

　　①消費者＝個人

　　　（子ども～高齢者，国籍，収入，健康状態など，置かれた状況はさまざまである）

　　②事業者＝主に企業（集団）

　　　　　　↓

　　事業者に比べ，消費者は圧倒的な弱者である

　　　　　　↓

・法律など政府による保護が必要

・消費者運動の重要性

・教育を通じた消費者のエンパワーメントも必要

アクティビティ

（発問）下の「消費者基本法」の条文を批判的に解読し，その問題点を挙げなさい。

第七条　消費者は，自ら進んで，その消費生活に関して，必要な知識を修得し，及び必要な情報を収集する等自主的かつ合理的に行動するよう努めなければならない。

　2　消費者は，消費生活に関し，環境の保全及び知的財産権等の適正な保護に配慮するよう努めなければならない。

```
板書事項 （続き）
```

3．消費者が考えなければならないこと

（1）価格競争が引き起こすもの

　　消費者はできるだけ安く品質のよいものを購入しようとする

　　　　　　　　↓　　　　　　　　　　　　　　　（※ブランド品は別）

　　企業は競争に勝つために，労働力の安い国に工場を建設する

　　　　　　　　↓

　　人件費を安く抑えるため子ども（5〜17歳）を労働力として利用する（児童労働）

　　→学校教育を受けることができず，健全な心身の発達が阻害される

（2）ファッション業界による環境汚染

　　→衣料品生産の染色・加工の過程では膨大な水を使用する

　　　染料などの有害化学物質排出による河川・海洋汚染

　　　　　　　　↓

　　ファッション業界は世界2位の汚染産業（国連貿易開発会議）※1位は石油産業

　　　　　　　　↓

　　私たちの消費行動と児童労働や環境汚染の問題は間接的につながっている

　　　　　　　　↓

　　背景には途上国の貧困の問題がある

（3）食肉の問題

　・食肉用に育てられる鶏・豚・牛は，狭い檻に閉じ込められたまま育てられることが多く
　　（工場畜産），成長すると屠殺される。

　・家畜は人間が肉や毛皮をとるために最後は屠殺することが目的であるため，動物愛護とは
　　相容れない面がある。そこで，せめて生きている間だけでも動物らしい活動を行うことが
　　できる環境を等の配慮を求める家畜福祉あるいは動物福祉という考え方がヨーロッパを中
　　心に主張されている。

解説 「家庭基礎」で学習する項目（例：製造物責任，消費者庁，消費生活センター，国民生活セ
ンター，ケネディ大統領「消費者の4つの権利」，国際消費者機構「消費者の8つの権利と
5つの責任」，消費者基本法，消費市民社会，意思決定のプロセス，フェアトレード，グ
リーンコンシューマー等）については重複となるので扱わない。「公共」においては，企業
の販売戦略に安易に乗せられないための批判的思考力の育成や，消費行動がもたらす児童労
働や環境汚染，そしてその背景にある途上国の貧困問題などを理解させることが重要であ
る。また，エシカル消費やフェアトレードについては，その定義や基準があいまいなため扱
いには注意が必要である。できるだけ安価な商品を購入しようとする背景には日本国内の貧
困問題があるため，単純に「エシカル消費＝善」「フェアトレード＝善」というイメージを
生徒に与えないようにしたい。

資料

　消費者には，商品・サービスのほとんどのものについて，自分でそれを正確に認識する能力を持っていない。そのため，消費者は，事業者が提供する情報，すなわち表示によって商品・サービスを認識する以外に方法がないのである。この点において，消費者は全面的に事業者による表示に依存せざるをえないという立場にある。

（正田彬『消費者の権利　新版』岩波新書，2010，p.22）

　日本において，学校教育，自治体，消費者運動などの様々な場面でこれらの5つの責任が定説的に用いられているが，そもそもこの「責任」の意味と性格について，また消費者の「権利と責任」という並列表記の根拠などについての基本的認識が十分に共有されているとはいいがたい。

（岩本諭他編『消費者市民社会の構築と消費者教育』晃洋書房，2013，p.147）

　消費者教育はよく消費者の「経済的投票権」の行使能力の開発としてとらえられる。経済的投票権については，1930年代にホイト（E.Hoyt）が「自由経済社会にあっては，消費者は毎日ドルによる投票を行っている」と述べているし，1940年代にはリリエンタール（D. Lilienthal）も「消費者の選択行為は一種の毎日の国民投票（dairy plebiscite）である」といっている。

（今井光映他編『消費者教育論』有斐閣，1994，p.79）

　単なる契約被害の理解を進め，被害防止のための教育を行うことは，学校消費者教育としての本来の姿とは言えないのである。自らは救えたとしても，他者への理解や共感には全く結びつかないものと言わざるをえないものであり，生活指導上の留意事項としての，注意の呼びかけの域を出るものではない。なぜ被害がなくならないのか，被害をなくすためにはどうしたらよいのか，もしそれが消費者の権利意識の未成熟に依るものだとしたならば，消費者の権利確立のために自身ができることは何かを考えさせる教育への転換が求められるのである。

（西村隆男編『消費者教育学の地平』慶應義塾大学出版会，2017，p.90）

　消費者市民概念が発達した諸外国，中でも特にヨーロッパでは，消費者の「自立」については言及されておらず，消費者の「エンパワーメント（empowerment）」という概念が使われている。エンパワーメントは，主に消費者への権利付与と教育や情報提供による消費者の支援を意味するものである。そこでは，消費者保護が基本とされ，これを教育や情報提供等が支える形がとられているのである。

（谷本圭子他『これからの消費者法』法律文化社，2020，p.46）

　EUの消費者像では，人がそうであるように，本来を千差万別である消費者が，政策的な理由により「一元的に」捉えられてきたのである。しかし，そのような捉え方は，前提とされている消費者像に合致しない消費者，特に情報収集能力や判断能力がより衰えている消費者に適切な保護を提供することができないなど，問題を生じさせた。そこで，EUは，日本で「脆弱な消費者」と訳されることの多い，より弱い，あるいはより傷つきやすい消費者を意味する「vulnerable consumer」という概念が用いられるようになった。

（前掲書，p.199）

エシカル消費の例として，フェアトレード商品（いわゆる途上国で作られた商品を適正な価格で取引したもの）を購入することや地産地消することが挙げられる。エシカル消費の観点から同じく重要であるカーボンフットプリント（取引活動の中で排出される二酸化炭素（CO_2）の把握）の観点から考えた場合，途上国等の商品を購入することの重要性も否めず，判断が難しくなる。このように，特定の消費行動がエシカルなのかどうかは，どのような基準でこれを判断するのかや，対象となる商品によって結論が異なる可能性があり，このことを常に意識する必要がある。

(前掲書, p.45)

日本の法制度は，人間とその他の生物を区別していることは明らかである。つまり，財産に関する基本法である民法は，人間を権利の主体とするが，その他の生物は権利の客体にすぎないことを前提としている。すなわち，動物も，私たち人間によって利用される「物」にすぎない。また，刑法は，動物を，自動車やPCと同じく人間が所有する物として，窃盗罪や器物損壊罪の客体とする。しかし，世界に目を転じれば，民法の規定にも動物の法的地位に関して変更が加えられてきている。

(前掲書, p.218)

フェアトレードも直接の参加者には収入増，女性・子どもの権利向上，教育機会の提供，伝統文化の維持などで貢献しています。しかし，参加していない者には恩恵がない，輸出産品にかかわらない最貧層の地位向上に貢献しない，政府が弱い国では児童労働が地下経済で行われるようになったり，フェアトレード生産者以外の厳しい労働環境にある事業者に労働力が移行するだけという研究が多く示されています。つまり，「フェアトレード＝善」と単純には言えないのです。

(神山久美他編『新しい消費者教育　第2版』慶應義塾大学出版会, 2019, p.85)

児童労働に従事する5～17歳の子どもは，2020年時点で約1億6,000万人－世界の子どもの10人に1人近くに相当します。うち女の子は6,300万人，男の子は9,700万人です。

(ユニセフホームページより)

まとめ

板書事項

4．消費者のエンパワーメントのために
（1）消費者が置かれている立場を理解する
（2）現代において消費は世界とつながっていて，先進諸国の消費行動が途上国の人権や環境問題に影響を与えることを理解する
（3）商品・サービスの価格や品質に対する批判的な意識をもつ
（4）消費者として団結し，連帯する

■学習内容のまとめと評価

・評価方法：知識テスト，リアクションペーパー「授業を通じて考えたこと」

■他の授業例／発展的な授業例

「『持つ』様式と『ある』様式」

　常に欲望が刺激され，無限に購買意欲が煽られる社会におけるライフスタイルについて，社会心理学者エーリッヒ・フロムの「持つ様式」（できるだけ多くのモノ・知識を持つこと）と「ある様式」（能動的に行動して経験すること）の概念をもとに考えさせる。

（エーリッヒ・フロム『生きるということ』紀伊國屋書店，1977）

■レポート・小論文課題例／ディスカッションテーマ例

〈レポート・小論文課題例〉

・「児童労働とは何か」「ファッション産業による環境汚染」「エシカル消費とは何か」「フェアトレードの問題点」「動物の福祉（アニマルウェルフェア）とは何か」

〈ディスカッションテーマ例〉

・「ペットや食肉用の家畜は『物』か」

解説　動物は民法上「物」なので売買ができるし，捕獲して動物園や水族館で飼育することができる。そして所有権は持ち主にある。自分の物ならどのように扱ってもかまわないはずだが，ペットを物として扱う人はいないと思われる。それならば，食肉用の家畜も物ではないはずである。人間と動物の関係をどう捉えればよいのか，個人で考えたうえで，グループでそれぞれが考えたことを述べ合う。そうしたアクティビティを通して論理的思考力を育む。

資料

　ペットとしての動物が日本社会で大切にされてくると，家畜や実験用動物についても，動物に対しては，常に「配慮」をしなければならないという考えが浸透してきた。「動物の福祉（animal welfare）」という考えである。この考えは，欧米では広く受け容れられており，1978年に発効した「農用目的で飼養される動物の保護のための欧州協定」においても見ることができる。他方，「動物の権利」についても様々な角度から議論されている。1978年にユネスコは「世界動物権宣言」を発表しており，そこでは，動物の生存権や尊敬される権利，虐待されない権利などを定めている。「動物の福祉」論は，人間以外の動物を食料のため，研究実験のために利用することを，人間に利益があることだから，動物に苦痛を取り除くなどさまざまな配慮をした上で許す点で，「動物の権利」論とは一線を画すものである。

谷本圭子他『これからの消費者法』法律文化社，2020，p.216

〈参考資料〉

北欧閣僚評議会編『北欧の消費者教育　－「共生」の思想を育む学校でのアプローチ』新評論，2003

坂東俊矢・細川幸一『18歳から考える消費者と法』（第2版）法律文化社，2014

（村野光則）

多様な契約及び消費者の権利と責任③
「よりよい消費者」になるためには？
―自助・共助・公助の視点から考える―

ア（ア）法や規範の意義及び役割，多様な契約及び消費者の権利と責任，司法参加の意義などに関わる現実社会の事柄や課題を基に，憲法の下，適正な手続きに則り，法や規範に基づいて各人の意見や利害を公平・公正に調整し，個人や社会の紛争を調停，解決することなどを通して，権利や自由が保障，実現され，社会の秩序が形成，維持されていくことについて理解すること。

指導のねらい

①消費者問題が起こる背景，消費者の権利と消費者保護のしくみ，よりよい社会の構築に向け消費者としてはたすべき責任について理解させる。

②消費者トラブルの解決・予防を通じたよりよい社会の実現に向けて，身近な人々との協働も視野に入れ，消費者市民としてどのようなことができるか考察させる。

③消費者市民としての役割と責任を自覚させ，社会参画に向け意欲を高めさせる。

学習内容・授業方法等の概説

・「多様な契約及び消費者の権利と責任」については，私法に関する基本的な考え方についても扱うこと。（3　内容の取扱い（3）カ（エ））

・この学習分野は，「多様な契約」についての見方・考え方の理解を前提としている。しかし経済社会においては，自由意志で結ばれた契約においても買い手と売り手はさまざまな要因から対等とはいえない。この前提に立ち，各種の消費者保護立法の意義を理解させたい。また公正な社会を築くために，消費者市民として自分ができることについて考えさせたい。

内容Aで身に付けた考え方・基本原理

・自由・権利と責任・義務：憲法の「経済活動の自由」，その正当な行使のために「消費者の権利」が主張される。一方で，私たちにはよりよい公共的空間を築くための責任もある。

・リバタリアニズム：個人の自由を最大限尊重し，国家による制約を批判する立場。現代市場経済の市民社会，消費者の自立の必要性，自助の視点から。

・コミュニタリアニズム：共同体のつながり，その中での共通善をめざす生き方を重視する立場。家族・地域の中での消費者市民としての社会参画，共助の視点から。

・ヘーゲルの人倫の三段階：家族のつながりと市民社会の経済効率性が止揚された国家を重視する立場。消費者保護行政など，公助の視点から。

学習指導案

	授業内容	備考
導入	「よりよい消費者」の「よりよい」とは？ 授業テーマへの課題意識を喚起する。同時に、「多様な契約」について復習する。 （5分）	「よりよい」の定義を発表させる。
展開	1．「なぜ消費者問題が起こるか」 ・消費者トラブルが発生する背景について理解させる。 ・消費者の権利と消費者保護立法について理解させる。 （10分） 2．「消費者トラブルはどのように予防すべきか」 ・消費者トラブル対策を、自助・共助・公助の各視点から考えさせる。 ・その際、内容Aで身に付けた考え方との関連で理解させる。(10分) 3．「消費者トラブルを予防するための共助とは」 ・消費生活サポーターの役割をロールプレイさせ、地域社会の消費者トラブル予防のために何ができるか、グループで検討。 ・消費者の責任について理解させる。 （20分）	板書例 はプリントにして配付してもよい。 ワークシート を用いる。 時間があれば、発表させる。
まとめ	「よりよい消費者」として何ができるか、考えたことを記述させる。 （5分）	学んだ知識や見方を活用するよう意識させる。

授業展開 ◆「よりよい消費者」になるためには？
―自助・共助・公助の視点から考える―

導入

発問① 私たちは、いつ（いつから）消費者になるのでしょうか？

発問② 以前学習した「契約」という言葉を用いて、説明してみましょう。

解説 すぐに思いつくのは、代金の支払いをするときである。すなわち自分の意志で売買契約（消費者契約）を結んだ結果消費者になる、ということである。だがよく考えると、人は赤ちゃんとして生まれたときすでに産院の分娩サービスの消費者であり、また老人ホームで亡くなれば死ぬ寸前まで介護サービスの消費者である。家で寝ているときに冷暖房が動いていれば、電気の消費者である。よって、現代人は生まれてから死ぬまで、24時間365日消費者である。

この気づきをベースに、「どのような消費者でありたいか」、「一消費者としてよりよく生きるには」と問いかけ、授業テーマ「『よりよい消費者』になるためには？」につなげたい。

発問③ 「よりよい消費者」の「よりよい」とは何でしょうか？

解説 ここでの生徒の発言からは、自分の経済的欲求の充足のような、主として自己に関係する「よい」と、賢い消費行動を通じた社会貢献のような、主として社会に関係する「よい」が提示されることが望ましい。このように生徒の発言を分類し、比較して概観させる。片方しか出てこない場合は、教員が補足してもよい。

展開1

★なぜ消費者問題が起こるか

（発問①）何か買い物をしたあとで，後悔した経験はありませんか？

〔資料〕痩身効果を標ぼうする食品

「私たちはたった１粒飲んで，楽ヤセしました!!」，「食べたカロリー・溜まったカロリーなかった
ことに」等と記載することにより，あたかも，対象商品を摂取するだけで，特段の運動や食事制
限をすることなく容易に著しい痩身効果が得られるかのように示す表示

（消費者庁「景品表示法における違反事例集」2016，p.12
https://www.caa.go.jp/policies/policy/representation/fair_labeling/guideline/pdf/160225premiums_1.pdf）

（発問②）この製品の情報について，私たち消費者と企業はどちらが詳しいでしょうか？

〔解説〕生徒の経験を切り口に，大小数
えきれないほどの消費者トラブ
ルがあることを指摘したい。消
費者トラブルの事例は，新聞・
テレビ・インターネットなど多
数あるが，参考として，消費者
庁がまとめた「景品表示法にお
ける違反事例集」から上記資料
を抜粋した。

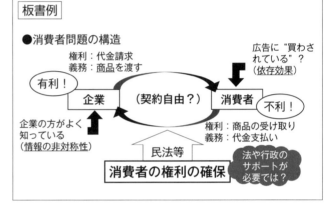

（発問①）・（発問②）を通じ，依
存効果と情報の非対称性の２つを指摘する。依存効果は，アメリカの経済学者ガルブレイス
が提唱した概念で，豊かな社会では消費者の欲望は増大し，その欲望は生産者の広告や販売
技術でさらに創出されるというものである。また，情報の非対称性は，製品について企業は
消費者より多くの詳細な情報を保有しており，消費者契約に際して消費者が不利な契約を結
ばされる問題で，市場の失敗の一例として挙げられる。これらによって消費者は不利な立場
に置かれることが多く，契約は実質的に対等ではない。

日本国憲法には経済活動の自由の保障が定められている。この自由を正当に行使できるよう
にするために，消費者の権利が提唱されるようになったと解釈することもできる。消費者の
権利は，ケネディ米大統領の４つの権利がよく知られているが，日本の消費者基本法では以
下の８つの権利が挙げられている。

★消費者基本法で示されている消費者の権利

- 安全が確保される権利
- 選択する権利
- 知らされる権利
- 意見が反映される権利
- 消費者教育を受けられる権利
- 被害の救済を受けられる権利
- 基本的な需要が満たされる権利
- 健全な環境が確保される権利

さらに，これらの権利を確保するために消費者保護立法がなされてきた。時間に限りはあるところではあるが，未成年者取消権，クーリング・オフ，消費者契約法については紹介したい。なお，消費者問題や保護制度については家庭科の授業でも扱っている。家庭科ですでに学習済みであれば，ここでは想起させる程度にとどめ，深入りしなくてもよい。

展開2

★消費者トラブルはどのように予防すべきか

（発問①）このように消費者を守るしくみが設けられているにもかかわらず，消費者トラブルがなくならないのはなぜでしょうか？

（発問②）そもそも，今学習した知識を実際に使いこなせますか？

これらのしくみを知っているだけで，「よりよい消費者」といえるでしょうか？

（解説）「契約成立のタイミング」について授業したあとのテストにおいて，授業直後の正答率と2年後の正答率では後者が40%も下がったというデータもあり，契約や消費者制度に関する知識の定着率は低い。覚えていたとしても，実際に消費者が契約の場でその知識を生かすのは，消費者が置かれ

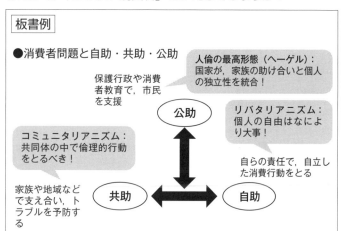

た立場を考えれば困難であろう。他方，次々と新手のトラブルが発生する状況に行政も対応しきれていない。これについて，『令和元年度版消費者白書』は，以下のように述べている。

資料

（略）消費者問題は人々の日々の生活に関わるものであり，全ての課題に対して行政のみで対応することには限界があることから，社会保障や防災等の分野での議論と同様に，「自助」，「共助」，「公助」の役割分担，連携が必要となります。このような点を踏まえると，消費者政策としては，消費者行政の基盤（インフラ）となる制度整備（一元的な消費者行政・消費生活相談窓口の整備，消費者関連法制の整備・執行等），消費者トラブルに巻き込まれやすい消費者の保護，消費者の自立支援，家族や地域社会による見守り・助け合いの促進，消費者団体や事業者団体等の活動支援等が重要になると考えられます。

（『令和元年度版消費者白書』消費者庁，2019，p.129)

※下線は引用者による

板書例 は，この視点を踏まえたものである。消費者問題における自助とは，すなわち消費者の自立だろう。1980年代以降，経済活動の自由と市場競争を重視する新自由主義的な市場経済が進行してきた。消費行動にも自己責任が強調されるようになった背景には，ノージックらのリバタリアニズム（自由至上主義）の主張があることを指摘したい。また共助とは，自立を前提とした家族・地域の支え合いを想定している。これについては，共同体の価値を重視するコミュニタリアニズム（共同体主義）を比定することができよう。家族や地域などの共同体を離れて個人は存在できず，共同体を支え合う行動が共通善の実現につながると考えることができる。そして公助とは，各種の消費者保護のしくみのことを示すと考えられる。これは，ヘーゲルの国家論をなぞらえて考えさせたい。経済社会の独立性と家族や共同体の支え合いを止揚した国家（福祉行政）をヘーゲルは人倫の最高形態とした。そのように考えると，公助は自助や共助と対立する概念ではなく，消費者の自立や助け合いを行政サイドからサポートするようなアプローチであることが見えてくるだろう。

この中でイメージしにくいのは，おそらく共助であろう。そこで，共助に向けて授業で紹介したいのが，内閣総理大臣の指定する各地の「適格消費者団体」である。適格消費者団体には，不特定多数の消費者被害について，不当な行為を行った事業者に差止請求を行う権限がある。また，地域の住民を消費生活サポーター（名称は各団体によって異なる）として養成し，啓発の中核にあてている取り組みもある。こうしたサポーターの中には10代の青年が登録しているケースもあるという。次の 展開3 は，消費生活サポーターとしてどのような啓発を行うことができるか考える活動として計画する。

展開3

★消費者トラブルを予防するための共助とは

グループワーク

発問 これから，消費生活サポーターの企画会議を開催します。地域社会の消費者トラブル予防のために，どのようなことができるかアイデアをワークシートにまとめ，提案しましょう。

ワークシート例

①身近にいる，消費者トラブルで困っていそうな人々を挙げてみよう。	
②①の人をサポートするために，どのような知識が有効か，挙げてみよう。	
③②の知識を伝えるために，どのような啓発活動ができるか，アイデアを出そう。	

解説 コミュニタリアニズムの立場で具体的な消費生活支援行動を考える，実践的な活動である。生徒の実態に応じて，個人で考えさせてもよいし，2時間計画に引き伸ばしてこの活動に1時間を割いてもよいだろう。

①については，地域とつながる経験が希薄な生徒が多い可能性も考慮し，家族や同じ年代の仲間などを対象に想定してもよい。②については，契約，消費者問題の背景，消費者保護制度などの学習の成果を意識的に活用させることを大切にしたい。③については，一消費者としての立場から考えてもよいし，10代の自分だからできることを提案させてもよいだろう。社会参画を視野に，自らができることを考え，話し合うことが，学んだ見方・考え方を働かせた実践的な学習になると考える。

グループワークの成果は，発表などを通じクラスで共有したい。そのうえで，消費者基本法で示されている5つの責任を挙げ，各グループの発表がどの責任をはたすものであったか振り返らせるとよい。

> ★消費者基本法で示されている消費者の責任
> ・商品や価格などの情報に疑問や関心をもつ責任
> ・公正な取引が実現されるように主張し，行動する責任
> ・自分の消費行動が社会（特に弱者）に与える影響を自覚する責任
> ・自分の消費行動が環境に与える影響を自覚する責任
> ・消費者として団結し，連帯する責任

まとめ

発問 「よりよい消費者」とはどのような消費者でしょうか？
「よりよい消費者」になるためには，どのような行動をすればよいでしょうか？

解説 この発問は，授業テーマそのものである。ここまでの学習を踏まえて，あらためて自分自身の答えを記述させる。その際，ただの一消費者ではなく，持続可能な社会を推進していく「消費者市民」の立場を強調しておくことが有効である。

■学習内容のまとめと評価

・ まとめ で書かせた記述をそのまま評価対象とする。ノートに書かせてもよいし，ワークシートに記入欄を設けることもできる。

・評価方法については，以下の3つのポイントについて，満たしているポイントの数に応じてS〜Cをつける。思考・判断・表現，主体的に学習に取り組む態度のいずれにも評価を組み入れることが可能。

□学んだ見方・考え方を，適切に用いているか
□さまざまな視点から，多面的・多角的に考察できているか
□自己や社会の課題に主体的に関わろうとする姿勢をもてているか

■他の授業例／発展的な授業例

1. 本事例は，自助・共助・公助の見方に基づき，消費者としてできることを考えさせるデザインであった。しかし自助・共助・公助は，本来は防災や社会保障の文脈で用いられることが多い見方である。そこで，社会保障の学習や地理総合の防災分野の学習において，このデザインを用い，地域社会の一員としてできることを考えさせることも可能であると考える。

2. 消費者の責任について考えさせるもう一つの学習内容として「エシカル消費」が挙げられる。エシカル消費とは，環境への影響や労働・人権への配慮，社会貢献などを視野に入れて，倫理的な消費行動をとることである。海外からの輸入品を適正な価格で買うフェアトレードなどは典型例といえるだろう。ここで基盤となる考え方として，たとえばカントの「汝の人格ならびに他の人格における人間性を常に同時に目的として取り扱い，決して単に手段としてのみ取り扱わないよう行為せよ。」という言葉を紹介し，消費する製品の向こう側にいる労働者の人格についても視野を広げた消費行動のあり方を考えさせる。また，ガンディーが指導した「スワデーシー（国産・地産）運動」は，自国製品の消費を通じた地域の自立をめざした消費運動であり，エシカル消費の先駆けともいえよう。これらの見方・考え方を踏まえたうえで，本事例と同様に，具体的な「よりよい消費者」としての行動を考えることは，内容Aの学習を生かした実践的な学習になるのではないだろうか。

〈参考資料〉

・消費者庁「景品表示法における違反事例集」2016，p.12
　https://www.caa.go.jp/policies/policy/representation/fair_labeling/guideline/pdf/160225premiums_1.pdf
・色川卓男「学校における消費者教育はどのくらい進んだのか」ウェブ版『国民生活』102（2021），独立行政法人 国民生活センター
　https://www.kokusen.go.jp/pdf_dl/wko/wko-202102.pdf
・『令和元年度版消費者白書』消費者庁，2019，p.129
　https://www.caa.go.jp/policies/policy/consumer_research/white_paper/2019/
・小川仁志「ヘーゲルの多元主義国家観　―現代福祉社会の議論によせて」『ヘーゲル哲学研究』12号（2006），日本ヘーゲル学会
・根本志保子「倫理的消費　―消費者による自発的かつ能動的な社会関与の意義と限界」『一橋経済学』11（2）巻（2018），一橋大学大学院経済学研究科

（豊岡寛行）

司法参加の意義
模擬裁判を体験しよう

指導要領【公共】B-ア

ア（ア）法や規範の意義及び役割，多様な契約及び消費者の権利と責任，司法参加の意義などに関わる現実社会の事柄や課題を基に，憲法の下，適正な手続きに則り，法や規範に基づいて各人の意見や利害を公平・公正に調整し，個人や社会の紛争を調停，解決することなどを通して，権利や自由が保障，実現され，社会の秩序が形成，維持されていくことについて理解すること。

指導のねらい

①国民の権利を守り社会の秩序を維持するために法に基づく公正な裁判が保障され，法律家が国民に身近なところで重要な役割をはたしていること，公正な裁判のためには司法権の独立が必要であり，国民の司法参加が大切であることを理解させる。

②模擬裁判により司法の手続きを体験し，裁判や法律家がはたす役割，適正な手続き，証拠や論拠に基づき公平・公正に判断することについて多面的・多角的に考察，構想し，表現させる。

学習内容・授業方法等の概説

・「司法参加の意義」については，裁判員制度についても扱うこと。（3　内容の取扱い（3）カ（エ））

・本授業では，日本の司法制度について理解するとともに，あらかじめ犯罪と刑罰を法律で定めておく必要がある理由，公正な裁判のために司法権の独立が必要であること，国民の司法参加が大切であること，検察審査会制度がある理由を考え，理解できるようにする。裁判員制度については，模擬裁判などの体験を通じて刑法の基本的な考え方，裁判に国民が参加することの意義について考えさせる。

内容Ａで身に付けた考え方・基本原理

・演繹法（デカルト），三段論法：絶対・普遍的な一般法則から個々の事象を推論する

　　　　　　　　　（例）　すべての人間は死ぬ（大前提）

　　　　　　　　　　→　ソクラテスは人間である（小前提）

　　　　　　　　　　→　ソクラテスは死ぬ（結論）

・基本的人権の保障，法の支配，権力分立

・功利主義（ベンサム，ミル）：行為の善悪の基準を，快楽や幸福という結果をもたらすか否かに求める，帰結主義の道徳哲学

・動機主義・義務論（カント）：行為の善悪の基準を，善意志（義務を義務として行う）という行為の動機に求める，動機主義の道徳哲学

・ソクラテス裁判

学習指導案

〈1時間目〉

	授業内容	備考
導入	・ワークシート① 発問 あなたが運転する車がAさんをはねて，ケガをさせてしまった。どのような責任を問われる可能性があるか？ （5分）	・ペアワークを行い，発表させる。
展開	・裁判の種類を理解する。 （5分） ・刑事裁判のしくみを理解する。 （15分） ※法的三段論法を板書で示す。 ・ワークシート① 発問 どのような行為が犯罪となり，どのような刑罰が科されるかを，法律であらかじめ定めているのはなぜか？ （ヒント：国王などの権力者，宗教の教典に基づいて判決を出すことの問題点を手がかりに考えよう） （5分） ・民事裁判のしくみを理解する。 （5分） ・三審制について理解する。 （10分）	・ペアワーク，グループワークを行い，発表させる。
まとめ	・ワークシート裏面に，授業を通じて考えたことをまとめさせる。 （5分）	

〈2時間目〉

	授業内容	備考
導入	・ワークシート② 発問 「疑わしきは被告人の利益に」「無罪推定」（刑事裁判において証拠により有罪が確定するまで，被疑者・被告人は，彼らの利益になるよう無罪の判断をする）という原則がある。この原則が妥当であるかどうか，考えてみよう。 （10分）	・ペアワークを行い，発表させる。
展開	・日本国憲法の自由権「人身の自由」の条文について確認する。 ・ワークシート② 発問 （大津事件について）政府の行ったことはどこが問題か？ 権力分立の観点から考えよう。 ・起訴独占主義と検察審査会について理解する。 ・裁判員裁判と司法制度改革について理解する。 ※辞退率の高い裁判員制度の現状に触れ，考えさせたい。 （35分）	・既習の場合は復習にとどめる。 ・ソクラテス裁判についても触れる。
まとめ	・ワークシート裏面に，授業を通じて考えたことをまとめさせる。 （5分）	

〈3時間目〉

	授業内容	備考
導入	・「東京地裁刑事第201号法廷」観賞用メモを授業前に配付しておく。	・観賞する際は，メモをとるよう指示する。
展開	・東京弁護士会裁判員制度センター作成「東京地裁刑事第201号法廷」の映像（DVD）を観賞する。※5分前に授業開始 （53分45秒）	
まとめ	・次回の授業で観賞用メモを持参するよう伝える。	

〈4時間目〉

	授業内容	備考
導入	・（たとえば40人クラスなら）班を6〜7名からなる6班に分けて座らせる，司会・記録・発表者を決めておく。 ※司会がプロの裁判官のように議論をまとめる役割をはたす。 ・本日の評議の争点（事実認定，殺意の有無，「有罪」か「無罪」か）を伝える，全員一致になるまで評議し，どうしても意見がまとまらない場合は評決するように伝える。 （5分）	・裁判は鑑定書，見取図，証人・被告人の発言に基づいて行うこと（証拠裁判主義）を確認する。
展開1	・各班による評議・評決（殺意の有無＜15分＞，正当防衛の成立・不成立＜15分＞） （30分）	・机間巡視を行い，2つの争点を確認する。
展開2	・各班の発表者による発表（2分×6班）（「有罪」か「無罪」か，そのように判断した理由） （12分）	
まとめ	・授業者による講評 （3分） ・ワークシート裏面に，授業を通じて考えたことをまとめさせ，次回の授業で提出する（宿題）。	

授業展開 ◆模擬裁判を体験しよう

〈1時間目〉

導入

発問 あなたが運転する車がAさんをはねて，ケガをさせてしまった。どのような責任を問われる可能性があるか？

解説 過失による運転でケガをさせた場合は過失運転致傷罪を問われ，起訴されると刑事裁判になる。過失運転致傷罪はかつて刑法に規定されていたが，現在は特別刑法である自動車運転死傷行為処罰法の第5条に明記されている。また，Aさんに損害賠償を求められたり，治療費を請求されたりした場合には，民事裁判になる。また，一定期間の免許停止になることもあり，そのような行政処分が不服である場合には行政裁判になる。ちなみに，被害者を死亡させてしまった事故および重症事故（治療期間3か月以上，または，後遺症がともなうケガ）で自分に一方的に過失があった場合は，免許取消の対象となる。民事裁判の学習でも扱うが，刑事裁判で被告人が無罪となっても，民事裁判で損害賠償を支払うケースがある点を指摘してもよい（刑事裁判のほうが立証のハードルが高く，有罪の立証に至らないこともあるため）。

（発問）裁判にはどのような種類があるか？

（解説）導入 の 発問 の答えから，刑事裁判・民事裁判・行政裁判の３つを導きたい。「私人間」は
高校生には聞き慣れない言葉かもしれないが，私人とは個人・法人であることから，一般市
民同士の争いであると理解させたい。

（発問）刑事裁判とはどのようなものか？

板書 法的三段論法

　　　刑法199条「人を殺した者は，死刑又は無期若しくは５年以上の懲役に処する」（大前
　　　　　　　提・規範）

　→　Aは人を殺した（小前提・事実）

　→　Aは，死刑又は無期若しくは５年以上の懲役に処する（結論・規範に事実をあてはめ
　　　る）

解説 模擬裁判体験を踏まえて，同じ弁護士資格をもつ検察官・裁判官・弁護人の役割の違いを理
解させたい。検察官は国家の代理として，証人・証拠を出して犯罪事実を立証し，求刑す
る。被告人は弁護人の弁護を得て，証拠や証人を出して反証する。裁判官は何物にも染まら
ない黒い法服で，公正に裁き，有罪・無罪の判決を下す。

　　　法的に論証する際は，法的三段論法を用いる。これは，内容A「公共の扉」で学習した演繹
法（デカルト）・三段論法と同様，絶対・普遍的な一般法則から個々の事象を推論するやり
方である。これは 板書 で示したうえで，生徒に確認させる。

　　　刑事事件の流れの説明においては，マスコミでは「被疑者」を「容疑者」，「被告人」を「被
告」と称することや，日本国憲法に明記される令状主義，冤罪の温床となっている代用刑事
施設（代用監獄）の問題についても触れたい。刑事裁判の流れについては，模擬裁判体験の
事前に視聴する映像（DVD）がこの流れに則っていることを確認しておく。

（発問）どのような行為が犯罪となり，どのような刑罰が科されるかを，法律であらかじめ定めてい
るのはなぜか？（ヒント：国王などの権力者，宗教の教典に基づいて判決を出すことの問題
点を手がかりに考えよう）

解説 国王などの権力者が判決を出すと，人によって違う恣意的な基準で裁かれてしまう。また，
宗教の教典に基づいて判決を出すと，特定の宗教への信仰心をもたない人を公正に裁くこと
が難しくなる。よって，国民の代表として選ばれた国会議員により法律を定めれば，平等な
裁判が可能となり，裁判の結果が予想できることであらかじめ紛争を防止することができ
る。民主主義の原則である「罪刑法定主義」，日本国憲法に明記されている適正（法定）手
続きの保障（第31条）の意義についても考えさせたい。

資料 1215年　マグナ・カルタ［Magna Carta］（イギリス）

第39条　自由人は，その同輩の合法的裁判によるか，または国法によるのでなければ，逮捕，
　　　監禁，差押，法外放置，もしくは追放をうけまたはその他の方法によって侵害されることは
　　　ない。

(発問) 民事裁判とはどのようなものか？　三審制とはどのようなものか？
(解説) ワークシート①の穴埋めに従って説明を加える。

〈2時間目〉

導入

(発問) 「疑わしきは被告人の利益に」「無罪推定」（刑事裁判において証拠により有罪が確定するまで，被疑者・被告人は，彼らの利益になるよう無罪の判断をする）という原則がある。この原則が妥当であるかどうか，考えてみよう。
(解説) 「妥当である」か，「妥当でない」か，をまずは考えさせたい。「妥当である」とする理由としては，「疑わしい」というだけで犯人扱いし，たとえば死刑が執行されてしまったあとで冤罪（無実の罪をきせること）だとわかったら責任を取れないことが挙げられる。間違って無実の罪をきせるくらいなら，無罪として扱ったほうがましである。また，「妥当でない」理由としては，無罪になって刑を逃れようとする被疑者・被告人がいるかもしれないことや，そもそも疑わしいから逮捕されたわけであり，多くの人々の幸せを考えると，彼らの肩をもつ必要はない，といった理由が挙げられる。前者は，行為の善悪の基準を善意志（義務を義務として行う）という行為の動機に求めるカントの動機主義の道徳哲学に則して，どんな場合にも人権は保障されるべき（定言命法）であり，冤罪はあってはならないという考え方として捉えることもできる。一方，後者は行為の善悪の基準を快楽や幸福という結果をもたらすか否かに求める，ベンサムやミルの帰結主義の道徳哲学に則して，被疑者・被告人の人権保障よりも，被害を減らしたい多くの人々の幸福を重視するべきだという考え方として捉えることもできる。
冤罪については，再審無罪となった足利事件など，具体的な事例を挙げるのもよい。

展開

(発問) 日本国憲法の自由権「人身の自由」にはどのような規定があるか？
(解説) 日本国憲法の学習で既習の場合は，復習にとどめる。模擬裁判体験と関連して，弁護人依頼権，黙秘権，そして唯一の証拠が自白である場合は無罪となる点を確認させる。
(発問) （大津事件について）政府の行ったことはどこが問題か？ 権力分立の観点から考えよう。
(解説) 歴史総合の学習でも扱われる大津事件の概要を踏まえ，行政権を有する政府が司法権に干渉したことの問題点を「司法権の独立」の語を用いて権力分立の観点から考えさせる。政府の干渉により恣意的な判決が出されれば，国民の人権が侵害されてしまう点も補足したい。ちなみに，児島惟謙が無期徒刑の判決を担当判事に指示した点については，裁判官の独立を侵害しているとの評価もある。裁判官の独立を侵した事件としては平賀書簡事件がある。あわせて，立法権からの独立を巡る浦和事件について発展的に触れてもよい。

（発問）起訴独占主義，検察審査会とはどのようなものか？

（解説）検察官のみが起訴する権限をもつとする起訴独占主義に対して，検察審査会は民意を反映させるしくみである点を指摘し，その存在意義を考えさせたい。この制度で2010年の明石花火大会歩道橋事件以来，JR福知山線脱線事故，陸山会事件など2023年までに10件の強制起訴が行われた。検察官により起訴された場合99％は有罪になるが，強制起訴された事件のうち有罪となったのは石井町長ホステス暴行事件と松本市小6男子柔道過失傷害事件の2例しかない。具体的な事件の概要を1例取り上げると，検察審査会の存在意義を生徒に伝えやすい。

（発問）裁判員裁判と司法制度改革とはどのようなものか？

（解説）古代ギリシアで行われたソクラテス裁判も500（501）名のアテネ市民による裁判員裁判であり，法に基づく真っ当な手続きで有罪・無罪の判定を行ったあと，有罪だったため量刑の判断がなされ，ソクラテスは死刑となった（プラトン『ソクラテスの弁明』などに描かれる）。そもそもメレトスやアニュトスといった民主政を支持する者たちの告発に端を発し，対するソクラテスが弁明を行った（検察官や弁護人は不在）。ソクラテスは市民の良識が担保されない限り，衆愚政（愚か者の多数決）に堕落してしまう民主政に否定的な立場を取っていたため，死刑判決を受けることになった。ソクラテスの立場は，「現実」的な民主主義を是とする現代では受け入れられない価値であるかもしれないが，衆愚政治に堕するぐらいなら，良識あるエリートによる哲人政治が望ましいと考えたプラトンの「理想」とともに，既習事項を振り返らせたい。

日本の裁判員裁判は，プロの裁判官の判決に市民感覚を反映させる意図で2009年5月21日に導入された。〈3時間目〉以降の模擬裁判体験を踏まえて，重大な刑事事件が裁判員裁判になる点，裁判員は事実認定と量刑を行う点（模擬裁判体験では事実認定までを行う），裁判官・裁判員の重みは一緒である点を強調したい。第一審の裁判員裁判で無罪判決を出したとしても，第二審以降でプロ裁判官が判決を覆すことが可能ならば，仕事を休んで参加する意義はないと思う生徒がいるかもしれないが，実際は第一審の裁判員裁判の判決が第二審以降のプロの裁判官の判決に大きな影響を及ぼしている。

裁判員制度については，理由なく候補者が裁判所へ行かないと10万円以下の罰金を科せられること（70歳以上，学生，病気の人や重要用務で事業に損害を与える場合は辞退可），日当・旅費が支給されること，仕事を休んでも勤め先から不利益を受けないこと，終身の守秘義務があること（破ると刑罰があり，報復のおそれもある）などに触れる。しかし，裁判の迅速化にもかかわらず審理が長引いたり，凄惨な証拠資料を閲覧したり，死刑判決を下すこともある評議・評決に関わる心理的負担などの理由から辞退率が高い現状についても考えさせたい。

まとめ

ワークシートの裏面に授業を通じて考えたことを書かせて回収し，評価に活用する。

〈3時間目〉

■「東京地裁刑事第201号法廷」映像（DVD）

解説 「東京地裁刑事第201号法廷」は，裁判員制度の発足に合わせて，東京弁護士会裁判員制度センターが作成したドラマ仕立ての映像（DVD）である。東京弁護士会の法教育プログラム（https://www.toben.or.jp/manabu/mogi-keiji.html）・高校生向けの刑事模擬裁判の教材で，依頼により映像（DVD）の貸し出し，「東京地裁刑事第201号法廷」観賞用メモの提供，各クラスの評議・評決（本指導案では〈4時間目〉）における講師（弁護士）の派遣をお願いすることができる。

【事件の概要】

　被告人（中沢謙二郎）が，母の中沢美代子宅で，酒乱の兄（中沢哲夫）を殺してしまったとして刑法199条の殺人罪に問われ，裁判にかけられている。酒乱の兄は3日前に酔って口論の末，スナックを経営している母の包丁を振り回していた。また，事件の数時間前，兄は酒で勤務先をクビになったことで口論になり，被告人はいつものように布団の上で眠らせるため兄に馬乗りになり，ガムテープで固定した。兄は眠ったかと思いきや，「ぶっ殺してやる」と花びんを投げつけ，灰皿を手に取ったので，「お前こそ殺してやる」と馬乗りになり，10分間布団に頭を押し付けたら死んでしまった。

　「東京地裁刑事第201号法廷」観賞用メモに従って，映像（DVD）を観賞しながら，1．人定質問（被告人の名前・年齢・職業），2．起訴状朗読（被告人の殺意の有無，罪名・罰条，裁判官からの黙秘権の説明の有無），3．罪状認否（殺意の有無と理由），4．弁護人の意見（殺人罪の成立・不成立，殺意の有無，正当防衛の成立・不成立と理由），5～6．証人の証言，7．被告人質問，8．検察官の論告・求刑，弁護人の弁論についてメモを取らせる。「東京地裁刑事第201号法廷」観賞用メモについては，その他の資料（起訴状，見取図，鑑定書，鑑定資料，捜査報告書，再現実況見分調書）も掲載されており，〈4時間目〉の評議・評決の際の証拠として参考にする点を伝える。

〈4時間目〉

導入

発問 本日の評議の争点を伝えます。

解説 今回の模擬裁判体験では事実認定までを行う。すでに学習した，法的三段論法における「Aは人を殺した」という犯罪事実を，証拠に基づいて認定する。唯一の証拠が自白である場合は無罪であるとする憲法の規定を再度確認させてもよい。

次に「東京地裁刑事第201号法廷」観賞用メモに従って，評議の争点を伝える。

争点の1つ目は被告人の殺意の有無である。殺意が有ったとする場合，「確定的殺意」と「未必的殺意」がある。「確定的殺意」は，積極的に確実に人を殺そうと思っていた場合（たとえば，頭を狙って銃を撃つ）であり，「未必的殺意」は，確実に殺すつもりはなかったが死んでもしかたないと思っていた場合（たとえば，小さいナイフで相手の胸を刺す）であ

る。もちろん前者のほうが後者より量刑は重くなる。

争点の2つ目は，被告人に正当防衛が成立するかどうかである。正当防衛とは，犯罪から自分や他人の身を守るため，やむを得ず行った反撃は罰しないことをいう。ただし，急迫不正の侵害（差し迫った危害）があり，反撃がやり過ぎでなく，質的・量的に相当性がある場合に認められる。たとえば，小柄な老人が大柄な若者に1発殴られたのにやられた以上の力で10発殴り返した場合は，急迫不正の侵害ではあるが，質的・量的に相当性がないので，無罪にならず「過剰防衛」（防衛の限度を超えている）となる（「過剰防衛」の場合，情状により刑を減軽することもできる）。

展開

（発問）各班で，有罪か無罪か，評議・評決を行ってください。

（解説）裁判は鑑定書，見取図，証人・被告人の発言に基づいて行うこと（証拠裁判主義）を冒頭で確認する。また，〈2時間目〉に学習した「疑わしきは被告人の利益に」「無罪推定」の原則をあらためて確認し，殺意の有無が判断できなければ，殺意は無かったと考えるよう伝える。

争点については以下の順序で考えさせたい。まずは被告人に殺意が有ったか，無かったかを評議させ，全員一致を見ない場合は評決させる。殺意を細かく問えば，「殺意　有」と判断した場合でも「確定的殺意」ではなく「未必的殺意」を取る班が多くなる傾向にある。「殺意　有」の理由としては，見取図や証人・被告人の発言を根拠に「皮がむけていること」「"殺してやる"という発言があったこと」「10分間押さえ付けていたこと」などが挙げられる。「殺意　有」より「殺意　無」という意見の班が多くなる傾向にあるが，その理由としては，見取図や証言を根拠に「兄の頭を押し付けた布団とカーペットの間に隙間があったこと」「普段から酒に酔った兄を眠らせるために頭を布団に押し付けていたこと」，そして「疑わしきは被告人の利益に」などが挙げられる。

次に，正当防衛の成立・不成立については，相当性がなく過剰防衛であると判断する班が多くなる傾向にある。その理由としては，「10分間押し付けるのはやり過ぎであること」「差し迫った命の危険はなかったこと」などが挙げられる。正当防衛が成立する理由としては，「花びんを投げつけられるという差し迫った命の危険が現にあったこと」などが挙げられる。

```
殺意の有無
有
→　殺人罪（刑法199条）　→　正当防衛の成立・不成立
                              成　立　→　無罪
                              不成立　→　殺人罪

無
→　傷害致死罪（刑法205条）→　正当防衛の成立・不成立
                              成　立　→　無罪
                              不成立　→　傷害致死罪
```

まとめ

　授業者から，それぞれの班の意見に講評を加え，裁判員の意見が司法の判決に反映されることの意義をあらためて強調する。 ワークシート の裏面に授業を通じて考えたことを書かせて次回の授業で回収し，評価に活用する。

■学習内容のまとめと評価

・評価方法

　　 ワークシート①・② の裏面に書かれた，授業を通じて考えたことは主体的に学習に取り組む態度の観点の評価に用いる。 ワークシート①・② の記述部分は思考・判断・表現の観点の評価に用いる。知識の穴埋め部分は知識・技能の観点としておもに定期テストで評価する。

■他の授業例

・評議・評決に2時間の授業が確保できる場合は，事実認定で1時間，量刑＋各班の発表で1時間（計2時間）という形で授業を計画することもできる。量刑については，殺人罪「死刑，無期懲役，5年以上の有期懲役」，傷害致死罪「3年以上の有期懲役」を踏まえたうえで，執行猶予（1年以上5年以下）についても説明する必要がある。授業で量刑までを扱う場合は，プロの弁護士を交えた特別授業を行って，助言を得ながら議論することが望ましい。また，「東京地裁刑事第201号法廷」映像（DVD）の鑑賞と各クラスの班による討議を，特別時間割を組んで2時間続きの授業で行うこともできる。映像を見た記憶が新しいうちに評議・評決を行うことで，生徒の授業に対する盛り上がりも増す。

・また，模擬裁判体験に2時間を割くことが難しく，1時間の授業（50分）で実施したい場合は，一般社団法人裁判員ネット（http://saibanin.net/updatearea/news/archives/2330）による「模擬裁判DVD教材①〜強盗致傷被告事件」（28分・2014年3月）がある。解説資料とワークシートが付属し，映像の視聴も含めた1時間の授業で「有罪／有罪ではない」の評議を行うことができる。

〈参考資料〉

・東京弁護士会裁判員制度センター「東京地裁刑事第201号法廷」DVD，2007
・東京弁護士会裁判員制度センター「東京地裁刑事第201号法廷」観賞用メモ
・大城聡，福田隆行，坂上暢幸『増補改訂版　あなたが変える裁判員制度』同時代社，2022
・後藤昭『新版　わたしたちと裁判』岩波書店，2006
・中央大学法学部『高校生からの法学入門』中央大学出版部，2016
・高木八尺・末延三次・宮沢俊義編『人権宣言集』岩波書店，1957

※本指導案は，2019〜21年に当時の勤務校の東京都立三鷹中等教育学校の学校設置科目「文化科学Ⅱ（法教育）」にて作成した模擬裁判体験プログラムを参考にした。

（石浦昌之）

模擬裁判を体験しよう

あなたが運転する車がAさんをはねて，ケガをさせてしまった。あなたはどのような責任を問われる可能性があるか？

・過失による運転でケガをさせたので罪を問われる
・Aさんに損害賠償を求められる，治療費を請求される
・一定期間，免許停止になる　→　行政処分（それが不服である場合は行政裁判）

◎裁判の種類

・（₁　刑事裁判　）… 刑法などに定められた（₂　犯罪　）を行った者を裁く
　　　　　　　　　　　窃盗，詐欺，強盗，放火，殺人など
・（₃　民事裁判　）…（₄　私人間　）の争いを裁く（原告・被告が法廷で争う）
　　　　　　　　　　　金銭，土地，家屋，借金，相続など
・（₅　行政裁判　）… 行政機関を被告とする裁判，民事裁判の一種

◎刑事裁判とは？

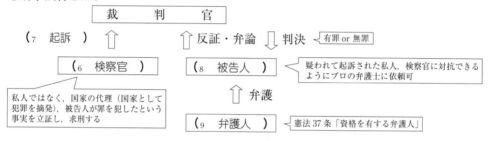

裁　　判　　官

（₇　起訴　）⇧　　　　　⇧反証・弁論　⇩判決　←有罪 or 無罪

（₆　検察官　）　　　（₈　被告人　）←疑われて起訴された私人，検察官に対抗できるようにプロの弁護士に依頼可

私人ではなく，国家の代理（国家として犯罪を摘発），被告人が罪を犯したという事実を立証し，求刑する

⇧弁護

（₉　弁護人　）←憲法37条「資格を有する弁護人」

※刑事事件の流れ

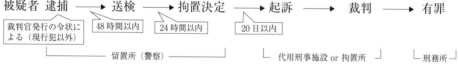

被疑者 逮捕 ──→ 送検 ──→ 拘置決定 ──→ 起訴 ──→ 裁判 ──→ 有罪

裁判官発行の令状による（現行犯以外）　48時間以内　24時間以内　20日以内

──── 留置所（警察）────　｜ 代用刑事施設 or 拘置所 ｜　｜ 刑務所 ｜

※刑事裁判の流れ

話したくないことは話さなくてもよい…

1．人定質問　　2．起訴状朗読　　3．黙秘権の告知　　4．被告人・弁護人の罪状認否

人違いではないか，名前・年齢・職業を確認

・どんな罪を犯した疑いがあるか，殺意の有無，罪名，罰条
・被害者が死ぬ … 殺意あり → 殺人罪
　　　　　　　　　殺意なし → 傷害致死罪
※いずれも正当防衛が認められれば無罪もある
・被害者が死なない … 殺意あり → 殺人未遂罪
　　　　　　　　　　　殺意なし → 傷害罪

起訴状の事実が正しいかどうかを聞く

5．冒頭陳述　　6．証拠調べ請求　　7．弁護人の証拠調べに関する意見陳述

証拠をもとに何を証明するかを説明，検察官と被告人の争点が明らかになる

検察官が証拠調べ手続に基づいた意見のまとめを行う

8．書証・物証の取り調べ　　9．証人の取り調べ（証人尋問）　　10．被告人質問　　11．論告・求刑

12．弁護人の弁論　　13．弁論終結　　14．判決

最終弁論（意見をまとめる）

検察官が被告人をどの位の刑にすると考えているか

> どのような行為が犯罪となり，どのような刑罰が科されるかを，法律であらかじめ定めているのはなぜか？（ヒント：国王などの権力者，宗教の教典に基づいて判決を出すことの問題点を手がかりに考えよう）
> ・国王が判決を出すと，気に食わない者を死刑にするかもしれない。宗教の教典に基づいて判決を出すと，その宗教を信じていない人を公正に裁くことができない。法律をあらかじめ定めておけば，平等な裁判が可能となる。

※($_{10}$ 罪刑法定主義)，適正（法定）手続きの保障（憲法31条）

◎民事裁判

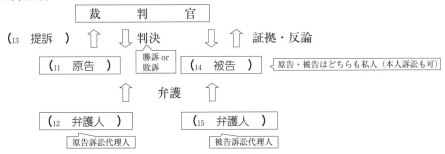

```
           裁 判 官
($_{13}$ 提訴 ) ⇧  ⇩ 判決    ⇩ ⇧ 証拠・反論
       ($_{11}$ 原告 ) 勝訴or ($_{14}$ 被告 )  原告・被告はどちらも私人（本人訴訟も可）
              敗訴
           ⇧   弁護  ⇧
   ($_{12}$ 弁護人 )      ($_{15}$ 弁護人 )
     原告訴訟代理人      被告訴訟代理人
```

※民事裁判の流れ
1．訴状の提出（原告）2．答弁書の提出（被告）3．口頭弁論4．弁論の終結5．判決（または和解）
　提訴

※民事裁判で勝訴したが，刑事裁判で被告人が無罪になることもある（刑事裁判の方が立証のハードルが高く，有罪の立証に至らないこともある）

間違いのない公平な裁判を行うため，公開裁判が原則！

◎（$_{16}$ 三審制 ）… 判決に不服であれば，裁判を3回受けることができる制度
［原則］

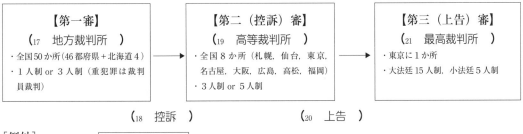

【第一審】	【第二（控訴）審】	【第三（上告）審】
（$_{17}$ 地方裁判所 ）	（$_{19}$ 高等裁判所 ）	（$_{21}$ 最高裁判所 ）
・全国50か所(46都府県＋北海道4)	・全国8か所（札幌，仙台，東京，名古屋，大阪，広島，高松，福岡）	・東京に1か所
・1人制or3人制（重犯罪は裁判員裁判）	・3人制or5人制	・大法廷15人制，小法廷5人制

　　　　　（$_{18}$ 控訴 ）　　　　　　（$_{20}$ 上告 ）

［例外］　全国438か所，1人制
・第一審が簡易裁判所となる場合（控訴審は地裁，上告審は高裁）
　　　・刑事裁判 …（$_{22}$ 罰金 ）以下の刑にあたる罪，窃盗・横領などの罪
　　　・民事裁判 … 訴額（$_{23}$ 140万円 ）以下の請求
・第一審が家庭裁判所となる場合（控訴審は高裁，上告審は最高裁）
　　　・刑事裁判 …（$_{24}$ 少年の保護事件 ）
　　　・民事裁判 …（$_{25}$ 家庭に関する事件 ）
・控訴審（第二審）を飛び越えて上告する場合
　　　・刑事裁判 … 跳躍上告，第一審が違憲判決を下したときなど
　　　・民事裁判 … 飛躍上告，当事者が控訴をしないとの合意をした場合

「疑わしきは被告人の利益に」「無罪推定」（刑事裁判において証拠により有罪が確定するまで，被疑者・被告人は，彼らの利益になるよう無罪の判断をする）という原則がある。この原則が妥当であるかどうか，考えてみよう。
・妥当である。死刑が執行されてしまった後で冤罪だとわかったら責任を取れない。
・妥当でない。無罪になって刑を逃れようとする被疑者・被告人がいるかもしれない。

◎自由権・人身の自由（日本国憲法）
・奴隷的拘束及び（1　苦役　）からの自由（第18条）
・（2　令状　）主義（第33条，第35条）
…現行犯以外の逮捕，住居侵入・捜索・押収には裁判官による令状が必要
・拷問や残虐な刑罰の禁止（第36条）
・弁護人依頼権（第34条，第37条3項）
…刑事被告人は，自ら依頼できなければ（3　国選弁護人　）をつけられる（第37条3項）
・（4　黙秘　）権（第38条1項）… 自己に不利益な自白を強要されない
・唯一の証拠が自白である場合は無罪（第38条3項）
・公開の裁判を受ける権利（第37条1項）

「大津事件」（1891年）
　来日していたロシア皇太子・ニコライが滋賀県大津で警備巡査・津田三蔵に襲われ負傷した。政府は日露関係の悪化を恐れ，犯人の死刑を要請したが，大審院長・児島惟謙は政府の干渉を退けて，刑法に従い無期徒刑の判決を担当判事に指示した。

政府の行ったことはどこが問題か？　権力分立の観点から考えよう。
・司法権の独立を，行政権をもつ政府が犯したことが問題である。

※（5　司法権の独立　）

◎起訴独占主義と検察審査会　←1948年〜，全国の地裁所在地などに165か所
・（6　起訴独占主義　）… 起訴する権限は（7　検察官　）のみがもつ
・（8　検察審査会　）… ・不起訴or起訴猶予になった事件の妥当性を審査する機関

> 被害者の申し立てや知りえた資料（新聞など）をきっかけに職権で審査が開始される

・不起訴 … （犯罪の疑い・）証拠不十分
　　or
・起訴猶予 … 証拠十分だが，被疑者の性格・年齢・反省の有無・被害者との示談などにより，
　　　　　　　検察の裁量で不起訴に
　　　　　　　※証拠（嫌疑）不十分の場合の起訴猶予は，検察審査会では扱わない

・各地方裁判所の管轄区内に置かれ，有権者（18歳以上）の中から
　くじで選ばれた（9　11　）人で構成　任期6か月，月1〜2回の審査会議あり

・起訴相当 … 検察の不起訴処分は間違い，起訴すべき（8人以上の賛成）
→不起訴なら再び審査を行い，ここで2回目の（10　起訴相当　）の判断が出た場合，裁判所が
　指定した指定弁護士を検察官として（11　強制起訴　）される
・不起訴不当 … 検察の不起訴はおかしい，捜査・判断に不備があり，再捜査せよ（6人以上の
　賛成）
　　　　　　　　　　　　　　　　　　　　　　それでも検察が不起訴にすれば，
　　　　　　　　　　　　　　　　　　　　　　捜査終結
・不起訴相当 … 検察の不起訴は正しい（6人以上の賛成）　そうなれば，捜査終結！

◎裁判員裁判（2009年5月〜）

・対象事件 ① 法定刑に（12　死刑　）・（13　無期懲役（禁錮）　）を含む事件
　　　　　　　　　　　　　　　　　　　　　　　　　・対象 … 殺人，強盗殺人，
　　　　　　　　　　　　　　　　　　　　　　　　　　　　　傷害致死
　　　　　② （14　故意　）の犯罪で，人を（15　死亡　）させた事件の（16　第一審　）
　　　　　　　　　　　　　　　　　　　　　　　・対象外 … 過失致死

・裁判員の選任 … （17　18　）歳以上の国民の中からくじで選出，任期は（18　1事件　）
　　　　　　　　公判開始から判決まで多くの場合3〜9日，候補者とされるのは1年
・裁判員裁判の構成 … 原則，裁判官（19　3　）名・裁判員（20　6　）名

・裁判員の権限 … 裁判官とともに（21　事実認定　）と（22　量刑判断　）を行う（評議し，評決）
　　　　　　　　　　　　　犯罪事実の認定　　　有罪の場合，どの
　　　　　　　　　　　　　（有罪 or 無罪）　　ような刑にするか

※ ┌・陪審制（英米）… 陪審員は，裁判官から独立して事実認定を行う
　 └・参審制（独仏）… 参審員は，裁判官とともに事実認定と量刑判断を行う

・評決 … 最低，裁判官・裁判員（23　1　）名以上を含む（24　過半数　）
　　　　　　　　　　　　　　　　　　　　　　　　全員の意見が一致しなければ
　　　　　　　　　　　　　　　　　　　　　　　　多数決，裁判官・裁判員の重
　　　　　　　　　　　　　　　　　　　　　　　　みは一緒！

　（例）裁判官3名　　賛成　　3名　　　3名　　　0名　　　1名
　　　　裁判員6名　　賛成　　2名　　　1名　　　6名　　　4名
　　　　過半数5名　　　　　＜可決＞　＜否決＞　＜否決＞　＜可決＞

◎司法制度改革

・（25　被害者参加制度　）　2008年12月より，公判に出席して法廷で検察官の横などに座る，参加するか否かは選べる
…犯罪被害者やその遺族に，被告人や証人への直接質問と法律適用に関する意見陳述を認める
・（26　公判前整理手続き　）
…初公判前に裁判官・検察官・弁護士があらかじめ争点を絞り込み，法廷で調べる証拠や証人の
　数を精選し，裁判の迅速化を図る制度
・損害賠償命令制度
…刑事事件を担当した裁判所が有罪判決を言い渡した場合，引き続き損害賠償請求の審理を行い，
　損害賠償を命じる制度（損害賠償請求は本来，別の裁判所で民事訴訟として行われる）
・時効制度廃止
…2010年に刑事訴訟法を改正し，殺人・強盗殺人・強盗致死などの重大犯罪の時効を廃止

政治参加と公正な世論の形成，地方自治①

代表制民主主義の望ましいあり方とは？

指導要領【公共】B-ア

ア（イ）政治参加と公正な世論の形成，地方自治，国家主権，領土（領海，領空を含む。），我が国の安全保障と防衛，国際貢献を含む国際社会における我が国の役割などに関わる現実社会の事柄や課題を基に，よりよい社会は，憲法の下，個人が議論に参加し，意見や利害の対立状況を調整して合意を形成することなどを通して築かれるものであることについて理解すること。

指導のねらい

①代表制民主主義の課題について，日本政治の現状を踏まえて理解する。

②代表制民主主義をバージョンアップする構想について，その是非を議論する。

③代表制民主主義の意義について，議論を踏まえて多面的・多角的に考察する。

学習内容・授業方法等の概説

・学習指導要領解説では，「政治参加と公正な世論の形成，地方自治」に関わる具体的な「主題」（＝現実社会の諸課題に関わる具体的な学習上の課題）の例として，「議会制民主主義を通して私たちの意思を反映させるにはどうしたらいいか，なぜ議会を通して意思決定を行う必要があるのか」などが示されている。本案は，上記の主題例に基づいて学習内容と問いを設定したものである。

・授業方法としては，具体的な事例から問いを設定したうえで，マイクロディベートやディスカッションなど協働的な方法を用いて主題を追究するものである。多面的・多角的な考察を促すために，教員による議論の整理と切り返し発問が重要となる。

内容Aで身に付けた考え方・基本原理

・ルソーの代表制批判・一般意志：主権は代表されえず，人民の代議士は人民の代表者にはなれない。一般意志は公共の利益をめざす人民に共通の意志であり，個人の私的利益の集計とも，多数派の意向とも異なるものである。

・ハーバーマスらの熟議（討議）民主主義論：異なる利害や価値観をもつ人々が，根拠を示しながら意見を述べ，他者の意見に耳を傾けて自らの意見を修正していくのが熟議である。理性的な熟議を通して相互了解を深め，よりよい結論を創出していくことが大切だ。

学習指導案

	授業内容	備考
導入	1．現代の代表制民主主義がかかえる問題点を概観する。 2．発問：日本が代表制民主主義を採用しているのはなぜか？（10分）	教科書の記述も参照する。
展開	主発問：代表制民主主義の望ましいあり方とは？ 　→代表制をバージョンアップする構想を検討することを通して，代表 　　制の意義を問い直す。 ●日本は国民投票制度を導入するべきか？ 　：「もっと民意を反映する」方向のバージョンアップ 1．3人グループでマイクロディベートを実施する。 2．ディベートで出た主張を発表させ，論点を共有する。 ●「海賊党」は理想の政党か？ 　：インターネットで「民意をリアルタイムで反映する」＋「市民が政 　　策形成に関与する」方向のバージョンアップ 1．グループまたは全体でディスカッションをする。　　　　（35分）	肯定側／否定側／審判の3人でグループをつくる。 具体的なイメージをもたせる資料を提示する。
まとめ	代表制の意義を踏まえ，これからの民主主義の形を構想する。 　→職業政治家に期待すべき役割，「熟議」の必要性など　　　（5分）	

授業展開　◆代表制民主主義の望ましいあり方とは？

導入

★内容Aで身に付けた考え方・基本原理を活用して問題設定

1．現代の代表制民主主義がかかえる問題点を概観する。

ⓐ現実的（現代的）な問題点

(発問) 現代日本の民主政治がかかえている問題点（課題）は何だろうか？

　→考えるにあたって，教科書や資料集も参照してよいことにする。

　→生徒から出た回答のポイントをまとめ，板書で整理する。

　　例：選挙の低い投票率，政治的無関心の広がり，世代による投票率の差（若者の無力感），
　　　　政治不信，支持したい政党や政治家を見つけられない，みんな日常生活で忙しい，情報
　　　　が多すぎる（フェイクニュースも），など。

ⓑ原理的な問題点

・ルソーの代表制批判（内容Ａで身に付けた考え方・基本原理）

> 主権は譲渡されえない。同じ理由から，主権は代表されえない。主権は本質的に一般意志
> のうちにあり，そして意志というものは代表されるものではない。一般意志は一般意志で
> あるか，一般意志ではないかのどちらかで，その中間というものはないのである。だから
> <u>人民の代議士は人民の代表ではないし，人民の代表になることはできない</u>。代議士は人民
> の代理人にすぎないのである。代議士が最終的な決定を下すことはできないのだ。<u>人民が
> みずから出席して承認していない法律は，すべて無効であり，それはそもそも法律ではな
> い</u>のである。　（ルソー著，中山元訳『社会契約論／ジュネーヴ草稿』光文社古典新訳文庫，2008）
>
> 　　　　　　　　　　　　　　　　　　　　　　　　　　　　　※下線は引用者による

※この直後に，「イギリスの人民はみずからを自由だと考えているが，それは大きな思い違い
　である。自由なのは，議会の議員を選挙するあいだだけであり，議員の選挙が終われば人民
　はもはや奴隷であり，無にひとしいものになる」と続く。

→具体的な主張が読み取れる下線部に注目させ，生徒総会などをイメージさせながら，法につ
　いて「人民が自ら出席して承認」する場面（人民集会）を具体化する。

⇒ルソーの代表制批判を活用して現代をみると，議会の議員は私たちの「代表」ではないし，
　法律は私たちが直接認めていないからすべて無効!?

・ルソーの「一般意志」（内容Ａで身に付けた考え方・基本原理）

個々の政治共同体に固有の，公共の利益（みんなの幸福）をめざす人民に共通の意志である。
個人の私的利益（＝特殊意志）の集計（＝全体意志）とも，多数派の利益とも異なる。

→現代的な言葉でざっくり言うと「民意」に近いが，私的利益の集まりではなく，みんなが公
　共の利益を願って考えた結果として現れるものである。

※発展：ルソーは部分的結社（現代の政党や利益集団も？）を否定し，各人が自律した市民
　　　　＝主権者として考えることを説いた。

→「一般意志とは何か」を具体化することは難しいので，「一般意志は何でないか」を具体的
　に解説するとよい。

　　例：文化祭のクラス出し物を決める場面で……

　　　　（×）すぐ多数決に頼る

　　　　　　：各人が自分のことしか考えていない，特殊意志の集計にすぎない

　　　　（×）一部の人たちが事前に相談して議論をリードし，他の人は反論できない

　　　　　　：一部の人のエゴ（私的利益）に支配されてしまう

　　　　（〇）自律した個人として「何がみんなにとってベストか」とことん考え，話し合う

→一般意志は，自由で平等な人々がとことん考えた，「ほんとうの」みんなの願い。

→「じつは自分は違う」などありえないし，そう感じるならその人がご乱心している？

※発展：このようにみると，異論を唱える人に対して誰かが「おまえはほんとうの自分の意志
　　　　をわかっていない！」と，一般意志に従うよう強制してあげる，という発想にたどり
　　　　つきかねないようにも思える。この点が，ルソーの思想が全体主義につながる危険な

ものだとされる理論的な背景となっている。

⇒ルソーの「一般意志」の考え方を活用して現代をみると，現代政治の意思決定はせいぜい「全体意志」の現れ（私的利益の集計）にすぎない。また，私たち自身が自由で平等な個人として，「何がみんなにとってベストか」をとことん考える場面を欠いている（政治家に丸投げしている）。

・その他，原理的な問題として次のようなことが考えられる。

そもそも国民の意見は多種多様だが，どうやってそれを代表するのか？

選挙のときの争点はたくさんあるが，それらをセットにして代表を選べているのか？

社会情勢は変化しているのに，何年かに一度の選挙で選ばれたにすぎない代表が民意を受けているといえるのか？

2．（発問）日本が代表制民主主義を採用しているのはなぜか？

→教科書本文からこの問いに対する説明を探させ，さらに自分の頭でも考えさせる。

生徒から出なかった意見も，いくつか補足しておくとよい。

回答例：国家の規模（人口）が大きく，直接民主制は無理だから。

政策判断には専門的な知見が必要で，市民にはその知見がないから。

市民には政治に多くの労力を割こうとする能力・意欲がないから。

数の大小が明確になる議会制度を通して，多数派に主導権を与えることで「決められない」政治になるのを防ぐため。

展開

・|主発問の提示| 代表制民主主義の望ましいあり方とは？

→代表制民主主義をバージョンアップ（より部分的な改変の場合はアップデート）するいくつかの構想を検討することを通して，これからの代表制がどのような形で現状の課題を克服するべきか，また失ってはならない代表制の意義とは何かを考えていく。

●日本は国民投票制度を導入するべきか？

：導入部分でみた現実的（現代的）な課題に対して，「もっと民意を反映する」方向で克服を図る構想。

※第21回全国中学・高校ディベート甲子園（全国教室ディベート連盟主催）高校の部の論題を参考にした。

・ここでいう国民投票制度とは，18歳以上の有権者の署名により（⇔議会の一定数の承認），法律の制定・改正・廃止について（憲法・条約・条例・予算案は含まない）請求する制度とする。

・投票の結果は法的拘束力をもつものとする。（⇔諮問的国民投票）

※日本国憲法は，国民主権を宣言する（前文，1条）一方で，国会を「国の唯一の立法機関」と定め（41条），憲法改正手続き（96条）以外の国民による直接立法の規定はない。したがって，この構想を実現させるには，憲法の改正が必要になるかもしれない。

・国民投票のイメージをもちやすいように，次のような事例を参考に紹介してもよい。

> ギリシャ財政緊縮策を問う国民投票
> イギリスの EU 離脱を問う国民投票
> スイスの，さまざまな法案について年に何度も行われる国民投票
> 大阪都構想を問う住民投票
> 原発や産廃処理施設等の建設を問う住民投票

1．3人グループでマイクロディベートを実施する

①「日本は国民投票制度を導入するべきか」という論題に対して，肯定側（賛成派）／否定側
（反対派）／審判で役割分担をさせる。「一番誕生日が早い人が審判，次に早い人が肯定側，最
後の人が否定側」など教員が立場を指定すると，よりディベートらしくなる。2人組になる場
合は，審判を無しとする（セルフジャッジ）。
※生徒が勝敗をジャッジするのが難しそうな場合，審判無しで2人組にするアレンジもある。

② ワークシート （p.74）を配付し，全体の流れを説明する。

③肯定側／否定側の人に， ワークシート の「主張」欄に「賛成」「反対」を記入させる。
さらに，「なぜなら」に続けてその論拠を考えて記入させ，続けて「対戦」欄に自分の主張を
整理してまとめる（3〜5分）。
デジタル端末などで資料を参照でき，授業時間に余裕がある場合は，調べて考えてもよいこと
にする。その場合，記入時間は延長する。
この間，審判は双方から出そうな意見を考えておく（ ワークシート への記入はとくに必要な
いが，考えたことをメモしておくとよい）。

④肯定側が2分間で主張する。

⑤1分間のインターバルをとる。否定側・審判は肯定側の主張を ワークシート にメモする。

⑥否定側が2分間で主張する。

⑦1分間のインターバルをとる。肯定側・審判は否定側の主張を ワークシート にメモする。

⑧否定側の主張に対して，肯定側が1分間で反論を述べる。
※すぐに反論するのが難しそうな場合，事前に反論内容を考えさせる時間を設ける。

⑨1分間のインターバルをとる。否定側・審判は肯定側の反論内容を ワークシート にメモする。

⑩肯定側の主張に対して，否定側が1分間で反論を述べる。

⑪1分間のインターバルをとる。肯定側・審判は否定側の反論内容を ワークシート にメモする。

⑫審判は，説得力／論理性・一貫性／具体性・興味深さの各観点から，肯定側・否定側の主張と
反論を評価し，勝敗をジャッジする。

2．ディベートで出た主張を発表させ，論点を共有する

> → p.69のような記入枠を，p.74の ワークシート に続けて用意するとよい。

記入枠と主張の例

論題　日本は「国民投票制度」を導入するべきか。

	肯定側意見	否定側意見
論拠	・立法に民意を確実に反映できる。 ・そのときどきの個別の争点に対する民意における多数派を正確に把握できる。 　⇔数年に一度，政策のパッケージで選ぶ選挙 ・政策決定過程を国民の目にオープンにし，「はっきり・すっきり」できる。 　⇔政治家・官僚・利益集団による水面下のかけ引き ・政治参加の意識を高め，政策に対する国民の関心や理解を高めることができる。	・素人にすぎない国民に合理的な判断は難しく，世論の一時的な盛り上がりに流されて，間違った判断を下す可能性がある。 ・さまざまなメディアによって，民意が特定の方向に流される可能性がある。 ・賛成／反対の極端な二択になってしまい，投票結果を盾に，少数派の立場を考慮してもらえなくなりそう。 ・投票ごとに少なくない費用がかかる（参考：衆院選だと600億円超）が，それほどの意味があると思えない。
対立する立場からの疑問・反論	・国民投票の結果＝真の民意なのか？ 　→賛成・反対の極端な二択で民意を変形している？　投票率が低かったら？ 　→そもそも，無条件に民意に従うことはよいことなのか？ ・「はっきり・すっきり」することはよいことなのか？ 　→少数派を含めさまざまな立場の人に配慮するためには，微妙な裁量で融通をきかせる余地を残したほうがよいのでは？ ・本当に国民の参加意識は高まるのか？ 　むしろ投票疲れするのでは？　そもそも，政治的関心を高める方法は国民投票以外にもあるのでは？	・国民が「間違った」判断をする，ってどういう意味？ 　→政治的な決定に対して，主権者である国民が支持したという民主的な正統性以上に重視すべき観点などあるのか？ ・国民は「素人」というが，政治家は専門的判断をできるのか？　そもそも，専門家なら正しい判断をできるのか？ 　→たとえば原発の是非など，トランスサイエンス問題においてはそうではない。 ・メディアが世論形成に大きな影響をもつのは選挙でも同じでは？　国民が好ましくない影響を受けるとしたら，国民投票制度のせいではなくリテラシーの問題だ。

その他の意見・論点
・結局，国民は政策上の争点に基づいて判断するというより，誰がその主張をしているかで選びそう。
　→プレビシット（国民投票が為政者の人気投票と化す）の問題も。
・結局与えられた選択肢から選んでいるだけなので，個人の意見の集計にすぎないという意味で選挙と大差ないのでは？
・直接投票の意義は，国政と地方政治で違いはあるか？

● 「海賊党」は理想の政党か？
：インターネットにより「民意をリアルタイムで反映する」＋「市民が政策形成に関与する」方向で民主主義をバージョンアップする構想。
・「海賊党」とは何か？　政党ガバナンスの特徴　※実際は国によって異なる
　特徴1：固定的な党首や幹部を設けず，党員が水平的につながる
　　→アイスランド海賊党は，議会の会期ごとに党首をコイントスで決めている
　特徴2：インターネットを活用してリアルタイムで党員および市民の声を汲み取る

　（ドイツ）海賊党が主張しているガバナンスは——従来型の間接民主主義制度の欠点を補う——間接民主主義と直接民主主義を融合させたシステムである。

　海賊党による政策提言は——インターネットでオープンアクセスできるかたちで——党員のみならず一般市民にもテスト投票してもらうことで，一般市民を直接的な意思決定システムに組み込んでいる。かれらはこれを「液体民主主義」あるいは「液体フィードバック」と呼び，2009年の夏から，得意のネットを使った民意吸収システムを「実験」してきた。

　（略）「液体民主主義」のシステムは，社会全体と海賊党内のものとで区別され，それぞれにオープンなものとクローズドなものがあるというかたちで交通整理されている。

　まず，大まかには以下のような流れである。海賊党内でそれぞれの問題提起者がテーマ原案を発議（イニシアティヴ）する。次にそれをオープンなオンラインで流し，一般市民（サポーター）のテスト投票に付す。その結果を党にフィードバックして，クローズドな議論により改変案を練り直す。それから熟考したり，冷静な判断をしたりする凍結期間を置き，その後，党で採決をする。

（浜本隆志『海賊党の思想』白水社，2013）

→Wikipedia や Google ドキュメントのように，ウェブ上・クラウド上に示したマニフェストにさまざまな人が手を入れて作成を進めるイメージ。

・日本にも「日本海賊党」を名乗る政治団体はあるが，国政選挙で党公認候補を立てるには至っていない（2022年時点）。また，インターネット技術を活用して民意をリアルタイムで反映することを提唱する政治団体として，「支持政党なし」がある。この団体は，特定の公約をもたず，法案ごとにウェブで有権者に賛否を問い，その結果を国会に届けるとしている。たとえば，「支持政党なし」所属の議員が5人いて，法案に対する有権者の意向が賛成60%・反対40%だった場合，議会では所属議員の3人が賛成票を投じ，2人が反対票を投じる。

　※国政選挙に候補者を出している政治団体なので，授業で扱う場合は政治的中立性に配慮して説明する。つまり，政党支持を促していると理解されないように，あくまでも代表制民主主義をめぐる議論との関係で取り扱う。

1．グループまたは全体でディスカッションをする：「海賊党」は理想の政党か？

考えられる意見の例

・社会の中の多様な意見（の分布）を議会が正確に反映することは望ましい。

　→ 切り返し発問 いま定着している比例代表制もそういう考え方で考案された制度だが，何が違う？（政治家や政党の存在意義を問う）

・もし「海賊党」が大多数の議席を得たら，国会の意思決定は日々の国民アンケートみたいなものになる。それは望ましいことなのか。

　→ 切り返し発問 優れた資質をもつ政治家や特定の主義主張をもつ政党は不要になる？

・結局ただの集計にすぎず，異なる立場や考え方の人たちが話し合う場面がなくなるのでは。国民投票制度と同様，常に多数派が勝つだけになり，少数派に配慮した調整が失われる。

　→ 切り返し発問 「熟議」の考え方では，意見の理由づけをして話し合うことで，人々の意見が変容する可能性が重視される。現代の政治にそういう場面はある？

まとめ

・代表制民主主義は民主主義の一つの形にすぎない。また，代表制民主主義の中でも，現状の形が最善であるというわけでもない。政治制度はバージョンアップに対して開かれているし，バージョンアップの案を議論することを通して，決して失ってはならない民主主義の特徴も見えてくる。

・国民投票制度にせよ「海賊党」にせよ，民意を直接反映しようとするあまり，ただの個々人の意識の集計（ルソーのいう全体意志）制度を構想しがちかもしれない。

　→「熟議」の確保が課題になる。

・ハーバーマスらの熟議（討議）民主主義論（内容Aで身に付けた考え方・基本原理）

　→異なる利害や価値観をもつ人が，理性的な討議を通して相互に了解をめざすコミュニケーション的理性（対話的理性）の重視。

　→少数意見を含めてじっくりと相手の主張を聞いて相互了解を追求することで，個々人がより幅広い視点でものを考え，よりよい結論を創出することをめざす。

・ まとめ発問 　代表制民主主義の意義（失ってはならない特徴）を踏まえて，これからの民主主義のあり方を構想しよう。

　→国民は代表者（職業政治家）にどんな役割を期待すべきか？

　　民意を直接反映するしくみをどのような形で取り入れるべきか？

　　現代政治において，「熟議」の場をいかに設けるか？

※発展：現代の民主主義国家が代表制を採用する理由として，国家規模が大きく直接民主主義を実践するのが難しいから（つまり，代表制は次善の策である），という説明が教科書でもよくなされてきた。これに対して，代表制は直接民主制の次善策などではなく，それ固有の意義がある，という主張をするのが早川誠『代表制という思想』（風行社）である。本書は「代表制の特質は，そして代表制の意義は，直接民主制と比較して民意を反映しないことにあるのであり，民意を反映しないことによって民主主義を活性化させることにあるのである」と述べる。たしかに，代表する者と代表される者が一定程度切り離されているからこそ，統治に対するチェックが可能になる。また，そもそも「民意」なるものが実際にはきわめて多様で流動的である以上，いったんこれと距離をおいた議論によって論点を掘り下げていく必要もある。

■学習内容のまとめと評価

・「思考・判断・表現」の観点からの評価問題例：期末考査やミニレポートとして出題

> 近年，インターネット技術を用いて政策ごとに市民に是非を問い，その投票結果に議員が従う，という民主主義の形を掲げる勢力が注目されている。あなたはこのような民主主義の可能性をどのように評価するか，肯定的・否定的いずれかの立場から論じなさい。ただし，この民主主義の形が現代の代表制民主主義に対してどのような意義をもつのか，考えて言及すること。

→評価の観点
　　・現状の代表制民主主義がかかえる課題を踏まえ，設問の指示「現代の代表制民主主義に対し
　　　てどのような意義をもつのか」に答えているか。
　　・主張が根拠をともない，一貫した論証をしようとする意識が見られるか（単なる感想や意見
　　　の断片的提示では「論じなさい」という指示に不適）。
　　・論証の際に用いた概念や事実認識について，適切な理解がうかがえるか。
　　　※評価基準は生徒の実態に応じて任意に調整すればよいが，主張が根拠（なぜなら～）をと
　　　　もなうことは高評価の必須条件とする。

→評価段階別の解答例
　　A（総合的に見て優れている）

> たしかに，国民投票制度は現状の代表制民主主義に対して，民意をより反映できるという
> 意義をもっている。しかし，国民投票では多数派であることを盾にして物事が決まってし
> まい，少数派の意見が尊重される機会がない。また，増税など国民に負担をさせるような
> 政策は，本当は必要なものであっても否決され，政策はその時点の多数派に利益のあるも
> のだけになり，政策の質が下がるのではないか。結果として代表制民主主義は今よりもさ
> らに機能しなくなってしまうので，反対である。

　　B（概ね満足できる）

> 私はこの制度に賛成する。なぜなら，この制度を導入すると国民の声が直接政治に反映さ
> れるからだ。それによって国会の意味がなくなるわけではなく，国会で議論された情報や
> 論点をもとに，国民が判断を下せばよい。また，オンライン投票などの方法で実施にかか
> るコストを下げることも不可能ではないはずだ。

　　C（支援が必要）

> あまり法にくわしくない人が個人の利益のためだけに意見を通す危険があり，反対する。

■発展的な授業例
　AI による政治は「哲人政治」の実現か？
・本案の展開（大まかな話の流れ）は次のようになっていた。
　①現代の代表制民主主義は，機能不全ともいうべき問題をかかえている。
　②その問題を踏まえて，「もっと民意を反映する」ことで代表制民主主義のバージョンアップを
　　図るのが国民投票制度である。
　③インターネットを活用すれば，もっと手軽に，もっと迅速に民意を反映させることができる。
　　たとえば，公約集をクラウド上のファイルで共同編集する政党，法案ごとにウェブ上の投票で
　　国民に賛否を問う政党などの形が考えられる。
・本案の展開からの発展として，次の新たな論点が考えられる。
　論点：現在開発が進んでいる先端的な情報技術（AIなど）を活用することもできるのでは？

→ルソーの思想は，人民には一体的な意志が存在することを前提とし，それゆえに多様性を抑圧しかねない，どうやってその意志を取り出すのか，と批判されてきた。しかし，先端技術を使って人々の一体的な意志をざっくりと抽出できるとしたら？

⇒ (発問) 民意を収集して「最大多数の最大幸福」をめざす AI に政治を任せればよいのか？
　　　　　AI による政治は「哲人政治」の実現か？

●教材：ドラマ「17 歳の帝国」（NHK）を抜粋して視聴する。

> 舞台は 202X 年。日本は深い閉塞感に包まれ，世界からは斜陽国の烙印を押されている。出口のない状況を打破するため，総理・鷲田はあるプロジェクトを立ち上げた。「Utopi-AI」，通称 UA（ウーア）構想。全国からリーダーを AI で選抜し，衰退した都市の統治を担わせる実験プロジェクトである。若者が政治を担えない理由は，「経験」の少なさだと言われてきた。AI は，一人の人間が到底「経験」し得ない，膨大な量のデータを持っている。つまり，AI によっていくらでも「経験」は補えるのだ。それを証明するかの如く，AI が首相に選んだのは，若く未熟ながらも理想の社会を求める，17 才の少年・真木亜蘭。他のメンバーも全員 20 才前後の若者だった。真木は，仲間とともに AI を駆使し改革を進め，衰退しかけていた地方都市を，実験都市ウーアとして生まれ変わらせていく──。
> （NHK の番組公式サイトより）

※人々の生活はデジタルデバイスとともにあり，AI は行政データだけでなく，市民の日々のつぶやき（要望や愚痴）なども含む膨大なデータを蓄積している。これを解析することで市民の明示的／潜在的なニーズを正確に把握でき，どの政策をとれば人々の幸福量がどれくらい上昇するかを AI が数値化して教えてくれる。

※上記が SF すぎてイメージしづらいようなら，SNS に書き込まれた膨大な情報をテキストマイニングして民意を探る試みがすでにはじまっていることも示すとよい。また，『人工知能の「最適解」と人間の選択』（NHK 出版新書）第 4 章にある「AI 政治家」の開発状況も参考になる。

⇒ (発問) 民意を収集して「最大多数の最大幸福」をめざす AI に政治を任せればよいのか？

・プラトンの「哲人政治」

→「哲人王」は幼い頃からの徹底した教育によって知恵の徳を培った者である。「哲人王」は，感覚的な世界から解放され，善のイデアを魂で見ることができる。善のイデアは単なるイデアの一つではなく，イデア界の中核にあって世界を体系づけるものであり，したがって「哲人王」とは，世界の真のあり方，その全体像を見通すことができる者だといえる。「哲人王」は独身でなければならず，私有財産をもたず，日々きわめて禁欲的な生活を送る。こうして身内のしがらみや私利私欲を完全に排することで，全体を見て判断する眼を曇らせないようにしている。

→もちろん，こんな人間は現実にはいない。しかし，AI ならどうか？

⇒ (発問) AI による政治は「哲人王」の実現か？（理想的といえるか？）

（山本智也）

ワークシート

論題 日本は「国民投票制度」を導入するべきか。

主張：私は，この論題に〔　　　　　〕の立場です。

なぜなら，

対戦　賛成派〔　　　〕　反対派〔　　　〕　審判〔　　　〕

自分＝〔　　　〕派の主張 ※整理してまとめ直そう	相手＝〔　　　〕派の主張 ※よく聴いてメモしよう
相手から自分＝〔　　　〕派への反論・質問 ※要点をメモしよう	自分から相手＝〔　　　〕派への反論・質問 ※相手の話を聴いて考えよう

審判

賛成派への判定		否定派への判定	
説得力	1・2・3・4・5	説得力	1・2・3・4・5
論理性・一貫性	1・2・3・4・5	論理性・一貫性	1・2・3・4・5
具体性・興味深さ	1・2・3・4・5	具体性・興味深さ	1・2・3・4・5

政治参加と公正な世論の形成，地方自治②
地方自治体がかかえる課題は何か

指導要領【公共】B-ア，イ

ア（イ）政治参加と公正な世論の形成，地方自治，国家主権，領土（領海，領空を含む。），我が国の安全保障と防衛，国際貢献を含む国際社会における我が国の役割などに関わる現実社会の事柄や課題を基に，よりよい社会は，憲法の下，個人が議論に参加し，意見や利害の対立状況を調整して合意を形成することなどを通して築かれるものであることについて理解すること。

イ（ア）アの（ア）から（ウ）までの事項について，法，政治及び経済などの側面を関連させ，自立した主体として解決が求められる具体的な主題を設定し，合意形成や社会参画を視野に入れながら，その主題の解決に向けて事実を基に協働して考察したり構想したりしたことを，論拠をもって表現すること。

指導のねらい

①日本における地方自治を歴史的に理解する。
②「地方自治の本旨」の概念を中心に，地方自治体の基本的なしくみを理解する。
③現代日本における地方自治の課題について理解させたうえで，課題解決について考えさせる。

学習内容・授業方法等の概説

・学習指導要領「3　内容の取扱い」（3）カ（オ）には，次のように述べられている。

　アの（イ）の「政治参加と公正な世論の形成，地方自治」については関連させて取り扱い，地方自治や我が国の民主政治の発展に寄与しようとする自覚や住民としての自治意識の涵養に向けて，民主政治の推進における選挙の意義について指導すること。

内容Aで身に付けた考え方・基本原理

・ロックの社会契約思想：
　「人間は生来，すべて自由であり，平等であり，独立しているのだから，だれも自分から同意を与えるのでなければ，この状態から追われて，他人の政治的な権力に服従させられることはありえない。人がその生来の自由を放棄し，市民社会の拘束を受けるようになる唯一の方法は，他人と合意して一つの共同社会に加入し，結合することであるが，その目的は，それぞれ自分の所有物を安全に享有し，社会外の人に対してより大きな安全性を保つことをつうじて，相互に快適で安全で平和な生活を送ることである。この合意はどれだけの数の人によっても可能である。なぜなら，そのことによって他人の自由を侵害することはないからである。」

　　　　　　　（ロック「統治論」『世界の名著27　ロック・ヒューム』中央公論社，1968，p.252）

	授業内容	備考
導入	「地方自治」の「自治」とは具体的にどういうことなのかを問う。また，自治の反対はどのようなことかを問う。　　　　　　　　　（5分）	生徒のもつ自治のイメージを明確化する。
展開	1．地方自治の歴史 　（1）江戸時代の村と自治 　（2）明治以降の中央集権体制と地方自治 　（3）日本国憲法と地方自治 　（4）地方分権改革と地方分権一括法の成立 2．地方自治の基礎知識 　（1）謎の言葉「地方自治の本旨」 　（2）地方自治体の役割 　（3）地方自治体の首長・議会の権限 　　　　①首長の権限 　　　　②議会の権限 　（4）住民の直接請求権 　　　「住民投票制度とは何か」 　　　　①憲法第95条に基づく住民投票 　　　　②地方自治法に基づく住民投票 3．平成の大合併によって引き起こされた問題 　　　　　　　　　　　　　　　　　　　　　　（35分）	国と自治体の関係が上下・主従関係から対等・協力関係に変わったことを十分に認識させる。 憲法の住民自治の理念を理解させる。 自治体の最適規模について考えさせる。
まとめ	アクティビティ課題 ・自分が住む自治体の特徴と課題を調べてグループ内で発表し合う。 　　　　　　　　　　　　　　　　　　　　　　（10分）	

授業展開 ◆地方自治体がかかえる課題は何か

導入

板書事項　授業タイトルを記入

発問「地方自治」の「自治」とは具体的にどういうことでしょう？　また，自治の反対はどのようなことでしょう？

展開

板書事項

1．地方自治の歴史

（1）江戸時代の村と自治

　　　税（年貢）→村単位でかけられた

　　　　　　　　　↓

　　　村役人（名主・庄屋）がそれを割り振った（村請制＝自治）

（2）明治以降の中央集権体制と地方自治

　　1872年　廃藩置県

　　　　↓

　　各府県に県令（1886年以降「知事」に統一）を派遣して全国を統制（官選知事）

（3）日本国憲法と地方自治

　　　→地方自治が憲法に定められる（第92〜95条）

　　　　　↓

　　　中央政府への権力の集中を防ぐ（権力分立）

　　　　　↓

　　　しかし，機関委任事務制度が残る

　　　　→本来国が行うべき業務を自治体に委任して執行させる制度

　　　　　↓

　　　知事や市町村長を大臣の指揮監督下に置く→国と自治体は上下・主従関係に

（4）地方分権改革と地方分権一括法の成立

　　1993（平成5）年　地方分権の推進に関する決議が衆参両院でなされる

　　1995（平成7）年　地方分権推進法が成立

　　1999（平成11）年　地方分権一括法が成立

　　　　　↓

　　機関委任事務制度廃止→法令受託事務と自治事務に再編

　　　　　↓

　　国と自治体との関係は「対等・協力」関係へ

※ただし，国から自治体への権限委譲（許認可権・人員配置基準など），財源の委譲などはまだまだ不十分

　　　　　↓

　　地方自治体→地域の実情に応じた最低限度の生活を保障する（シビル・ミニマム）

　　　　　　　（地域によって気候，風土，産業，人口，年齢構成なども異なるため）

　　国→国民全員に健康で文化的な最低限度の生活を保障する（ナショナル・ミニマム）

2．地方自治の基礎知識

（1）謎の言葉「地方自治の本旨」

第92条　地方公共団体の組織及び運営に関する事項は，地方自治の本旨に基いて，法律でこれを定める。（日本国憲法）

　　一般に，「地方自治の本旨」＝「団体自治」と「住民自治」を表すものと解釈されている

　　　　　↓

　　団体自治→国から独立した自治体という団体が，団体内部のことを決めるという考え方

　　住民自治→自治体内部のことをその住民によって民主的に決めるという考え方

　　　　　↓

　　どちらも地方自治の構成要素ではあるが，原理そのものではない

　　　　　　　　　　　　　　　↓

　　当初の GHQ 案では「（法律の範囲内で）主語は住民であり，住民は法律の範囲内で住民自身
　　の『憲章』（charters ＝当該自治体の政治・行政のしくみを定めたもの）を定める権利がある」
　　と規定され，これがいわゆる地方自治の本旨であった。

（2）地方公共団体（地方自治体）の役割
　　　　→地方政府，自治体政府ともいう（日本国憲法の地方自治の英訳は local self-government）
　　　　　　　　　　　　　　　↓

　　　┌──┐
　　　│ 第一条の二　地方公共団体は，住民の福祉の増進を図ることを基本として，地域における行政 │
　　　│ 　　を自主的かつ総合的に実施する役割を広く担うものとする。　　　　　　（地方自治法） │
　　　└──┘
　　　　　　　　　　　　　　　↓

　　┌ 市町村・東京 23 区（基礎的自治体）→生活保護，介護保険，国民健康保険，上下水道，小中
　　│ 　　　　　　　　　　　　　　　　　学校の設置・管理，廃棄物収集，消防，住民票発行な
　　│ 　　　　　　　　　　　　　　　　　どの公共サービスを提供する
　　└ 都道府県（広域自治体）→河川・道路整備，高校の設置・管理，警察，児童相談所や保健所の
　　　　　　　　　　　　　　　　設置などの公共サービスを提供する
（3）地方自治体の首長・議会の権限
　　　　→どちらも住民の直接選挙で選ばれる→二元（的）代表制
　　　　※議院内閣制→一元代表制（国民が選んだ国会議員により内閣が組織される）
　　　①首長の権限
　　　　・予算編成権・（議決後の）執行権
　　　　・条例案提案権・（議決後の）執行権
　　　　・議会の議決に対する再議権（拒否権）
　　　　・副知事・副市長などの指名権（議会の同意必要）・職員の人事権
　　　　・議会招集権・解散権　　など
　　　　　　cf. アメリカ大統領→予算案・法律案の提出権，議会招集・解散権はない。
　　　②議会の権限
　　　　・予算案・条例案の議決権
　　　　・首長の不信任決議権
　　　　　　※議員提出の条例案は少ない→予算権限は首長にあるため
（4）住民の直接請求権
　　　　→議会の解散請求，首長の解職請求，条例の制定・改廃請求など（→教科書参照）
　　　［住民投票制度とは何か］
　　　　①憲法第 95 条に基づく住民投票

　　┌──┐
　　│ 第 95 条　　一の地方公共団体のみに適用される特別法は，法律の定めるところにより，その地 │
　　│ 　　方公共団体の住民の投票においてその過半数の同意を得なければ，国会は，これを制定す │
　　│ 　　ることができない。　　　　　　　　　　　　　　　　　　　　　　　（日本国憲法） │
　　└──┘

※95条に基づく特別法の住民投票は1952年までに16回行われたが，それ以降1回も行われていない。

②地方自治法に基づく住民投票

・首長・議会発議で特定の問題について住民投票条例を定めて実施する場合

・住民の直接請求をもとに議会が住民投票条例を議決した場合

↓　　　　　　　　　　　　　（ただし否決される場合もある）

いずれも住民投票の結果に法的拘束力はない（→投票結果の尊重が求められる）

3．平成の大合併によって引き起こされた問題

→1999～2010年にかけて政府が推進した市町村合併

［目的］

①広域化による行財政の効率化（職員の削減・公共施設の統廃合など）

②　　〃　　　財政基盤の強化

↓

約3,200あった市町村→1,800弱に

↓

基礎的自治体の平均人口→7万2,831人に

→OECD加盟国35か国中第4位の規模に（加盟国全体の平均9,693人）

↓

「地方自治は民主主義の最良の学校であり，その成功の最良の保証人である」

（ジェームズ・ブライス）

↓

自治体の規模が大きすぎて住民自治が困難な自治体が多数に

（→民主主義の発展にもマイナス）

[解説]

1．地方自治の歴史について

①近世社会においては百姓が領主に上納する年貢は「村請制」であった。具体的には，年貢の徴収時期になると，領主はそれぞれの村に対して納入すべき年貢の額を記載した「年貢割付状」を発行し，村の責任者である村役人（名主・庄屋）はその総額を村内の各百姓に割り振り，徴収して領主に上納した。領主が年貢負担を命じる単位は村であり，年貢の納入は村が責任を負う。つまり，村でどのような負担の割り振りがなされるかは，村の中での合意や慣行に任せられていたのである。

②明治新政府は徴兵制への準備と国民一人ひとりから税金を徴収するために戸籍制度をつくった。当時は戸籍＝住民票だった。戸籍は家族単位で作成する。しかし家族は成長して，子どもは就職して別の地域に住んだりしはじめたので戸籍だけでは一人ひとりの所在を追えなくなってしまった。そのため1952年に住民登録法がつくられ，1967年に住民基本台帳制度がつくられた。しかし，戸籍制度を廃止しなかったので二重行政になってしまっている。この問題を解決するためにマイナンバー制度が導入された。海外では日本の戸籍制度のようなものがある国は，中国のように居住地管理をしている国を除けばほとんどない。韓国でも廃止された。

③1889（明治22）年に大日本帝国憲法が制定されたが，地方自治の規定はなかった。

④しかし，何の規定もなかったわけではなく，地方行政については，市制・町村制（明治21年制定），府県制・郡制（いずれも明治23年制定）という法律で定められていた。

⑤日本国憲法で地方自治について定められたものの，機関委任事務制度（明治時代は国政委任事務制度）は残った。機関委任事務制度は，本来国が行うべき「旅券（パスポート）の交付」「戸籍業務」「国政選挙」「国道の管理」「飲食店営業の許可」などの業務を自治体に委任して執行させる制度であった。これは知事や市町村長を国の下部機関とみて主務大臣の指揮監督下に置くことで，国と自治体とを上下・主従の関係に置くものであった。機関委任事務制度は，住民による直接選挙で選ばれた知事や市町村長に国の地方行政機関としての役割を負わせるという矛盾をはらむものであった。

⑥シビル・ミニマムは政治学者松下圭一（1929〜2015）が提唱した思想だが，ナショナル・ミニマムおよびシビル・ミニマムも1970年代〜2000年代にかけて大幅に上昇し改善されてきたこともあり，近年では話題にのぼることは少なくなってきている。

⑦1999年の地方自治法改正により，国と地方自治体の役割が明確に規定された。地方自治体の役割については，「地方公共団体は，住民の福祉の増進を図ることを基本として，地域における行政を自主的かつ総合的に実施する役割を広く担う」（一条の二第1項）と規定され，国の役割は，「国際社会における国家としての存立にかかわる事務，全国的に統一して定めることが望ましい国民の諸活動若しくは地方自治に関する基本的な準則に関する事務又は全国的な規模で若しくは全国的な視点に立つて行わなければならない施策及び事業の実施その他の国が本来果たすべき役割を重点的に担い，住民に身近な行政はできる限り地方公共団体にゆだねることを基本」とするとした（一条の二第2項）。これを「補完性（subsidiarity）の原則」という（まず一番小規模な政府が担当する事務を決めて，残りの事務について，より大規模の政府が担当する事務を決めていくという原則）。

⑧法定受託事務とは，法律・政令で定める事務で，自治体の条例制定権が及ぶもの。自治事務とは，法定受託事務以外の自治体の事務で，国の関与は是正要求までのものをさす。

2．地方自治の基礎知識について

①「地方自治の本旨」の意味については，政府側もよく説明できなかった。日本国憲法を審議していた際，「地方自治の本旨」の意味について答弁に立った内務大臣は，「地方自治の本旨と云ふのは，用語が極めて簡潔でありまして，それだけの持つて居ります意味の内容と云ふものは，必ずしも明確ではございませぬ」「地方制度を民主主義の線に沿つて改革をすると云ふことと，地方自治の本旨を伸張すると云ふこととは，私の信ずる所に依りますれば，異名同義と考へて先づ大差ないものと思ふ次第であります」と述べている。

（1946年7月9日 衆議院 帝国憲法改正案委員会 大村清一内務大臣答弁

https://teikokugikai-i.ndl.go.jp/#/detail?minId=009012529X00919460709&current=1）

②教科書には「地方自治の本旨」とは「団体自治」と「住民自治」であると書いてあり，現在でもこれが定説となっている。これらは地方自治の構成要素ではあるが，原理そのものではない。住民自治が機能していなければ団体自治は成り立たず，住民自治を表現する場がなければ要求したり交渉したりすることはできない。したがって団体自治と住民自治は一体であり分け

る必然性はない。当初の GHQ 案では「（法律の範囲内で）主語は住民であり，住民は法律の範囲内で住民自身の『憲章』（charters）を定める権利がある」と規定されていた。しかし，中央集権的な体制を残そうとした日本側は主語を取り，漠然とした「地方自治の本旨」という言葉に変更してしまったのである。また，GHQ は軍国主義を防ぐための権力分立の観点から，当初の案では第9章のタイトルを「Local Government」（地方政府）としたが，その後の折衝の中で「LOCAL SELF GOVERNMENT」（地方自治政府）となった。しかし，日本側は，条文内での表現を独立性の低い「The local public entities」（地方公共団体）とした。地方自治に関する文献では「地方自治体」という用語が一般的である。

③市，町，村の権限はほぼ等しい。町村は福祉事務所を設置しなくてもよく，生活保護などの事務を行わない。村が町になるための条件は都道府県ごとの条例で，町が市になる要件は地方自治法で定められている。どちらも人口が中心であり，町になるためには人口 3,000 人から 1 万 5,000 人（都道府県により異なる），市になるには人口 5 万人が基準とされている。人口が 50 万人以上超える市で政令（閣議決定）で指定された市を政令指定都市といい，現在では 20 市が指定されている。また，人口が 20 万人以上の市で必要な手続きを経ると中核市になることができ，保健所の設置をはじめとして通常の市よりも仕事の範囲が広くなる。

④地方自治体の首長には，アメリカの大統領制よりも強い権限が与えられている。予算作成権が首長にあるため，議会側の条例提案が難しく立法権は相対的に弱くなっている。しかし，予算・条例案とも議会が議決しなければ執行できないため，その点では議会の力は強い。そのため，首長が政策実現のために自ら政党を立ち上げ，その政党を与党とすることで議会運営を有利に進めようとする場合がある。橋下徹と大阪維新の会，河村たかしと減税日本，小池百合子と都民ファーストの会などがその例である。

⑤条例では，2 年以下の懲役若しくは禁錮，100 万円以下の罰金，拘留，科料若しくは没収の刑又は 5 万円以下の過料を科する旨の規定を設けることができる。憲法の罪刑法定主義から条例の罰則規定の適否が論点としてあるが，条例が住民を代表する機関によって制定され，法律と同じ地位に立つ等の観点から合憲と解されている。

⑥憲法第 95 条に基づく特別法の住民投票は 1952 年までに 16 回行われたが，それ以降 1 回も行われていない。これは，特定の自治体対象の法律であっても，全国の自治体に適用されるというつくり方をすることで，住民投票を回避できるようになったためである。2006 年に制定された道州制特区法は明らかに北海道だけにしか適用されない法律だったが，条文には「北海道地方その他の地方」と規定されているので，住民投票は実施されなかった。とくに問題が大きいのは沖縄で，「沖縄駐留軍用地特別措置法」（1995 年）など沖縄というタイトルがついた法律はたくさんあるものの，95 条に基づく住民投票が行われたことは 1 回もない。

⑦「住民」とは，市町村の区域内に住所を有する者（同時に都道府県の住民）のことをいう。住所とは，「生活の本拠」であり，外国人や会社（法人）も住民に含まれる。住民になるのに自治体の許可は必要ない。住民になると，自治体は公共サービスを提供し，負担（住民税など）を課す。しかし，自治体が提供するサービスは住民だけに限らない。周辺の自治体や全国の自治体から流入する会社員や学生，または外国人観光客に対しても警察や消防，上下水道などのサービスを提供している。東京都千代田区は夜間人口（＝住民）が約 6 万 7,000 人であるにもかかわらず昼間人口は約 117 万人である。

⑧現在，自治体の行政サービスの前提は「住所は１つ」であるが，私たちは常に１か所で生活しているわけではなく，学生や単身赴任者，そして出稼ぎ者など，複数の自治体で生活し，長期滞在する場合も住所を移さずに生活している人も多い。むしろ１つの自治体だけにとどまって暮らしている人のほうが現代では少数派になっている。このため，「住所は１つ」ではない前提に立った行政サービスのあり方を考えていかなければならない。

3．平成の大合併によって引き起こされた問題について
　①これまで政府主導の大合併は明治，昭和，平成と３回あった。明治の大合併では，約７万の町村が約１万6,000に統合された。1955年前後の昭和の大合併では，約１万の市町村が約3,500程度に統合された。2005年の平成の大合併では，約3,200あった市町村が約1,800弱になった。
　②平成の大合併の目的は（１）広域化による行財政の効率化（職員の削減・公共施設の統廃合など）（２）広域化による財政基盤の強化であったが，10年後の検証では，「地方交付税交付金が減額され財政が逆に厳しくなった自治体もある」「職員数はそれほど減っていない」「投票率の低下を招いた」「住民の直接請求が困難になった」「周辺地域まで行政の目が届きにくくなった（東日本大震災など）」が明らかになり，マイナスの影響のほうが大きくなっている。
　③平成の大合併の結果，リヒテンシュタイン公国（157m²）より大きな市町村は700以上となり，うちシンガポール（719.9km²）より大きい市町村が69存在している。
　④地方自治体が行う政治・行政のしくみはほぼ共通しているが，実態は相当異なる。市町村に限ってみても，人口200人に満たない村（東京都青ヶ島村）がある一方で，370万人を超える巨大な都市（神奈川県横浜市）もある。その結果，教育や医療などの公共サービスの内容，さらには，水道料金も自治体ごとにかなり異なっている。
　⑤人口減少をくい止めるために人口目標を設定し，他の自治体からの移住を呼びかける定住人口獲得戦略をとる地方自治体もあるが，ここには危うい罠が潜んでいる。少数の自治体でやっている分にはよいが，多くの自治体が参加するようになると，いわば「自治体間人口獲得ゲーム」となってしまう。総人口が減少し続ける日本において，このゲームの行くすえは見えている。過疎地と過密地の両極分解である。

発問① 朝起きてから学校に来るまでに提供される自治体のサービスを挙げてみよう。
　　　　→洗面・トイレなどの上下水道，道路整備，河川管理，コミュニティバス，公園の管理，公立学校の設置と運営，警察や消防サービスなど多岐にわたる。

発問② 市町村合併は，明治，昭和，平成と大規模に進められてきました。ではなぜ都道府県の合併や分割は100年以上行われないのでしょうか？
　　　　→都道府県は，中央政府による地域統治機構という人工物として出発したが，地域の共通する利益を代表し，地域社会に根ざした地方政府としての性格を備えていったため，安定性をもつようになった。一方で新たに生まれる保健・福祉分野などの行政サービスの多くを市町村が担ってきたため，市町村は合併を繰り返し要請された。

資料① 「地方自治の本旨」をめぐる駆け引き

［地方自治に関する GHQ 草案］（1946 年 2 月 13 日　国会図書館）

Article LXXXVII.

The inhabitants of metropolitan areas, cities and towns shall be secure in their right to manage their property, affairs and government and to frame their own charters within such laws as the Diet may enact.

第八十七条　首都地方，市及町ノ住民ハ彼等ノ財産，事務及政治ヲ処理シ並ニ国会ノ制定スル法律ノ範囲内ニ於テ彼等自身憲章ヲ作成スル権利ヲ奪ハルルコト無カルヘシ

（https://www.ndl.go.jp/constitution/shiryo/03/076shoshi.html より作成）

［3月6日に双方で協議して合意した憲法改正草案要綱］

Article XC.

Local public entities shall have the right to manage their property, affairs and government and to frame their own charters within such laws as the Diet may enact.

第九十　地方公共団体ハ其ノ財産ヲ管理シ，行政ヲ執行シ及事務ヲ処理スルノ権能ヲ有シ，且法律ノ範囲内ニ於テ条例ヲ制定スルコトヲ得ベキコト

（https://www.ndl.go.jp/constitution/shiryo/03/093/093tx.html より作成）

資料② 限界集落論

限界集落論は，1980 年代末，当時，高知大学にいた大野晃氏によって提唱されたもので，65歳以上の高齢者の比率が高くなればなるほど集落が限界に近づくという理論である。しかし，平均寿命の延伸とともに元気な高齢者も増えており，70 歳代でも現役で農林漁業に携わっている人も多く，高齢化率が高いというだけで問題であるとはいえない。問題は少子化の方である。限界集落論は提起されてからすでに 20 年以上過ぎているが，20 年前に限界集落とされた集落は健在で，これまで消滅した集落は，ダム・道路による移転や集団移転事業，自然災害による移転，行政による集落再編等によるものであり，高齢化→集落の限界→消滅が進行した事例はない。また，高齢化率の高い地域は山村に限ったものでもない。

（山下祐介『限界集落の真実』ちくま新書，2012）

資料③ 自治体格差

概覧すると，横浜市や川崎市を抱える神奈川県，名古屋市を抱える愛知県，さらに大阪府など，学習塾や家庭教師などが充実していると考えられる大都市圏の学力が高いとは限らないことがわかります。すくなくとも小学生の段階では，学力やきちんと勉強する習慣をつけているかどうかは，必ずしも大都市圏が有利とは限りません。中学生をみてもやはり秋田県が上位で，ほかには北陸の県が優勢なのは間違いのないところです。高校生全体のうち東大および京大への合格率では，奈良県がトップで7.2パーセント，2位は京都府で4.8パーセント，3位以下は東京都，兵庫県，大阪府でした。ここまでをまとめると，「子どもが多い地域」と，「子育てに適した環境がある地域」，さらには「教育に積極的な地域」は，必ずしも一致しないということがわかります。

（橘木俊詔監修『都道府県格差』日経プレミアシリーズ，2017）

まとめ

アクティビティ課題

　自分が住む自治体の特徴と課題を調べてグループ内で発表し合う。

解説 教室でタブレット端末等を活用して，それぞれの自治体の特色や自治体がかかえる問題を調べることで，地方自治への関心を高めることをねらいとする。それを，グループで発表し合うことで，表現力を養う。レポート課題とし，後日発表させるという方法もある。

■学習内容のまとめと評価

・評価方法　知識テスト，レポート課題「自分が住む自治体の特徴と課題」

■他の授業例／発展的な授業例

（1）教科書を読み，グループ（4人程度）でもっと詳しく知りたいこと（「問い」）をできるだけ多く挙げる。

（2）グループで話し合い，もっとも重要と思われる「問い」を5つ決める。

（3）その問いについてグループで調べ，クラスで発表する。

※参考文献：ダン・ロススタイン『たった一つを変えるだけ』新評論，2015

■ディスカッションテーマ例

　「関係人口を増やすとは？」

全国の自治体で人口減少や高齢化が課題となっている。定住人口増加のための方策として移住が推進されているが，日本全体の人口が減少しつつあるなかで，多くの自治体が移住促進に乗り出すことは自治体間の人口獲得ゲームになってしまう。そこで，現在，移住でも観光という人口増加だけでなく，ボランティアや山村留学などを通じて関係人口を増やすという考え方が提唱されている。そこで，総務省が出している報告書「これからの移住・交流施策のあり方に関する検討会報告書－「関係人口」の創出に向けて－」（https://www.soumu.go.jp/main_content/000529409.pdf）をテキストに，これからの地域活性化の方策について学び，話し合う。

〈参考資料〉

・北山俊哉・稲継裕昭編『テキストブック地方自治　第3版』東洋経済新報社，2021
・大森彌・大杉覚『これからの地方自治の教科書』第一法規，2019
・宇野二朗他編『テキストブック地方自治の論点』ミネルヴァ書房，2022
・板垣勝彦『自治体職員のためのようこそ地方自治法　第3版』第一法規，2020
・今井照『地方自治講義』ちくま新書，2017
・曽我謙悟『日本の地方政府』中公新書，2019

（村野光則）

国家主権，領土（領海，領空を含む。）

国際社会はどのように成り立っているのか

指導要領【公共】B-ア，イ

ア（イ）政治参加と公正な世論の形成，地方自治，<u>国家主権，領土（領海，領空を含む。）</u>，我が国の安全保障と防衛，国際貢献を含む国際社会における我が国の役割などに関わる現実社会の事柄や課題を基に，よりよい社会は，憲法の下，個人が議論に参加し，意見や利害の対立状況を調整して合意を形成することなどを通して築かれるものであることについて理解すること。

イ（ア）　アの（ア）から（ウ）までの事項について，法，政治及び経済などの側面を関連させ，自立した主体として解決が求められる具体的な主題を設定し，合意形成や社会参画を視野に入れながら，その主題の解決に向けて事実を基に協働して考察したり構想したりしたことを，論拠をもって表現すること。

指導のねらい

①主権国家を単位とした国際社会の成り立ちについて理解する。
②国際社会におけるルールとして国際法があることを理解する。
③国際法上の国家について理解したうえで，国家としての日本の成り立ちについて考えさせる。

学習内容・授業方法等の概説

・学習指導要領「３　内容の取扱い」（３）カ（オ）には，次のように述べられている。
　「国家主権，領土（領海，領空を含む。）」については関連させて取り扱い，我が国が，固有の領土である竹島や北方領土に関し残されている問題の平和的な手段による解決に向けて努力していることや，尖閣諸島をめぐり解決すべき領有権の問題は存在していないことなどを取り上げること。「国家主権，領土（領海，領空を含む。）」及び「我が国の安全保障と防衛」については，国際法と関連させて取り扱うこと。

内容Ａで身に付けた考え方・基本原理

・自然法思想：国際法の基盤には，国家間にも自然法が成立するとする考え方がある。
・国家とは何か：ヘーゲルは『法の哲学』において，「国家は有機的組織」であることや主権について論じている。

	授業内容	備考
導入	・現在，世界にはいくつの国があるのかを問う。 ・世界でもっとも小さな国（人口・面積）はどこかを問う。 （5分）	人口や面積が違っても同じ「国家」であることを認識させる。
展開	1．そもそも国家とは何か（国際法上の国家の要件） （1）国民 （2）明確な領域 （3）政府 （4）独立 ［一般常識の確認］ 　①国境はどうなっているのか？（日本の都道府県の境はどうなっているのか？） 　②領空とは高度何mまでか？（宇宙空間は？） 　③南極大陸はどこの国のものか？ 2．国家の基本的権利・義務 （1）主権（国家主権） （2）平等権 （3）不干渉義務 3．国際法とは何か （1）近代国際法の誕生 （2）国際法の種類 ［調べてみよう］ 　「日本という主権国家が成立したのはいつか？」 （1）国際法上の「日本国」が誕生したのはいつか？日本という国名はどのような意味か？ （2）日本国の領域が現在の範囲（沖縄から北海道まで）となったのはいつか？ （35分）	生徒に国家の要件を挙げさせる。 国家の領域については国際法で定められていることに気づかせる。 国際社会にもルールがつくられていることに気づかせる。 本時の学習内容と既習（日本史など）の知識を用いて考えさせる。
まとめ	・国際法の国家の要件に照らし合わせて，日本という主権国家が成立したのはいつか，グループごとに発表する。 ・リアクションペーパー「『日本国』について考えたこと」を提出する。 （10分）	

授業展開 ◆国際社会はどのように成り立っているのか

導入

板書事項　授業タイトルを記入

発問 ①世界にはたくさんの国がありますが，日本を含めて何か国あるでしょう？

　②もっとも人口が多い国はどこでしょう？　もっとも面積が大きい国はどこでしょう？

　③それでは，世界でもっとも人口が少ない国はどこでしょう？　もっとも面積が小さい国はどこでしょう？

解説 （ポイント）

①現在日本が国家として承認している国は日本を含めて 196 か国である。

②日本は承認していないが他国は承認している国（未承認国家）もある。北朝鮮（164 か国が承認），サハラ・アラブ民主共和国（45 か国が承認），台湾（14 か国が承認），アブハジア共和国（4 か国が承認），南オセチア共和国（　〃　），北キプロス・トルコ共和国（トルコのみ承認）

③国連加盟国は 193 か国（スイス，モナコ，トンガなどのように国連に加盟していない国もある）

④もっとも人口が多い国は中国（13 億 5,000 万人），もっとも面積が大きい国はロシア（1,700 万 km²）

⑤もっとも人口が少ない国はバチカン市国（615 人〈2018 年〉），もっとも面積が小さい国はバチカン市国（0.49km²〈東京ディズニーシーと同じ面積〉）

　※0.44km² というデータもあるが，これは 1930 年に出版された「Calendario atlante De Agostini」という地理に関する調査書が間違えて記載し，その後，1945-46 年版で 0.49km² に修正したものの，いまだに多くの情報ソースで 0.44km² をバチカン市国の面積として引用されていることによる。

展開

発問 （国家の定義）

　そもそも国家とはどういうものでしょう？　何をもって国家というのでしょう？

板書事項

１．そもそも国家とは何か（国際法上の国家の要件）

（1）国民

（2）明確な領域

（3）政府

（4）独立

２．国家の基本的権利・義務

（1）主権（国家主権）

（2）平等権

（3）不干渉義務

３．国際法とは何か

（1）近代国際法の誕生

（2）国際法の種類

解説

１．そもそも国家とは何か（国際法上の国家の要件）

（1）国民 ＝ ずっとそこに住んでいる国民がいること。※少なくてもよい

（2）明確な領域 ＝ 領土・領海・領空を持っていること。※国境が完全に確定していなくてもよい

（3）政府 ＝ 国内を統治する政府があること。

（4）独立 ＝ どこかの国の植民地とかではなく，対外的に独立し他国と外交関係を結べること。

２．国家の基本的権利・義務

（１）主権（国家主権）

　　①国家は領域内の人や物を統治し，領域（領土など）を処分する権限をもつ（対内主権）。

　　②国家は，他国からの支配を受けずに意思決定を行う権限をもつ（対外主権＝国家の独立）。

（２）平等権

　　→面積・人口・経済力・軍事力の差があっても，国際法上，国家同士は平等である。

　　　　　　　　　　　　　　　　　　　　　　　　　　　　　　　（主権平等の原則）

　　①国際法の適用における平等（国際法はどの国にも平等に適用されなければならない）

　　②国際法の内容の平等（国際法は，特定の国を優遇するなど，特定の国が不利になるような不平
　　　等な内容であってはならない）

　　③意思決定における平等（国際組織や国際会議の意思決定には平等に参加できる）

　　　　→国連総会における一国一票制度など

（３）不干渉義務

　　→国家は他国の国内問題に干渉してはならない。

　　　　干渉＝武力の行使や武力による威嚇などによる「命令的または強制的な介入」や経済的，政
　　　　　　治的圧力

３．国際法とは何か

（１）近代国際法の誕生

　　　16～17世紀の宗教改革や30年戦争によって，教皇や皇帝の権威が弱体化し，1648年のウェス
　　トファリア条約などを通じて，神聖ローマ帝国内の各領邦の独立が認められ，主権国家を単位と
　　する国際社会がヨーロッパに形成されていった。それにともない，主権国家同士の関係における
　　合理的なルールが求められ，しだいに体系的な国際法が形成されていった。さまざまな学者が国
　　際法について論じたが，グロティウスはその著『戦争と平和の法』の中で，国家間の戦争も自然
　　法によって拘束されるとした。

　　（グロティウス以前にも国際法について論じた学者がいたこと，グロティウスの国際法は主権国
　　家を前提とした法体系ではなかったことから，近年では「国際法の父」という表現は用いられな
　　くなりつつある）

（２）国際法の種類

　　　　　　　　慣習国際法　　長年の慣行により確立した国際的なルール（不文法だがすべての国
　　　　　　　　（国際慣習法）　を拘束する）　例：公海自由の原則など
　　　国際法
　　　　　　　　条約　　　　　２国間または多国間で文書によって結ばれた合意（条約を結んだ当
　　　　　　　　　　　　　　　事国のみ拘束）※議定書，協定，憲章，規約なども条約

（発問例）①領空とは高度何kmまででしょう？

　　　　　②宇宙空間はどこの国のものでしょう？

　　　　　③南極はどこの国のものでしょう？

資料　領域について

（1）領空とはどこまでか

①領空という考え方は航空機の発明とともに生まれた概念なので，国際法の歴史においてはかなり新しい規定である。領空についての国際条約であるシカゴ条約（1947年）では，「各国の領域上の空間」となっているが，高度については大気圏までとする説や海面から高度100kmとする見解などもあり，定まっていない。民間航空機の飛行については，シカゴ条約によって認められている。

※横田空域について

東京には米軍の横田基地があるため，神奈川，東京，埼玉，群馬にかけての上空は横田空域と言って米軍が航空管制を握っている空域がある。その空域を通るためには米軍の許可が必要なため，羽田空港を発着する航空機は，関西方面に向かう場合は一度東京湾上空に出て，急上昇して横田空域の上を飛ばねばならない。関西方面から着陸する場合は東京湾上空を千葉県の方から回り込まねばならない。時間や航空燃料のロスが大きい。日本の首都の上空は日本の空ではないのである。　　　（吉田敏浩『横田空域』角川新書，2019）

②宇宙空間については，1966年に採択された宇宙条約によって，宇宙空間の利用はすべての国の利益のために行われるものであり，国家による取得の対象とはならないと定められている。月についても平和的目的の利用が月協定（1979年）で定められている。

（2）領海について

1982年に第3次国連海洋法会議で採択された国連海洋法条約で定められている。

①領海→干潮時の海岸線から12海里（ただし，外国船舶の無害通航権は認められている）

②排他的経済水域→干潮時の通常基線から200海里（沿岸国が海中と海底の漁業権や天然資源を開発する権利を持つ）

※海上は自由に航行できる。

③公海→すべての国が自由に利用できる（公海自由の原則）。

（3）南極はどこの国のものか

南極は1940年頃までに上陸した国々によって領有権が主張されていたが，1959年に結ばれた南極条約で，南極地域の平和的利用の原則と領土権や請求権の凍結などが定められた。

主張されている南極の領土権

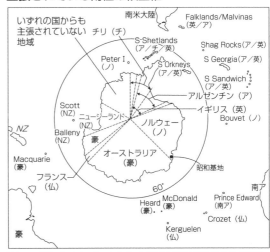

C. Joyner, "The Exclusive Economic Zone and Antarctica," *Virginia Journal of International Law*, vol. 21 (1980-81), p. 698 を参考に著者作成。
（注）　実線（南緯60度線）内：南極条約適用範囲

（玉田大他『国際法第2版』有斐閣ストゥディア，2022，p.117）

まとめ

発問 ①国際法上の「日本国」が誕生したのはいつか？　「日本」という国名はどのような意味
　　　か？

　　　②日本国の領域が現在の範囲（沖縄から北海道まで）となったのはいつか？

※以上について各自仮説を立てたうえで，グループで自分の考えを述べ合う。時間があればタブ
　レット等で調べてみる。

解説

（1）日本国の誕生

　　「日本」という国号と「天皇」という王の名称が公的に決まったのは，689年に施行された
飛鳥浄原令とするのが一般的である。それまで日本は倭国であった。そのため，「縄文時代の日
本人」「弥生時代の日本人」は存在せず，厩戸皇子も日本人ではなく倭人であった。また，日本
という国号は「日出ずる処」という意味だが，日本から太陽が昇るわけでなく，日の入る西の国
である中国に対して日が昇る東方の地域という意味でなづけられたと考えられている（現在でも
日本人は日の出をおめでたいものと捉えている）。当時（7世紀末）の日本国の領域はヤマトを
中心に南は四国および北部九州，北は東北南部までであった。なお，2月11日は「建国記念の
日」となっているが，これは明治時代にあった紀元節（初代天皇とされる神武天皇の即位日）が
もとになって1966年に国民の祝日に加えられたものである。しかし，神武天皇の存在は史実と
して確証がないため「建国記念日」ではなく，単に日本が建国されたことを祝うという意味で
「記念の日」という名称になっている。

　　なお，「日本」の読み方は「ニホン」と「ニッポン」があり，1934年の臨時国語調査会で
「ニッポン」に統一する方針が示され帝国議会で討議されたが結論を得なかった。戦後も議論が
続いているため，現在も併用されている。（吉田孝『日本の誕生』岩波新書，1997）

（2）日本国の領域が現在の範囲（沖縄から北海道まで）となったのはいつか？

　　沖縄に関しては1879年の琉球処分によって琉球国が消滅したので，この年に琉球国が日本の
領土に編入されたことになる。北海道に関しては，アイヌ人が暮らしていた土地を，明治政府が
1869（明治2）年に蝦夷地と呼ばれていた島を北海道に改名し，開拓使を設置して開拓事業に着
手した。そのため，公式には1869年に北海道が日本の領土になったとされている。

■学習内容のまとめと評価

・評価方法　知識テスト，リアクションペーパー「『日本国』について考えたこと」

■他の授業例／発展的な授業例

（1）教科書を読み，グループ（4人程度）でもっと詳しく知りたいこと（「問い」）をできるだけ
　　多く挙げる。

（2）グループで話し合い，もっとも重要と思われる「問い」を5つ決める。

（3）その問いについてグループで調べ，クラスで発表する。

※参考文献：ダン・ロススタイン『たった一つを変えるだけ』新評論，2015

■ディスカッションテーマ例

（1）社会主義国や資本主義国，共和制国家や君主制国家，超大国から太平洋諸島などのミニ国家，先進国から発展途上国，キリスト教文化圏，イスラーム文化圏，仏教文化圏などの多様な国家が併存する国際社会において，共通のルールである国際法をどのようにつくっていけばよいか，グループで話し合いなさい。

（2）国家の基本的権利として不干渉原則があるが，国内で虐殺が起きているとき，他国はどのような論理でどのように介入すべきか，グループで話し合いなさい。

〈参考資料〉

・岩沢雄司『国際法』東京大学出版会，2020
・山本草二『新版　国際法』有斐閣，1994
・杉原高嶺『国際法学講義』（第2版）有斐閣，2013
・藤田久一『国際法講義Ⅰ　国家・国際社会』（第2版）東京大学出版会，2010
・藤田久一『国際法講義Ⅱ　人権・平和』東京大学出版会，1994
・中谷和弘他『国際法』（第4版）有斐閣アルマ，2021
・板木雅彦他編『プレリュード国際関係学』東信堂，2016
・玉田大他『国際法』（第2版）有斐閣ストゥディア，2022
・吉川元他編『国際政治の行方　－グローバル化とウェストファリア体制の変容』ナカニシヤ出版，2004
・杉原高嶺他編『解説　条約集2005』三省堂，2005
・柳原正治『人と思想178　グロティウス』清水書院，2014
・篠田英朗『「国家主権」という思想』勁草書房，2012
・樺山紘一『岩波講座　世界歴史16　主権国家と啓蒙』岩波書店，1999
・高沢紀恵『世界史リブレット　主権国家体制の成立』山川出版社，1997
・網野善彦『日本の歴史00　「日本」とは何か』講談社，2000
・廣瀬陽子『未承認国家と覇権なき世界』ＮＨＫブックス，2014
・嵐よういち『未承認国家に行ってきた』彩図社，2018
・榎森進『アイヌ民族の歴史』草風館，2007
・時空旅人編集部『今こそ知りたいアイヌ』（サンエイ新書）三栄書房，2018
・坂田美奈子『歴史総合パートナーズ5　先住民アイヌはどんな歴史を歩んできたか』清水書院，2018
・鈴木淳『日本の歴史20　維新の構想と展開』講談社学術文庫，2010
・三谷博『維新史再考　－公議・王政から集権・脱身分化へ』ＮＨＫブックス，2017

（村野光則）

事例10

我が国の安全保障と防衛

世界と日本の安全保障に「問い」をもって向き合おう！

指導要領【公共】B-ア

ア（イ）政治参加と公正な世論の形成，地方自治，国家主権，領土（領海，領空を含む。），我が国の安全保障と防衛，国際貢献を含む国際社会における我が国の役割などに関わる現実社会の事柄や課題を基に，よりよい社会は，憲法の下，個人が議論に参加し，意見や利害の対立状況を調整して合意を形成することなどを通して築かれるものであることについて理解すること。

指導のねらい

①思考実験から軍縮や協調について考え，戦争の倫理的問題を根拠を明確にして考察する。
②国連の役割，核軍縮，日本の安全保障政策の変遷と背景に関する基本事項を理解する。
③憲法９条との関係を含めて，これからの日本の平和主義と安全保障政策を判断・表現する。

学習内容・授業方法等の概説

・学習指導要領解説では「日米安全保障条約（略）など我が国の防衛や国際社会の平和と安全に関する基本事項について，広い視野に立って理解できるようにする。また，従来の国家を中心とする安全保障では対処しきれない紛争，病気や貧困，環境破壊などによって生存が脅かされている個々の人間の生存や安全を守ろうとする考え方などの観点から取り扱うことも大切」と示され，軍縮を取り上げ「（略）軍縮の意義や効果について様々な観点に立って考察することを通して，国家間の相互理解を促進し，（略）信頼関係を深めることが大切であることを理解できるようにすること」とも記述される。

・授業としては，国際協調のジレンマや国際連合，戦争倫理学，安全保障政策の変遷と憲法，平和学などの視点から，日本の平和主義を広い視野で考えさせる内容が考えられる。

・授業構成としては，「具体的な主題を設定し，内容Aで身に付けた選択・判断の手掛かりとなる考え方や公共的な空間における基本的原理などを活用して，（略）思考力，判断力，表現力等を身に付ける」ことがねらいで，考え方や原理の活用を意識している。

内容Aで身に付けた考え方・基本原理

・社会契約：ホッブズの自然状態を国際社会の状況と類比。

・囚人のジレンマ：個人の最適が全体にとっての最適とならない構造から合理的な行為者の選択とその結果について考察するモデル。

・帰結主義と義務論：トロッコ問題など思考実験やベンサムとカントの対比で学んだ行為の結果に注目する倫理学説と行為の動機に注目する倫理学説（行為論）。

・立憲主義：憲法に基づいた統治と人権尊重のために政府の権力を制限する公共的な原理。

学習指導案

〈1時間目〉

	授業内容	備考
導入	1．なぜ，戦争が起きるのか？　どうして終わらないのか？ ・主権国家間のホッブズ問題，国際社会のリアリズムを捉える。 2．じゃんけんゲームから安全保障のジレンマを考える。 ・囚人のジレンマやくり返しゲームから信頼醸成の問題を理解する。 （10分）	・考察では「歴史総合」などとの関連を意識。 ・ゲームでジレンマに気づかせる。
展開	1．国連憲章から戦争や紛争への対処を考察する。 ・国際連合，安全保障理事会などの役割を理解する。 2．戦争と倫理の問いをトゥールミン・モデルで考える。 ①戦争による殺人は許されるか？ ②戦争はそのコストに見合うのか？ ③人道的介入は認められるか？ ・グループ内で3つの問いを分担して考察し，あとで共有する。 ・義務論や帰結主義の考え方を参照して，議論を深める。 ・カント『永遠平和のために』を紹介する。　　　（25分）	・教科書や資料集の巻末にある国連憲章を読ませる。 ・倫理学説から一義的に結論が導けない点に注意する。
まとめ	1．核兵器の廃絶はできるのか？ ・NPT体制などの理解と核廃絶についての考察をする。 2．戦争と平和について「問い」を考えよう。 （15分）	・核軍縮から信頼醸成の可能性・失敗の両方の事例を学べる。

〈2時間目〉

	授業内容	備考
導入	1．前回の戦争と平和についての問いを確認する。 2．日本の安全保障はどうなっているか？（個人考察）　（5分）	
展開	1．歴代内閣の憲法9条の解釈（個人考察→グループワーク） ・個人で9条の解釈を評価する。 ・安保・防衛問題の変化から9条の解釈の変遷を予想する。 ・安全保障政策のこれまでをまとめ，今後を予想する。 2．憲法解釈と立憲主義 ・立憲主義の原理を思い出させる。 ・砂川基地闘争や安全保障関連法案をめぐる動向を理解する。 3．憲法9条について ・改憲・護憲と安全保障政策への影響も踏まえて，個人で考察し，班で話し合う。　　　　　　　　　　　　　　　（40分）	・日米安全保障条約や沖縄基地問題についても触れる。 ・自分とは異なる意見を聞く機会をつくる。
まとめ	あらためて，「平和」について考えよう。 ・構造的暴力や人間の安全保障の概念を読み解き，再度，戦争と平和について「問い」に向き合う。　　　　　　　　　（5分）	・直接的暴力，国家の安全保障に限定しない視点を学ぶ。

授業展開 ◆世界と日本の安全保障に「問い」をもって向き合おう！

〈1時間目〉

導入1

(発問) なぜ，戦争は起きるのでしょうか？　また，どうして戦争は終わらないのでしょうか？

(解説) 国家間の戦争には，何かしら原因がある。戦争が起きる理由について，これまで小学校や中学校（場合によっては高校「歴史総合」）で学んだ戦争の歴史から生徒は，さまざまな解答をすることが予想される。天然資源など利益を求める，意見が合わないなど。どれも正解であるが，国際社会のしくみから説明する。ホッブズの社会契約説では，「万人の万人に対する戦い」（自然状態）を回避するために国家（権力）が樹立され，一定の秩序（社会状態）を実現する。では，国家間はどうなのか。ウェストファリア条約以降の主権国家を自己保存を求める個人と捉えた場合に，さらに上位の国家（権力）＝世界政府？はない。ゆえに，国際政治のリアリズムとして国際社会はアナーキーともいえる状況である。「大人が本気でケンカをしはじめたらどうするか？」と国際社会と国内のアナロジーで発問してもよい。困ったときの110番は通用しない。そのため，戦争が起きたり，終結しないのである。「平和を求めるなら，戦争の準備をせよ」という格言のように各自が身を守るための「安全保障」が求められることになる。

導入2

(発問) 最高点をめざして，グー・パーだけのじゃんけんゲームをしましょう！

じゃんけんゲーム （最高点をめざせ）		
勝つ 🖐 3点	⇔	0点 ✊
引き分け ✊ 2点	⇔	2点 ✊
引き分け 🖐 1点	⇔	1点 🖐

(解説) ワークシート① (p.104) の「じゃんけんゲーム」を参照。このように得点を得られるゲームを隣の人と10回行わせる。より多くの点数を獲得しようとするとパーを出しやすくなり，相手も同じ行動をするので，パーでの引き分けが多くなりやすい。生徒には，何点取ったかを答えさせる。「最高点をめざせ」とゲームをはじめると個人の点数の最大化をしようとするが，もしこれが相手と自分の点数の合計を競うゲームだったらどうなのかを考えさせたい。グーでの引き分けをくり返すと合計が最高となるが，パーを出したくなる。この構造は，ゲーム理論の「囚人のジレンマ」である。囚人のジレンマは，2人の犯罪者（共犯）が別の場所で話し合うこともできずに取り調べを受けているというシチュエーションで，自分が自白すれば罪を軽減すると司法取引を持ちかけられている状況を想定すればよい。もう一人の共犯者を信じて黙秘を続けるか，それとも自白するのか，という選択とじゃんけんゲームが同じ構造にあると，生徒は理解しやすい。この囚人のジレンマを軍縮・軍拡問題に置き換えることができる。相手が軍縮に協力し，自分も協力すれば，平和に近づく。しかし，相手の軍拡を懸念するか相手の軍縮を信じられず，軍拡競争への道に進みやすい。ちなみに，ペアワークでじゃんけんゲームをやらせることが多いが，3人や4人，あるいはクラス全体でやったらどうなるかを考えさせると，

軍縮の難しさにより気づける。自国の安全を考えて，軍拡をしたり，同盟を結んだりすると相手も同様の行動をして，緊張関係がエスカレーションしてしまうという「安全保障のジレンマ」についても説明しておきたい。

(発問) 一度限りではなく，何度もくり返す「囚人のジレンマ」だと，どんな戦略が有効でしょうか？

(解説) くり返し囚人のジレンマでは，どのような戦略が有効か，協調を生むのかを考えさせる。じゃんけんゲームと同じで，協力と非協力だけを選んで得点を最大化するコンピューターシミュレーションの結果は，「しっぺ返し」（トリガー作戦）がもっとも効果的な戦略であった。しっぺ返しとは，まずは協力の姿勢ではじめ，相手が先に裏切った（非協力を選択した）場合にだけ，非協力を選択する戦略である。これは，人間関係から外交，安全保障まで通用するモデルであり，資料からは，まずは信じるという「イニシアティブ」や「相手の理解」も必要であることがわかる。

資料

（略）「しっぺ返し」は相手を搾取する可能性を放棄している。たしかに搾取は時として自分の利益に結びつくが，どの状況をとっても，搾取にはさまざまな問題がある。（略）ひとたび報復の応酬が始まると，その泥沼から容易に抜け出せなくなる。（略）「しっぺ返し」が成功した要因をもう一度繰り返すと，自分の方から裏切り始めることはなく，（略）上品にしていれば無用なトラブルを避けることができ，即座の報復は相手に対して裏切りたいという誘惑を断ち切らせ，心の広さは協調し合う関係を回復するのに役立つ。そして，態度のわかりやすさによって，相手が自分を理解してくれて，長い協調関係をもたらすのである。

（アクセルロッド著，松田裕之訳『つきあい方の科学』ミネルヴァ書房，1984）

展開1

(発問) 国連憲章では，どのような紛争解決のプロセスを想定しているでしょうか？

(解説) 国連憲章から戦争や紛争への対処を読み取らせるとともに，国連のしくみについて理解させる。集団安全保障の概念については，十分に理解できるように説明する。第二次世界大戦の反省として，安全保障理事会では米・英・仏・露・中の5大国に拒否権をもたせることで，脱退を防いでいる。しかし，大国間の話し合いがまとまらないことの難しさ，国連総会，経済社会理事会などの役割についても確認しておく。また，6章半の活動としてのPKOについても触れる。

展開2

(発問) 戦争と倫理の問いに向き合いましょう。

(解説) 戦争倫理学は，戦争について自分の頭で考え，判断を他人任せにしないためにある。
ワークシート②(p.105) のように，①戦争による殺人は許されるか？　②戦争はそのコストに見合うのか？　③人道的介入は認められるか？の3つの問いをグループ内で分担させ

て，考察させる。その際，たとえば戦争による殺人はどこまでが正当防衛といえるのか。A国の兵士への脅威があったとして，B国の兵士と民間人も含めて最新鋭の戦闘機で爆撃をすることの是非など論じられる。戦争のコストで考えるとき，別のことに軍事費を用いた場合，つまり経済学の「機会費用」の観点や戦争に用いずに途上国の発展にあてる「平和の配当」の考え方や視点も必要である。人道的介入については，国際政治における内政不干渉の原則と「保護する責任」の矛盾など論点がある。

さらに，内容Aで学んだ功利主義と義務論の考え方を「論拠」とする。理由（根拠）に何を挙げるかで，同じ論拠でもYESかNOか変わることには注意が必要である。たとえば，「軍備増強のコストを子育て支援や自殺防止，経済成長などに用いたほうがよいから戦争に反対する」という意見。功利主義を論拠として，「なぜなら，その国に住む人の最大多数の最大幸福となる」と論じたとする。しかし，同じ論拠を用いて，他国からの侵略を許すことになった場合の損害を鑑みて軍備を強化したり，極端だが「より大きな利益につながるならば戦争をしたりすることが最大多数の最大幸福にかなう」と主張できないわけではない。功利主義の場合，行為による結果の良・悪について，数量的に集計したり，比較したりできることを前提としており，数量的に集計不可能なものがあるとしたら，結論を出すことができないという限界もある。

また，「人道的介入をすべきでないのは，内政干渉にあたり，国家の権利を侵害することはできない」という意見。義務論を根拠として，「なぜなら，どんな状況でも奪いえない権利がある」と論じたとする。しかし，同じ論拠を用いて，人命の保護こそが最大の権利であり，それを守ることが人間としての義務だとすれば，人道的介入はすべきであると主張することができる。義務論の場合，行為や動機の正・不正（「許される」「許されない」）を区別できるという前提があり，複数の義務や権利の衝突を調整できるのかどうかという限界もある。

ワークシート②　の一部より

★戦争と倫理の問い（①〜③から選択して考察，選択した問いに○）

　①戦争による殺人は許されるのか？　　　論点：平時／戦時，正当防衛，生存権，兵士／民間人

　②戦争はそのコストに見合うのか？　　　　　　計算（不）可能性，機会費用，平和の配当

　③人道的介入は認められるべきか？　　　　　　内政不干渉，保護する責任，非軍事的介入

選択［主張］ YES ・ NO	←	理由［根拠］

功利主義（帰結主義）：結果の良し悪しで判断↔義務論：義務や動機の正しさで判断

論拠

資料 平和への責任

138. 各々の国家は，大量殺戮，戦争犯罪，民族浄化及び人道に対する犯罪からその国の人々を保護する責任を負う。この責任は，適切かつ必要な手段を通じ，扇動を含むこのような犯罪を予防することを伴う。我々は，この責任を受け入れ，それに則って行動する。国際社会は，適切な場合に，国家がその責任を果たすことを奨励し助けるべきであり，国連が早期警戒能力を確立することを支援すべきである。

143. 我々は，人々が，自由に，かつ尊厳を持って，貧困と絶望から解き放たれて生きる権利を強調する。我々は，全ての個人，特に脆弱な人々が，全ての権利を享受し，人間としての潜在力を十分に発展させるために，平等な機会を持ち，恐怖からの自由と欠乏からの自由を得る権利を有していることを認識する。このため，我々は，総会において人間の安全保障の概念について討議し，定義付けを行うことにコミットする。

(2005年世界サミット成果文書『人間の安全保障』)

資料 永遠平和のために

　常備軍はいずれは全廃すべきである。常備軍が存在するということは，いつでも戦争を始めることができるように軍備を整えておくことであり，ほかの国をたえず戦争の脅威にさらしておく行為である。また常備軍が存在すると，どの国も自国の軍備を増強し，他国よりも優位に立とうとするために，かぎりのない競争がうまれる。こうした軍拡費用のために，短期の戦争よりも平和時の方が大きな負担を強いられるほどである。そしてこの負担を軽減するために，先制攻撃がしかけられる。

　こうして，常備軍は戦争の原因となるのである。それだけではない。常備軍の兵士は，人を殺害するため，または人に殺害されるために雇われるのであり，これは他者（国家）が自由に使うことのできる機械や道具として人間を使用するということである。これはわれわれの人格における人間性の権利と一致しないことだろう。もっとも国民が，みずからと祖国を防衛するために，外敵からの攻撃にそなえて，自発的に武器をとって定期的に訓練を行うことは，常備軍とはまったく異なる事柄である。

(カント著，中山元訳『永遠平和のために／啓蒙とは何か 他3編』光文社, 2006)

解説 資料 「平和への責任」を読むなどして，内政不干渉の原則と保護する責任，国家の安全保障と「人間の安全保障」の概念を区別して理解させる。また，資料『永遠平和のために』を読み，軍備増強のジレンマや「人間を手段とせず，目的として扱う」という道徳法則，人間としての自律に反する国家のための戦争の問題を考えておきたい。『永遠平和のために』は「国際連盟」や「国際連合」の理念につながっている。時間があれば，平和のための「常備軍の廃止」「軍事国債の禁止」「諸国家の民主化」「平和のための連合創設」などの考え方も確認したい。

まとめ1

(発問) なぜ，核兵器を持とうとするのでしょうか？

人類は核兵器を廃絶することができるでしょうか？

(解説) 核兵器の強力な破壊力が，「抑止力」となると考えられていることを確認する。さらに，核保有国と同盟関係をもつことでの拡大抑止の考え方（核の傘）に日本が依存している現状も理解させる。しかし，「恐怖の均衡」はやはり恐怖でしかない。スウェーデンのストックホルム国際平和研究所が調査している地球上の核兵器と保有国数の紹介や，アメリカの『原子力科学者会報』による世界終末時計の時刻（午前零時を人類の終末と捉えて，残り時間で危機を知らせる）も参照させる。核兵器の数は冷戦期より減少しているが，計1万2,705発（2022年）であり，2022年6月には冷戦以後初めて増加に転じた。世界終末時計は，1991年には冷戦終結を受けて「残り17分」としたものの，「残り90秒」（2023年）と警告している。

「核廃絶はできるか」と問いかけ，現状や核兵器の制限に関わる条約などを調べさせる。「米ソの核開発」「NPT体制」「INF全廃条約」「非核地帯条約」「核兵器禁止条約」をキーワードとして提示して，次回までに調べさせておくことも考えられる。核兵器については，北朝鮮のミサイル開発や核の闇市場の存在など拡散の懸念もあるが，これまでに核廃絶を決断した南アフリカの例や非核地帯条約，米ソの核兵器削減交渉ができた事例もある。核兵器禁止条約などの近年の動きにも注目させたい。

まとめ2

(発問) 戦争と平和について「問い」を考えましょう。

(解説) 本時のまとめとして，「問い」を考えさせる。国際社会の状況，安全保障のジレンマ，国連の役割，戦争倫理学の問い，核軍縮問題など，多面的に戦争について考えさせてきた。その中で，生徒自身の内から「戦争と平和」に関してわいてきた根本的な疑問があるはずである。教員の問いかけだけでなく，問いを生み出し，検討させていきたい。ウクライナ戦争を扱ううえでは，メディアやプロパガンダの問題（アンヌ・モレリ著，永田千奈訳『戦争プロパガンダ10の法則』草思社，2015）についても考えさせることができる。

〈2時間目〉

導入1

(発問) 前回の授業を踏まえて，自分で考えた戦争と平和についての問いは何ですか？

(解説) 前時は，教員が主導で問いかけて考えさせた。生徒自身のいだいた問いを共有して，戦争について政治家や政府がする判断に従うのではなく，自律的に判断できるようにすることの意義を伝える（アーレントの全体主義や悪の凡庸さへの批判を交えてもよい）。今回は，日本の安全保障政策について考えていくことを伝える。

導入2

(発問) 日本の安全保障政策について，知っていることはありますか？

(解説) なんらかの政策や外交の原則などを説明できる生徒は少ないと思われる。はたして，それでよいのかという点から，関心を喚起していく。

展開1

(発問) 歴代の内閣は日本の憲法9条をどのように解釈してきたのでしょうか？

(解説) まずは，個人で ワークシート③ (p.106) のA～Eの9条解釈を要約させる。次に憲法9条とも読み比べて，その適切さを理由とともに評価させる（ ワークシート④ (p.107) の「★あなたは，憲法9条をどのように理解すべきだと思いますか（A～Eのどれに近いか）？理由は何か？」に記入）。個別的自衛権と集団的自衛権の違いについては，説明を加える。そのうえで，安保・防衛問題の年表をヒントに，9条解釈の変遷を予想させる。個人で予想したうえで，グループ（4名程度）で意見交換させる。班ごとの予想をクラスで共有したのち，解釈の順序を歴史的な背景とともに説明する。吉田茂内閣→E「自衛の（戦争も放棄）」（1946.6 衆議院憲法議会での首相答弁），鳩山一郎内閣→A「自衛隊は（憲法違反ではない）」（1954.12 内閣統一見解），田中角栄内閣→D「戦力は（自衛のための必要最小限度を超えた「実力」）」（1972.11 内閣統一見解），鈴木善幸内閣→C「集団的自衛権は（保有するが行使できない）」，安倍晋三内閣→B「集団的自衛権は（合憲である）」。

以上のように，朝鮮戦争による警察予備隊，保安隊，自衛隊と自衛力の整備がなされていく流れや集団的自衛権の行使について大きな解釈の変更（解釈改憲）がなされたことに気づくことができる。年表を参考に，日本の安全保障政策のこれまでについて，いくつかの重要なできごとに注目してまとめさせる。日米安全保障条約や沖縄基地問題についても確認する。そのうえで，今後の安保政策の方向性を考えさせる（ ワークシート④ の「★安全保障政策の変遷について，「年表」の下線が引かれた語句などに注目しながら，教科書なども参考に用語の意味を理解してまとめてみよう。また，これからの安全保障政策がどうなるか，予想してみよう。」に記入）。

展開2

(発問) 「立憲主義」とは何だったでしょうか？

立憲主義の観点から解釈の変更にはどのような懸念があるといえるでしょうか？

解説 立憲主義は，基本的人権を保障する憲法を最高法規として，憲法により政治権力を制限するという考え方である。政治から独立した裁判所により，法律が憲法に反しないかを判断する違憲立法審査権によって，政府や多数派による少数派への人権侵害を防ぐためにある。政府（内閣）によって憲法をどこまで解釈してよいのか，憲法学者が一般的とする解釈との齟齬について考えられる。また，砂川基地闘争裁判における統治行為論から憲法判断が回避されている状況や安全保障関連法案など最近の動向についても確認が必要である。また，ワークシート④ (p.107) の「★「立憲主義」の考え方から9条解釈の変遷について，問題はあると思うか？」についても考えさせる。

展開3

(発問) 憲法9条について，あなたはどうすべきだと思いますか？

これからの安全保障政策への影響も含めて考えましょう。

解説 憲法改正の国民投票は，18歳からである。憲法改正における重大な論点である9条を変更するのかを考える機会をつくることが大切であるが，急いで結論だけを出させる必要はない。ここでは選択肢として，①条文に「自衛権」「自衛隊」を明記する，②条文を変更しない，③その他，を提示した。ワークシート④ の「★憲法9条について，あなたはどうすべきだと思うか？　これからの安全保障政策への影響も含めて考えよう。」に記入させる際は，複数の資料をもとに考えさせ，意見交換を通じて一面的な理解にならないように工夫する。

まとめ

(発問) あらためて"平和"について考えましょう。

解説 日本の安全保障政策をめぐり，憲法やその解釈について考察する場合，どうしても"平和"の捉え方が狭くなりがちである。国家の安全保障だけでなく，アマルティア・センや緒方貞子が共同議長を務めた委員会の名前でもある「人間の安全保障」の概念や次の資料を用いて，直接的な暴力をともなう戦争だけが，平和でない状態なのではないことに気づかせる。ノルウェーのガルトゥングが提唱する「構造的暴力」や「文化的暴力」などの間接的な暴力の存在と，平和の文化をつくりだすという意味での「積極的平和」の考え方があり，日本国内で使われる「積極的平和主義」とは相違がある。日本国憲法前文を読むことで，日本の平和と安全について再考させてもよい。ワークシート④ の「あらためて平和とは，何か？」に記入させ，周囲と意見交換をするなど，問いを共有させる。授業を通じて，もう一度，問いを自分の中でつくり，自らに問いかけ続けるようにさせる。

資料

　平和は，暴力の不在または低減を前提とする。ここで暴力とは，（1）直接的暴力とともに（2）構造的暴力，そしてこれら2つを正当化する（3）文化的暴力のことである。しかしわれわれはより限定された概念として平和を用いることもできる。すなわち，直接的暴力―殺人，腕力で人を負傷させること，言葉で人を傷つけること―の不在として。（略）これら（略）は，消極的平和（negative peace）を構成することになる。（略）しかしそれは平和への第一歩に過ぎないのである。（略）一つの典型的なケースは本来の休戦である。（略）積極的平和とは，相互によい状態にある紛争当事者から溢れ出る何か良いものを意味する。

（ヨハン・ガルトゥング著，藤田明史編訳「積極的平和とは何か（2015）」

『ガルトゥング平和学の基礎』法律文化社，2019）

補注

　（1）直接的暴力：戦争，目に見える物理的暴力，顕在化した精神的暴力のこと。（1）がない＝消極的平和

　（2）構造的暴力：社会構造に組み込まれた差別，貧困，経済的搾取，政治的抑圧，不平等のこと（社会正義の不在）

　（3）文化的暴力：直接的または構造的暴力を正当化する言葉，文化，言説，思想のこと

（1）～（3）がない＝積極的平和

※補注は引用者による

■学習内容のまとめと評価

・試験問題例（応用）

★授業では，国際社会の状況や核兵器の脅威や影響，紛争の解決に向けた国際連合の取り組み，日本の安全保障政策について学びました。

「　正しい戦争はあるか？　」

　この「問い」について，「ある」「ない」のどちらかに○をつけ，あなたの意見を，指定字数以上論述してください。ただし，次の条件を踏まえること。

①「国際社会」「核兵器」「安全保障」「国連」の4つの用語を必ず用いること。

②「戦争による殺人は許されるべきか」「戦争はコスト（費用）に見合うか」「救命のための武力介入は正当化できるか」の3つの問いのうち，1つに言及すること。

■学習のまとめとヒント

・論述のルーブリック（例）

	評価基準	S（超イイね）	A（イイね）	B（もう少し）	C（残念）	D（0点）
ア	自分の考え（主張・内容）	「問い」に対して，**他の立場も検討し**つつ，自分の考えを明確に主張できている。	「問い」に対する自分の考えを**明確**に主張できている。	「問い」に対する自分の考えをおおむね主張できている。	「問い」を無視したり，自分の考えを主張できていなかったりする。	論述していない。
イ	文章の構成（文章量・説得力）	文章量が十分で，**複数の具体的な理由**や根拠によって，**論理的に説明**できている。	文章量が十分で，**具体的な**理由や根拠が説明できている。	文章量がおおむね十分で，理由や根拠が説明できている。	文章量が不十分で，具体的な理由や根拠が説明できていない。	
ウ	用語の理解	意味を**正確に**理解して，**すべての**用語を使用できている。	意味を理解して，**すべての**用語を使用できている。	意味をおおむね理解できている用語がある。	意味を理解して使用できている用語がない。	

上記のようなルーブリックで，どのような論述を求めているのかを事前に示すこともできる。

・書き方のヒント

①自分の考えや主張を明確に書く。	「私は，正しい戦争は○○と考える」
②その理由を述べる。	「なぜなら，…だからである」
③その理由の具体的なことについて例を示す。	「たとえば，×××ということがある」
④自分の考えと反対の立場の考えの問題点に言及する。	「たしかに，～という考えもある。しかし，…」
⑤自分の考えや主張をもう一度，明確に書く。	「以上により，私は…と考える」
※このヒントのとおりに書かなくても，自分の意見を表現できていれば評価します。	

一定量の文章を書くのが苦手な生徒もいるので，必要に応じて「書き方のヒント」を示すことで取り組みやすくする。

■他の授業例／発展的な授業例

模擬国連（模擬安全保障理事会）

→各国の状況を十分に調べるなど準備して交渉することで，交渉の難しさや拒否権をもつ国の影響力などの学びは深まる。時事的な問題を議題とするとよい。（公共，政経）

■ディベート・対話などのテーマ例／レポート・小論文課題例

・ディベートのテーマ

　「核兵器の廃絶はできるか」「憲法9条は改正するべきか」（公共，政経）

　　　→資料については，教科書や資料集，新聞社の記事（必ず複数）などを用いるようにする。

・対話のテーマ

　「戦争のつくりかた，平和のつくりかた」

　　　→①絵本『新・戦争のつくりかた』または絵本『戦争を平和にかえる法』を読み，そこから自由に問いをつくらせる。生徒のつくった問いを共有し，全体または班ごとに問いを決めて対話する（哲学対話）。全体で行うには1クラス40人では多いので，金魚鉢方式（対話20人，見学20人）とすることもできる。話し合いの内容を個人内で振り返る。（公共，倫理）

　　　　②テーマについて対話をして，班で内容をまとめる。その後，絵本『新・戦争のつくりかた』を読んだり，そのアニメーション（「戦争のつくりかた　－What Happens Before War？－」アニメーションプロジェクト）を視聴したりすることもできる。その後，本授業案（2時間目）に入り，日本の状況や変化について調べる展開も考えられる。（公共，政経）

・レポート・小論文課題の例

　　加藤尚武『戦争倫理学』や松元雅和『平和主義とは何か』の一部を読んで内容を要約し，現代の問題と関連させて論じる課題が考えられる。（公共，倫理・公共，政経）

〈参考資料〉

・加藤尚武『戦争倫理学』ちくま新書，2003
・松元雅和『平和主義とは何か』中公新書，2013
・眞嶋俊造『正しい戦争はあるのか？　戦争倫理学入門』大隅書店，2016
・りぼん・ぷろじぇくと著，井上ヤスミチ絵『新・戦争のつくりかた』マガジンハウス，2014
・L・アームストロング著，B・バッソ絵，筑紫哲也訳『戦争を平和にかえる法』河出書房新社，2009
・アクセルロッド著，松田裕之訳『つきあい方の科学』ミネルヴァ書房，1984

（杉浦光紀）

日本の平和主義と安全保障

★なぜ，戦争は起きるのか？　どうして戦争は終わらないのか？

（空欄）

→ホッブズによる自然状態の困難，国際社会はアナーキー？

「平和を求めるなら，戦の準備をせよ」は正しい？

じゃんけんゲーム	①	②	③	④	⑤
⑥	⑦	⑧	⑨	⑩	計

じゃんけんゲーム（最高点をめざせ）

勝つ　✋ 3点 ⇔ 0点 ✊

引き分け ✊ 2点 ⇔ 2点 ✊

引き分け ✋ 1点 ⇔ 1点 ✋

安全保障のジレンマとは？

軍縮政策		B国	
		協調的	非協調的
A国	協調的	A国に4点	A国に1点
		B国に4点	B国に5点
	非協調的	A国に5点	A国に2点
		B国に1点	B国に2点

・自国の安全確保のために，
（　軍拡　・　軍縮　）を選択しやすく，
逆に危険を生み出してしまう
　　　　　　　→信頼醸成の必要

★くり返し囚人のジレンマ（じゃんけんゲーム）では，どのような戦略が有効か（協調を生むか）？

（空欄）

→まずは信じるという「イニシアティブ」や「相手の理解」も

★国連憲章を読み取って考えてみよう！　第二次世界大戦の反省とは何か？　実際には機能しているか？

（空欄）

経済社会理事会，集団安全保障，安全保障理事会，拒否権，6章半の活動…

ワークシート②

★戦争と倫理の問い（①〜③から選択して考察，選択した問いに〇）

①戦争による殺人は許されるのか？　　論点：平時／戦時，正当防衛，生存権，兵士／民間人

②戦争はそのコストに見合うのか？　　　　　　計算（不）可能性，機会費用，平和の配当

③人道的介入は認められるべきか？　　　　　　内政不干渉，保護する責任，非軍事的介入

選択［主張］ YES ・ NO	←	理由［根拠］

功利主義（帰結主義）：結果の良し悪しで判断↔義務論：義務や動機の正しさで判断

論拠

メモ（他の考え方など）

核なき世界は訪れるか？

地球上の核兵器と　　　　　　　　　　　世界終末　あと　　　　理由

保有国数（現在）＿＿＿＿＿発　　か国　　時間の時刻　＿＿＿＿分＿＿＿＿＿＿＿＿

★核廃絶はできるか？　米ソの核開発，NPT体制，INF全廃条約，非核地帯条約，核兵器禁止条約など調べてみよう。

できる　・　できない

理由

新たに生まれた問い→

なぜ，問うべきか

現時点での解答（答えるのに必要な情報）

ワークシート③
日本の平和主義と安全保障

・歴代内閣の9条解釈（A〜E）の内容を一言でまとめよう！
・あなたはどの解釈に近い理解をしているか，理由も書こう！
・どの内閣のものか考えて，年表の吹き出しに記入しよう！

安保・防衛問題関係の出来事（年表）

1945 ポツダム宣言受諾，冷戦開始
　46 日本国憲法公布（吉田茂内閣）
1950 朝鮮戦争，警察予備隊の発足
　51 サンフランシスコ平和条約調印
　　　日米安全保障条約調印
　52 保安隊発足
　54 自衛隊発足，防衛庁設置（鳩山一郎内閣）
　56 砂川基地闘争（砂川事件）

1960 新日米安保条約調印，日米地位協定，安保闘争
　67 「武器輸出三原則」国会表明（佐藤栄作内閣）
1970 安保条約自動延長
　71 「非核三原則」国会決議
　72 沖縄本土復帰（田中角栄内閣）
　73 長沼ナイキ基地訴訟で自衛隊違憲第1審判決
　76 防衛費の「GNP1％以内」を閣議決定
　78 日米防衛協力指針（ガイドライン）決定

1980 自衛隊，環太平洋合同演習に参加
　81 日米共同声明で「日米同盟」を明記（鈴木善幸内閣）
　87 防衛費のGNP1％枠撤廃閣議決定
　88 核トマホーク搭載艦が横須賀入港
1991 ソ連崩壊，湾岸戦争，掃海艇ペルシア湾へ派遣
　92 国連平和維持活動（PKO）協力法成立（宮沢喜一内閣）
　　　カンボジアに自衛隊派遣
　94 自衛隊と日米安保条約を容認（村山富市内閣）
　97 「日米防衛協力のための指針」改定（新ガイドライン）
　99 周辺事態法成立，ガイドライン関連法成立

2001 テロ対策特別措置法成立，インド洋派遣
　03 イラク戦争，有事関連法成立（小泉純一郎内閣）
　　　イラク復興支援特別措置法成立
　08 補給支援特別措置法（新テロ特措法）成立
　09 海賊対処法成立
2013 国家安全保障会議設置
　14 集団的自衛権行使容認，閣議決定（安倍晋三内閣）
　　　特定秘密保護法施行，「防衛装備移転三原則」
　15 安全保障関連法成立
2022 「反撃能力」保有，防衛費のGDP2％（岸田文雄内閣）

A 　9条は，独立国として我が国が自衛権をもつことを認めている。従って自衛隊のような自衛のための任務を有し，かつその目的のため必要相当な範囲の実力部隊を設けることは，何ら憲法に違反するものではない。
→自衛隊は（　　　　　　　　　　）

B 　我が国に対する武力攻撃が発生した場合のみならず，我が国と密接な関係にある他国に対する武力攻撃が発生し，これにより我が国の存立が脅かされ，国民の生命，自由及び幸福追求の権利が根底から覆される明白な危険がある場合において，これを排除し，我が国の存立を全うし，国民を守るために他に適当な手段がないときに，必要最小限度の実力を行使することは，従来の政府見解の基本的な論理に基づく自衛のための措置として，憲法上許容されると考えるべきである…。
→集団的自衛権は（　　　　　　　　　　）

C 　我が国が，国際法上，このような集団的自衛権を有していることは，主権国家である以上，当然であるが，憲法第9条の下において許容されている自衛権の行使は，我が国を防衛するため必要最小限度の範囲にとどまるべきものであると解しており，集団的自衛権を行使することは，その範囲を超えるものであつて，憲法上許されないと考えている。
→集団的自衛権は（　　　　　　　　　　）

D 　憲法第9条第2項が保持を禁じている「戦力」は自衛のため必要最小限度を超えるものであります。それ以下の実力の保持は，同条項によって禁じられていないということでありまして，この見解は年来，政府のとっているところであります。
→戦力は（　　　　　　　　　　）

E 　戦争放棄に関する本案の規定は，直接には自衛権を否定はしておりませぬが，第9条第2項において一切の軍備と国の交戦権を認めない結果，自衛権の発動としての戦争も，又交戦権も放棄したものであります。従来近年の戦争は多く自衛権の名において戦われたのであります。
→自衛の（　　　　　　　　　　）

ワークシート④

【第9条】 ①日本国民は，正義と秩序を基調とする国際平和を誠実に希求し，国権の発動たる戦争と，武力による威嚇又は武力の行使は，国際紛争を解決する手段としては，永久にこれを放棄する。
②前項の目的を達するため，陸海空軍その他の戦力は，これを保持しない。国の交戦権は，これを認めない。

★あなたは，憲法9条をどのように理解すべきだと思いますか（A～Eのどれに近いか）？ 理由は何か？

★安全保障政策の変遷について，「年表」の下線が引かれた語句などに注目しながら，教科書なども参考に用語の意味を理解してまとめてみよう。また，これからの安全保障政策がどうなるか，予想してみよう。

今後は，

が予想される。

→日米安全保障条約，安全保障関連法案の内容は要チェック

★「立憲主義」の考え方から9条解釈の変遷について，問題はあると思うか？

ある ・ ない ・ その他

★憲法9条について，あなたはどうすべきだと思うか？ これからの安全保障政策への影響も含めて考えよう。

条文に「自衛権」「自衛隊」を明記する ・ 条文を変更しない ・ その他

あらためて平和とは，何か？ →憲法前文の「恒久平和」，カントの「永遠平和のために」なども参照
新たに生まれた問い→

なぜ，問うべきか

現時点での解答（答えるのに必要な情報）

国際貢献を含む国際社会における我が国の役割①

ワクチンのグローバルな分配に向けた
国際協力のあり方とは？

指導要領【公共】B-ア

ア（イ）政治参加と公正な世論の形成，地方自治，国家主権，領土（領海，領空を含む。），我が国の安全保障と防衛，<u>国際貢献を含む国際社会における我が国の役割</u>などに関わる現実社会の事柄や課題を基に，よりよい社会は，憲法の下，個人が議論に参加し，意見や利害の対立状況を調整して合意を形成することなどを通して築かれるものであることについて理解すること。

指導のねらい

①SDGs の観点を踏まえ，感染症対策を事例にして，国際協力の課題について理解する。

②ワクチンのグローバルな分配をめぐるさまざまな考え方について，議論しながら吟味する。

③ワクチンのグローバルな分配をどのような考え方で進めるか，多面的・多角的に考察する。

学習内容・授業方法等の概説

・学習指導要領において「『国際貢献』については，国際連合における持続可能な開発のための取組についても扱うこと」（3　内容の取扱い（3）カ（オ））とされており，SDGs との関連付けを意識したテーマ設定が求められる。また，学習指導要領解説にあるように，国際社会の多様なアクター，つまり国家や国際機構だけでなく企業や NGO などが関わる課題を取り上げたい。以上を踏まえた主題（＝現実社会の諸課題に関わる具体的な学習上の課題）として，「ワクチンのグローバルな配分に向けた国際協力のあり方とは？」を設定した。

・授業方法としては，Covid-19 パンデミック下での事例を中心に，倫理的な考え方を活用しながら，資源配分のあり方についてディスカッションを進めるものである。

内容Aで身に付けた考え方・基本原理

・センのケイパビリティ論：

　　人々が多様な境遇にあることをふまえ，人々の生き方の幅を保障し，潜在能力の平等をめざす。

・行為の結果である個人や社会全体の幸福を重視する考え方（功利主義など）：

　　選択・判断の結果として生じる，幸福量や選好の充足度を観点として行為の是非を判断する。

・行為の動機となる公正などの義務を重視する考え方（義務論，「公正としての正義」など）：

　　選択・判断の動機に着目し，普遍的な義務や公正さの感覚を観点として行為の是非を判断する。

学習指導案

	授業内容	備考
導入	1．保健医療分野における国際協力の概要と事例を知る。 2．発問：パンデミック下で求められる国際協力とは？　　　（10分）	SDGs の枠組みを踏まえる。
展開	主発問：ワクチンのグローバルな分配に向けた国際協力のあり方とは？ 1．Covid-19 パンデミック下で起きたこと ・感染症対策を事例に，国際機構や国際的な枠組みを通した協力体制の成果と課題をつかむ。 ・Covid-19 下のグローバルなワクチン格差の実態をつかむ。 2．ワクチンのグローバルな分配をどのような考え方で進めるべきか？ ・国内における分配とグローバルな分配とでは原理が異なるか？ 　→グループまたは全体でディスカッションする ・「自国最優先」を当然としない考え方を検討する。　　　（35分）	新聞記事などを活用するとよい。 内容 A での学習内容を生かして，考え方を整理する。
まとめ	日本はグローバルなワクチンの分配にどのような役割をはたすべきか？ 　　　　　　　　　　　　　　　　　　　　　　　　　　　（5分）	

授業展開　◆ワクチンのグローバルな分配に向けた国際協力のあり方とは？

導入

★保健医療分野における国際協力の重要性を理解する。

1．保健医療分野における国際協力の概要と事例を知る。

● SDGs における保健医療

・ゴール 3「すべての人に健康と福祉を」に注目し，その具体的なターゲットを確認する。

　→本時の主題との関連で，「ユニバーサル・ヘルス・カバレッジ」の理念を理解する。

あらゆる年齢のすべての人々の健康的な生活を確保し、福祉を促進する

Ensure healthy lives and promote well-being for all at all ages

3.8	全ての人々に対する財政リスクからの保護、質の高い基礎的な保健サービスへのアクセス及び安全で効果的かつ質が高く安価な必須医薬品とワクチンへのアクセスを含む、ユニバーサル・ヘルス・カバレッジ（UHC）を達成する。 Achieve universal health coverage, including financial risk protection, access to quality essential health-care services and access to safe, effective, quality and affordable essential medicines and vaccines for all

（外務省「JAPAN SDGs Action Platform」

https://www.mofa.go.jp/mofaj/gaiko/oda/sdgs/statistics/goal3.html より）

※ Covid-19 パンデミックの経験を踏まえたゴール 3 の意義については，北島勉「ユニバーサ
　ル・ヘルス・カバレッジ」川村真理・北島勉編著『ポストコロナ社会と SDGs』（弘文堂，
　2022）を参照。

● 「健康への権利」

・世界保健機関（WHO）憲章の序文に，「健康とは，完全な肉体的，精神的及び社会的福祉の状態であり，単に疾病又は病弱の存在しないことではない」「到達しうる最高基準の健康を享有することは，人種，宗教，政治的信念又は経済的若しくは社会的条件の差別なしに万人の有する基本的権利の一つである」と書かれている。

　　→「健康への権利」を国際的に保障されるべき人権の一部とする認識は，世界人権宣言（第25条），国際人権規約（A規約第12条）にも反映された。

　　※「健康への権利」をめぐる国際的動向については，詫摩佳代『人類と病』（中公新書，2020）第5章に詳しい。

・健康はなぜ重要なのか？

　　センのケイパビリティ論（内容Aで身に付けた考え方・基本原理）

　　→センは健康状態をケイパビリティの決定的な構成要因の一つとしている。さまざまな境遇におかれた人々が自由に何かをしたり，何者かになったりする可能性を考える際，健康であることはその基盤になるからである。

　　→センの考え方は1980年代以降の開発協力論に大きな影響を与え，経済成長だけでなく人間開発が重視されるようになった。日本がODAなどにおいて重視する「人間の安全保障」の理念にもつながっている。

　　※開発協力におけるケイパビリティ・アプローチの意義については，大森佐和・西村幹子編『よくわかる開発学』（ミネルヴァ書房，2022）第1部に簡潔にまとまっている。

● 日本の取組

（発問）日本発で世界に広まった，これは何だろう？（フォトランゲージ的な活動）

（https://warp.ndl.go.jp/info:ndljp/pid/11376448/www.jica.go.jp/topics/2018/20180914_01.html より）

　　→答：母子手帳（インドネシア版）

　　※ほかにも「母子手帳 世界（海外）」などでウェブ検索すると多くの画像を閲覧できる。

解説　現代の日本は世界でもっとも乳児死亡率の低い国の一つであるが，昔からそうだったわけではない。戦後すぐの1947年時点では，1,000人あたり76.7人の子どもが生後1年未満で亡くなっていた。現代までの劇的な改善の背景には，生活水準の向上や国民皆保険による医療へのアクセス保障などのほか，全国の保健所を拠点とした母子衛生・健康教育があったとされる。その象徴といえるのが母子手帳（母子健康手帳）である。母子手帳は，妊娠中から産後までの母子の健康状態を記録するとともに，健康と育児に関する知識をコンパクトに提供してくれる。戦後日本の経験は世界各国（とくに医療資源が不足しがちな途上国）の公衆衛生に大いに生かすことができる。母子手帳は約50以上の国・地域で使用されており，30以上の国でJICA（国際協力機構）が各国の社会文化的背景を踏まえた導入・普及の支援を行っている。

　　　　※母子手帳の公衆衛生上の意義については平体由美「公衆衛生」桜井愛子・平体由美編『社会科学からみるSDGs』（小鳥遊書房，2022）など，具体的な事例については中村安秀『海をわたった母子手帳』（旬報社，2021）に詳しい。

２．パンデミック下で求められる保健医療分野の国際協力の例を考える。

発問　Covid-19パンデミック下で求められる保健医療分野の国際協力の例は？

　　→生徒から出た回答をまとめる。

　　例：世界各地でワクチン接種を進める　　　世界各地にマスクを届ける
　　　　手洗いの重要性や方法を普及する　　　感染症に関する基本知識を一般市民に普及する
　　　　抵抗力を高めるために基本的な栄養状況を改善する
　　　　病院など隔離して治療ができる施設を設置し，医療のノウハウを広める

展開

・主発問の提示　ワクチンのグローバルな分配に向けた国際協力のあり方とは？

　　→Covid-19パンデミック下の動向を事例として，国際社会が解決すべき問題の所在について，また国際協力の枠組みや取組とその課題について理解を深める。その理解をもとに，日本がどのような考え方で国際協力をしていくべきか，考察する。

１．Covid-19パンデミック下で起きたこと

　　→以下，授業者のために基本知識をまとめる。新聞記事などを教材にして，生徒にはかいつまんで紹介するとよい。

Covid-19前の経緯

● Covid-19以前から，感染症対策の国際的な枠組みがあった

　・アルマ・アタ宣言（1978年）…プライマリ・ヘルスケア（健康を基本的な人権として認め，その達成に向けて住民参加や自己決定権を保障する理念）を謳った歴史的な宣言。その一環として，予防接種拡大計画が開始された。

　・Gaviアライアンス（2000年）…途上国のワクチン接種を推進するための官民連携枠組み。高所得国政府や国際機関，民間団体などが共同で出資し，貧しい国や地域へ低価格でワクチンを調達することで，予防接種拡大計画を推進した。

●グローバルな健康保障と知的財産権（特許権）保障のジレンマ
- ・TRIPS協定（1995年発効）…世界貿易機関（WTO）加盟国に，医薬品の特許を20年間保護することを求めている。一方，これにより新薬の価格が高騰し，途上国が医薬品にアクセスできなくなることが予想されたため，「健康の権利」を保護する観点から，一定の柔軟な運用が認められた。たとえば，国家の緊急事態など一定の要件を満たした場合には，特許権者の承諾を得ることなく，その特許技術を使用することができる権利（強制実施権）などである。
- ・1990年代，南アフリカでHIVの大規模な感染拡大が起きた際，南アフリカ政府は上記の強制実施権を根拠に，HIV治療薬を特許権者の承諾なしに製造した。これに対し，製薬企業は南アフリカを提訴した。
- ・2001年，WTOは，南アフリカ政府の対応を追認する形で，すべての人の医薬品へのアクセスを最優先し，特許権を制限することを（あらためて）認めた。

●2000年代に入り，低所得国が医薬品にアクセスできない問題が顕在化した
- ・2007年，鳥インフルエンザのアウトブレイク下で，インドネシアが鳥インフルエンザのウイルス標本をWHOに提供することを拒否し，ワクチン開発技術を自国に提供することを要求。「自国が無償で提供した検体をもとにワクチンが作られ，それを高額で買わされ，国内に行き渡らせることができないのは理不尽だ」という訴えであった。
- ・2009年，新型インフルエンザA（H1N1）によるパンデミック下で，先進各国はワクチン開発中の製薬企業と直接契約を結び，大量のワクチンを事前に囲い込んだ。これにより，途上国がワクチンにアクセスする機会が大きく失われたため，WHOが先進国や製薬企業と交渉し，義援金の提供を訴えるなどの行動をとった。

Covid-19パンデミック下の経緯
● Covid-19ワクチン供給の国際的枠組み
- ・2020年4月，WHOは，ワクチンの調達と供給のための国際的取組としてCOVAX（コバックス〈COVID-19 Vaccines Global Accessの略〉）を開始した。COVAXは，Covid-19ワクチンを複数国で共同購入し，公平に分配するための枠組みである。当初，2021年末までに20億回分のワクチンを参加国すべての人々に公平に分配することを目標とした。

●高所得国によるワクチンの囲い込みとグローバルなワクチン格差
- ・COVAXは，各国の製薬企業との個別取引を禁ずるものではなく，そもそも国際法上の拘束力をもつものではない。トランプ政権下のアメリカをはじめ，高所得国は資金力を背景に製薬企業と個別交渉し，自国を第一としてワクチンを事前に買い占めた。つまり，新型インフルエンザAの際と同じことがくり返された。この動向は「ワクチン・ナショナリズム」と呼ばれた。
- ・結果的に，COVAXはワクチンの供給目標を大幅に下方修正し，ワクチン接種率には大きな格差が生じた（2021年末時点で，日本の1回目接種率は80％ほどだったが，低所得国では10％に満たなかった）。この背景には，高所得国による買い占めだけでなく，ワクチンを適温で管理する機材としくみ（コールド・チェーン）の未整備や医療技術の不足もある。
- ・ワクチンを開発・製造できる国による「ワクチン外交」の動きも目立った。たとえば，中国は東南アジア，アフリカなど，自国の「一帯一路」構想においても重要となる国々に自国製ワクチンを提供した。ロシアなども同様に，地政学的に重要な地域に自国製ワクチンを供与した。

・2020年10月，インドと南アフリカが，医薬品などの知的財産を保護する TRIPS 協定をパンデミックの収束まで一時的に免除することを提案した。当初，高所得国の多くが反対の立場をとった（日本は中立の立場をとった）が，アメリカは2021年に賛成に転じた。この提案をめぐって激しい議論が行われたが，2022年6月のWTO閣僚会議で，ワクチン特許の一時停止を盛り込んだ宣言が採択された。しかし，各国の製薬企業からはいまだに強い反対の声がある。

※Covid-19の時期までを含む一連の経緯については，新垣修『時を漂う感染症』（慶應義塾大学出版会，2021），大森佐和・西村幹子編『よくわかる開発学』（ミネルヴァ書房，2022）第2部Ⅷなどに概要がまとまっている。

※生徒向けの資料として，新聞記事などを用意するとよい。たとえば，「米国『自国を優先』中国『外交の武器』コロナワクチン争奪で激突」（「産経ニュース」2020年8月12日），「『余剰が出れば世界に…』ワクチン分配，途上国後回し？」（「朝日新聞デジタル」2020年7月20日）など，タイトルから要点がわかりやすい記事が適しているだろう。

※どの国も自国を優先する動きを見せた背景には，民主主義の制約も考えられる。つまり，民主的に選ばれた政治家にとって，自国内の有権者の利益を最優先することは当然である。だからこそ，国際的な枠組みによる，ある程度の強制力が重要といえる。

2．ワクチンのグローバルな分配をどのような考え方で進めるべきか？
●ワクチンの分配をめぐる基本的な考え方（一国内を想定した場合）
※時間に余裕があれば，どの考え方を支持するか，考えさせる時間をとってもよい。
「行為の結果である個人や社会全体の幸福を重視する考え方」に近いもの
・考え方① 最大救命原則…より多くの人の命を救うように分配すべき
→「死亡者を最小化する」ことが幸福＝利益を最大化する（不利益を最小化する）こととと一致するならば，帰結主義的な観点で正当化される。
※帰結主義は行為の道徳的な価値をその帰結（結果）によって判断する立場であり，功利主義はその典型的な理論である。
※救命が財産や社会的地位などの条件を問わず恣意を排して行われるなら，下の公平性の原則など非帰結主義的な観点からも正当化される可能性がある。
→具体的な対応：まず医療従事者とワクチン製造者に，次に重症化リスクの高い人に分配。
・考え方② 社会秩序原則…重要な社会的機能の維持を担っている人を優先して分配すべき
→具体的な対応：警察，消防，物流，通信，食料生産，販売，保育や介護など，いわゆるエッセンシャル・ワーカーに分配。
※これらの職業が他に比べて本質的・内在的価値が高いというのではなく，パンデミックという特殊な状況下において，社会の機能を維持する役割を担っている，ということ。
「行為の動機となる公正などの義務を重視する考え方」に近いもの
・考え方③ ライフサイクル原則…幼年期，少年期，青年期，壮年期，老年期といった人生の各段階を生きる機会を平等に与えるべき
→世代間の機会の平等（公正）を重視する考え方といえる。
→具体的な対応：より年齢の低い人を優先して分配。

・考え方④ 抽選…全員に等しいチャンスを与えるべき
　→具体的な対応：希望者全員で完全な抽選を実施して優先順位を決める。

その他

・考え方⑤ 市場の原則…高い代金を払った人を優先して分配すべき

※ワクチン分配をめぐる考え方の分類や整理については，林芳紀「感染症対策」赤林朗・児玉聡編『入門・医療倫理Ⅲ』（勁草書房，2015），吉田修馬「優劣でなく平等に基づく順序づけのために」『現代思想』2020年11月号，広瀬巌『パンデミックの倫理学』（勁草書房，2021）などを参照。ほとんどは国内を想定した議論だが，広瀬は国際的分配にまで言及している。

（発問）グローバルな分配の場合も同様の考え方を適用できるか？
　　　→たとえば，最大救命原則に従って，自国の非医療従事者よりも，他国の医療従事者を優先すべきか？　ライフサイクル原則に従って，自国の高齢者よりも，他国の子どもを優先すべきか？
　　　→全体またはグループでディスカッションをする。
　　　→おそらく，多くの生徒が「No」と答えるだろうし，現実もそうなってはいない。
　　　→倫理的な原則は国境を超えるのか？（ナショナリティや共同体に制約されるのではないか）という問題に直面させる。同時に，だからこそ，ワクチンの分配問題においては，国家だけをアクターとするのではなく，国際機関やNGOなどの役割が重要であることにも気づかせる。

● 「自国最優先」は当然なのか？
　　　→そうではない（途上国への支援は「慈善」ではなく「義務」である）とする考え方を紹介し，その妥当性について議論する。
　・功利主義（シンガーの援助義務論）…池で溺れる子どもを見たとき，服が汚れるのを気にして助けないとしたら，誰もがそれを「不正義だ」「助けるのは人間としての義務だ」と感じるだろう。あなたと子どもが20メートル離れていたとしても，あなたの周りに他に人がいたとしても，同じことだ。つまり，距離や人数は問題ではない。ならば，貧困に苦しむ途上国の人々に対しても，私たちは義務を負っているのではないか。
　　　→シンガーは現代を代表する功利主義の倫理学者。「誰をも一人として数え，その幸福を集計する」という功利主義の特徴について理解が深まる議論である。この論自体は世界の貧困問題の解決に関するものだが，ワクチンの分配に関する国際援助についても応用できるだろう。
　・正義・義務（ポッゲの消極的義務論・加害責任論）…先進国は「貧しい国々を救う義務」を負っているのではない。貧しい国々を貧困に陥れてきた一因は先進国にあり，「これ以上の加害をしない義務」を負っているのだ。
　　　→ポッゲはロールズに師事した政治哲学者。一般に，他者を利する義務（〜する義務）を積極的義務，他者に危害を加えない義務（〜しない義務）を消極的義務といい，後者は倫理的により重い要請である。ポッゲは，世界の貧困問題の一因は先進国にあるとして，その是正は消極的義務だと論じた。ワクチンの分配に照らすと，途上国にワクチンが届かない一因は先進国による買い占めにある。これを一種の「加害」とみなすか否かが論点となるだろう。
　　　→ポッゲは，グローバルな正義を実現する制度改革に向けた具体策として「健康回復基金

Health Impact Fund」の創設を提案している。まず，各国政府が出資して基金を創設する。製薬会社は医薬品を基金に登録し，廉価で製造・販売することに同意して，基金から相応の報酬を受け取る。要するに，先進国の費用負担によって貧しい国々に医薬品を分配し，かつ企業に途上国向けの新薬開発に対するインセンティブを与えるしくみである。この発想は，ワクチンの分配に対しても生かすことができるだろう。

(発問) このような議論についてどう考えるか？

→残り時間に応じて，何人かに意見を問う。

まとめ

・ワクチンなど資源のグローバルな分配のあり方をめぐって，幸福や正義・義務など，倫理的な観点から根拠づけながら議論していくことができる。その際，倫理的な原則が国境を超えるのかが論点の一つとなり，私たちの価値判断がナショナリティや国家の枠組みに制約されていることに気づかされるかもしれない。「自国最優先」を当然としない考え方を学びながら，あるべき国際協力の形を考えていきたい。

・国際協力は，豊かな国が貧しい国を一方的に援助する，という構図だけで捉えるべきではない。たとえば感染症対策の場合，世界のどこかで感染拡大が進む状況では，パンデミックは収束せず，世界経済のリスクとなり，結局は豊かな国にとっても悩ましい状況が続くことになる。グローバル化が進んだ世界はつながっており，私たちは世界の多様な人々とともに生きている。この認識を踏まえて，グローバルな課題の解決に取り組んでいくことが求められる。

・ まとめ発問 日本はグローバルなワクチンの分配にどのような役割をはたすべきか？

→やや包括的な問いになるので，考える焦点を絞りにくい生徒もいると思われる。

次のような個別具体的な実例を示してその是非を評価させてもよい。

・COVAX などを通じたワクチン関連支援に総額50億ドルを拠出

（2022年9月20日に岸田文雄首相が国連総会で行った一般討論演説より）

・3回目の追加接種を半年間控え，途上国に供与する

（2021年9月8日，WHO のテドロス事務局長が会見を開き，3回目接種を年末まで控えるように高所得国に要請）

■学習内容のまとめと評価

・「思考・判断・表現」の観点からの評価問題例：期末考査やミニレポートとして出題

> 2021年9年8日，WHO のテドロス事務局長が会見を開き，「3回目接種（いわゆるブースター接種）を年末まで控える」ことを高所得国に要請した。氏によれば，これまで世界で55億回分のワクチンが接種されたが，その80％は高所得国が中心だった。WHO はすべての国が年末までに人口の少なくとも40％にワクチンの接種を終えることを目標に掲げているが，現状では達成が難しいという。
>
> 日本政府はこの要請に従って3回目接種を控える決定をするべきか，授業で取り上げた考え方や論点を踏まえ，あなたの考えるところを根拠とともに論じなさい。

→評価の観点

・根拠となるさまざまな考え方について，適切な理解のもとに活用できているか。

・主張が根拠をともない，一貫した論証をしようとする意識が見られるか（単なる感想や意見の断片的提示では「論じなさい」という指示に不適）

　※評価基準は生徒の実態に応じて任意に調整すればよいが，主張が根拠（なぜなら〜）をともなうことは高評価の必須条件とする。

　※授業ではグローバルな分配を促す根拠となる議論を多く扱ったが，「自国民の接種を最優先すべき」という立論をしてもよい。ただし，当然ながら十分な論証をする必要がある。

→評価段階別の解答例

　A（総合的に見て優れている）

日本は3回目接種を控えるべきだ。これまで国内で重症化リスクが高い高齢者や基礎疾患がある人を優先して接種を進めてきたように，「より多くの人命を救う」判断が正しいことには誰もが同意するはずである。人の生命は平等であり，「健康への権利」は国際的に保障されるべき人権である以上，まだ1回目の接種が進んでいない国・地域がワクチンを優先的に使用するべきだといえる。そもそも，世界のどこかで感染拡大を放置していては，パンデミックはいつまでたっても収束しない。保健・医療の分野で国際貢献の実績がある日本は，ワクチンのグローバルな分配と公共の利益を実現するために，国際社会において主導的な役割をはたすべきだ。

　B（概ね満足できる）

日本は3回目接種を控えるべきだ。「より多くの人命を救う」ことはワクチン分配のもっとも基本的な考え方であり，それは国際社会においても同様である。また，そもそも貧しい国々にワクチンが届かないのは，高所得国が資金力を背景に早々に買い占めに動いたからでもある。豊かな国は，貧しい国に対してなんらかの道義的責任を負っているのだ。

　C（支援が必要）

日本は3回目接種を控えるべきだ。大半の国民が2回目まで接種しているなら，3回目は半年くらいガマンすべきだろう。

■他の授業例／発展的な授業例

・その他の現代的課題として，「主権国家の中で生じている人権侵害をとめるために，国際社会が介入すべきか」などがある（いくつかの教科書でも取り上げられている）。あるいは，ウクライナに侵攻したロシアへの経済制裁などを題材にして，「日本は人権侵害や国際法違反をする国家への制裁に加わるべきか」などの課題も考えられる。ミャンマーからのキリンビール撤退（2022年）にも見られるように，企業倫理にも関わる課題である。

・グローバルな分配をめぐる考え方は，大項目Bの「経済のグローバル化と相互依存関係の深まり（国際社会における貧困や格差の問題を含む）」でも活用することができる。貧困問題はグローバル経済の理解をともなって考察することが望ましいため，本案では直接の主題としなかった。

（山本智也）

国際貢献を含む国際社会における我が国の役割②

ODA と NGO の国際貢献の役割とは？

指導要領【公共】B-ア

ア（イ）政治参加と公正な世論の形成，地方自治，国家主権，領土（領海，領空を含む。），我が国の安全保障と防衛，国際貢献を含む国際社会における我が国の役割などに関わる現実社会の事柄や課題を基に，よりよい社会は，憲法の下，個人が議論に参加し，意見や利害の対立状況を調整して合意を形成することなどを通して築かれるものであることについて理解すること。

指導のねらい

① ODA とは何か，日本の ODA はどのように進められてきたかを理解する。

②日本を発祥とする国際 NGO の活動を，中村哲とペシャワール会の活動を例として考える。

③ ODA や国際 NGO に関する最近の動きを調べて，今後のあり方について考える。

学習内容・授業方法等の概説

・学習指導要領の目標（3）の多面的・多角的な深い理解について，「**各国が相互に主権を尊重し，各国民が協力し合うことの大切さについての自覚**については，国際社会の変容とともに国際的な相互依存関係がより一層深まってきた現状を踏まえ，地球規模の課題について，その解決のためには『各国が相互に主権を尊重し，各国民が協力し合うこと』が重要であることを示している。」とある。

・国際秩序が変動する中で，「主権の相互尊重」と「各国民が協力し合う」こと，「地球規模の課題」への取り組みも，複雑さを増している現状がある。そのあり方を，内容Aで学んだことをもとに考えさせることが，目標（3）の達成に不可欠であると思われる。

内容Aで身に付けた考え方・基本原理

・功利主義的に考えた場合，ODA にはどのような意義があるだろうか。経済のグローバル化によって，開発途上の国や地域の発展は，先進国の経済にもよい影響を与えること（国際社会全体の幸福を増大する）などを考察させる。

・義務論の立場からは，そもそも貧困や飢餓に苦しむ国や地域の人々に直接届く援助が行なわれているかを考えさせる。「民主化のてこ」としての ODA の機能が働いているか，中村哲などの NGO による活動の意義，そしてこれらの連携の意義を考えさせる。

	授業内容	備考
導入	1．ODA とは何か，日本の ODA についての説明 2．発問：ODA にはどのような課題があると思うか？　　（5分）	
展開	1．日本の ODA に関する統計資料の読み取りと考察 ・これまでの ODA について，資料の読み取りをさせる。 ・近年の傾向について特徴を述べさせる。 ・ODA にはどのような課題があるか考えさせる。 2．国際 NGO とは何か ・日本における国際 NGO の活動について説明する。 ・中村哲と「ペシャワール会」の活動を紹介する。 ・国際 NGO の役割と課題について，意見を述べさせる。 　　　　　　　　　　　　　　　　　　　　　　　（35分）	・統計資料や新聞記事などを活用させる。 ・中村哲の著作や，ビデオ教材を活用する。
まとめ	・日本は ODA と NGO に関して，今後どのような形で国際貢献をはたしていくべきかを考える。 　　　　　　　　　　　　　　　　　　　　　　　（10分）	・功利主義，義務論などの学習を振り返り討論または小レポート提出

授業展開　◆ODA と NGO の国際貢献の役割とは？

導入

○ ODA とは何か？

1．ODA（政府開発援助）

　・第二次世界大戦後の復興が進むにつれ，経済的に困難をかかえる国々に対する援助の必要性が広く認知されるようになった。1961 年には OECD（経済開発協力機構）に開発援助委員会（DAC）が設けられ，またアメリカ合衆国のケネディ大統領が国連総会演説で「開発の 10 年」（先進国の国民所得の 1 ％の移転，途上国の年 5 ％の成長）を提言した。

解説　OECD 開発援助委員会（DAC）が定めるルールでは，ODA は，次の3要件を満たすものとされている。

①公的機関またはその実施機関によって供与される

②開発途上国の経済開発や福祉の向上を主目的とする

③譲許的性格を有する（有償資金協力の場合，貸付条件（金利，償還期間等）が受取国にとって有利に設定されている）。

援助形態別に見ると，2019 年の DAC 諸国全体の ODA 実績のうち，贈与が約 87%，有償資金協力が 13%（二国間：約 12%，国際機関向け：約1%）となっており，日本およびフランスを除く主要 DAC 諸国は，そのほとんどを贈与（無償資金協力および技術協力）の形態で実施している。日本の ODA は，二国間有償援助の割合が 50% と飛び抜けて高い。これについて外務省は「開発を与えられたものとしてではなく，開発途上国自身の事業として取り組む意識を高めることが，効果的な開発協力のために重要との考えに基づき，途上国の人々自らによる経済成長への努力を支援することを目的としているため」としている。

（参考：外務省ホームページ

https://www.mofa.go.jp/mofaj/gaiko/oda/shiryo/hakusyo/20_hakusho/honbun/b1/s2_2.html）

・ある国に対して行うのが二国間援助，国際機関に拠出して行うのが多国間援助。

・日本の二国間援助は，2008 年に JICA（独立行政法人国際協力機構）を通じて行う形に一般化された。

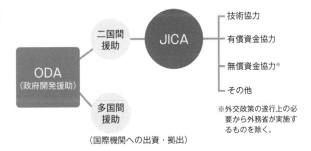

主要 DAC 諸国の ODA 実績の推移

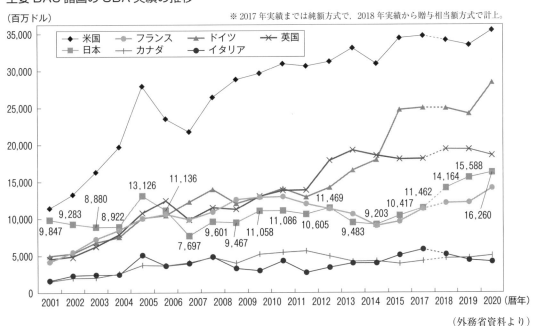

（外務省資料より）

119

・2001 年にアメリカに抜かれ，2020 年には第 4 位，国民総所得（GNI）比では DAC 加盟 29 か国中，0.31％で第 13 位（0.7％が求められている）。

2. （発問）ODA にはどのような課題があると思うか？
　・展開で文書資料にあたるので，ここではあまり深入りせず，現状認識にとどめる。

展開1

○日本の ODA に関する統計資料の読み取りと考察

（発問）次の資料を読み，ODA の二国間援助にはどのような問題が生じるか考えてみよう。

資料 日本，ミャンマーの大規模 ODA 打ち切り　鉄道改修，4分の1程度で

　最大都市ヤンゴンと第2の都市マンダレーを結ぶ鉄道は，日本で言えば JR の東海道線に当たる経済の大動脈だ。だが老朽化が進み，安全で安定した列車運行は難しくなっていた。

　日本が支援する改修事業で，所要時間は 15 時間から 8 時間に短縮されるはずだった。円借款の拠出総額は最終的に 2 千億円を大きく上回るとみられていた。

　関係者によると，改修が済んだのはヤンゴンから経由地のトングーまでの約6割。それでも日本は追加の円借款を出さない，と支援の打ち切りを通告した。

　日本の ODA を活用したミャンマー支援を巡っては，国内外で「軍を利する」との批判が高まっていた。継続事業とはいえ，例外扱いはできなかった。残りは，まだ使っていない円借款やミャンマー側の資金を活用して進めていくとみられるが，東海道線のような大動脈としての機能は望めそうにない。

日本後退，「中国出てくる」

　今後の注目は中国の出方だ。ミャンマーを横断し中国内陸部とインド洋を鉄道でつなげたい中国は 17 年，ヤンゴン―マンダレーの交通インフラ整備を進める「経済回廊構想」を提唱。両国で覚書を結んだ。秦剛外相は 5 月 2 日，ミャンマーで国軍のミンアウンフライン最高司令官と会談し，構想の促進を呼びかけた。

　日本の ODA 事業専門家は「日本が後退すれば，中国が出てきて沿線開発も進め，存在感を高める」と指摘する。

　（略）

　11 年に民政移管したミャンマーに対し，日本は「アジア最後の未開拓地」にいち早く食い込もうと，官民一体で支援に走った。金利や遅延損害金を含む 3 千億円の債務を帳消しにし，大規模な円借款を再開した。経済を底上げし，民主化を後押しする狙いもあった。

「民主化のてこ」の効果はあったのか

　ミャンマーに詳しい政策研究大学院大学の工藤年博教授は「日本の ODA はミャンマーの経済改革を進め，民主化を応援したと言える」と評価する。一方で「11 年の民政移管は『半分の民主主義』だったにもかかわらず，官民を挙げて巨額の支援に一気に行き過ぎた」と指摘する。

　ミャンマー国軍が 1988 年にクーデターを起こしたときに日本は 5 カ月後に軍政を承認し，ODA の一部を再開。軍政は 2011 年まで続いた。工藤教授は「88 年の繰り返しだ」とし，「この 10 年間で日本の ODA はどのような成果を上げ，失敗したのか，政府が具体的に検証する

必要がある」と話す。

　日本政府のODAの基本方針を示す「開発協力大綱」は，「民主主義や人権などの普遍的価値の共有」を重点課題に掲げる。

　だが，ミャンマーの事例をみれば，リスクも露呈した。外務省は4月，2017年にODAでミャンマーに供与した旅客船が軍事目的で使われていたことを認めた。橋建設事業を巡り，事業を受注する日系企業から国軍系企業に約200万ドルが支払われたことも国際人権団体が指摘している。　　　　　　　　　　（織田一・加藤あず佐「朝日新聞デジタル」2023年5月31日5時00分）

発問 「民主化のてこ」とはどういうことだろうか。
　　　→相手国の国民生活の向上が政治的安定をもたらす（貧困が政治の不安定につながる）ので，生活の向上や雇用の増大などに結び付く事業が結果的に民主化を進める。

発問 ODAが援助国にもたらすメリットは何か。
　　　→技術供与に国内企業が関わるので，間接的に国内企業を潤すことになる。
　　　→長期的には援助国とのつながりが強化されるので，対象事業以外においても影響力を強める。
　・ミャンマーのように民主化後も不安定な状況が続く場合，長期的な援助は慎重でなければならない。
　・一方で，日本が手を引くことによって他国（この場合は中国）が影響力を駆使する可能性があり，広く国際関係を見ながら判断する必要もある。

発問 二国間援助と多国間援助それぞれのメリット，デメリットは何か。
　　　→二国間援助は相手国の必要と自国が提供できる援助とを直接交渉できるが，相手国の政情に直接振り回されたり，他の援助国との競争が生じたりする。
　　　→多国間援助は，専門機関を介するため交渉や紛争などのコストやリスクを低減できるが，相手国との関係を将来に向けて強めるなど自国の利益を図りにくい。

活動 新聞記事を検索するなどして，追加資料を探し，メリット・デメリットを援助国，対象国，周辺国など異なった複数の立場・視点から整理させる。

発問 2023年4月，政府安全保障能力強化支援（OSA=Official Security Assistance）の実施方針が出された。地域安全保障と国際援助との関係を調べてみよう。
　・OSAは国際環境の変化に対応する反面，国際社会において日本が見られてきた立場を大きく変えてしまう可能性も指摘される。

資料　政府安全保障能力強化支援（OSA）の概要：
・戦後最も厳しく複雑な安全保障環境に置かれる中，日本にとって望ましい安全保障環境を創出するためには，日本自身の防衛力の抜本的強化に加え，同志国の安全保障上の能力・抑止力の向上が不可欠。
・こうした目的を達成するため，開発途上国の経済社会開発のためのODAとは別に，同志国の安全保障上のニーズに応え，資機材等の提供やインフラの整備等を行う，軍等が裨益者となる新たな無償による資金協力の枠組みを導入（2022年12月16日に閣議決定された国家安全保障戦略に記載）。

【協力対象】

・安全保障上の能力強化を支援する意義のある国の軍等が裨益者となる協力を対象。

・無償による資金協力であることに鑑み，原則として開発途上国を対象。

・相手国における民主化の定着，法の支配，基本的人権の尊重の状況や経済社会状況を踏まえた上で，我が国及び地域の安全保障上のニーズや二国間関係等を総合的に判断して対象国を選定。

【協力分野】

以下のような，国際紛争との直接の関連が想定しがたい分野に限定して協力を実施。

1　法の支配に基づく平和・安定・安全の確保のための能力向上に資する活動
　　（領海や領空等の警戒監視，テロ対策，海賊対策等）

2　人道目的の活動（災害対処，捜索救難・救命，医療，援助物資の輸送等）

3　国際平和協力活動（PKO に参加するための能力強化等）

【その他留意事項】

（1）防衛装備に当たるか否かを問わず，「防衛装備移転三原則」及び同運用指針の枠内で協力を実施。

（2）適正性及び透明性確保の観点から，以下を確保しつつ協力を実施。
　　（案件毎にこれらの点を含めた国際約束を締結）

　　1　情報公開の実施

　　2　評価・モニタリングの実施とその結果についての情報開示

　　3　目的外使用の禁止を含む適正管理

　　4　国連憲章の目的及び原則との適合性

　　＜具体的な供与物品の例＞

・衛星通信システム（アンテナ）・無線システム（アンテナタワー，レーダー）

（外務省ホームページ　https://www.mofa.go.jp/mofaj/files/100487213.pdf より）

展開2

○国際 NGO とは何か？

発問　次の資料（「中村哲の活動」）を読み，国際 NGO による民間の支援について考えよう。

解説　外務省の国際協力 NGO センターによる調査対象 424 団体，有効回答 216 団体中，211 団体が海外で行っている事業について答えている（複数回答）。海外事業では 166 団体が「開発・支援」にあたっている。開発・支援の中身は次ページの図のとおり。1つの団体が複数の支援を行っていることが多い。

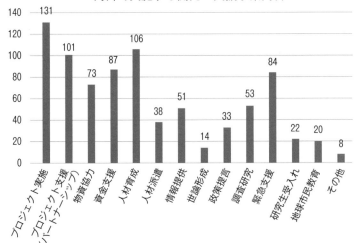

海外で実施する開発・支援事業内容

外務省
特定非営利活動法人国際協力NGO
センター（JANIC）
『NGOデータブック2021　数字で見
る日本のNGO』
（https://www.mofa.go.jp/mofaj/
files/000150460.pdf）より

発問 国際NGOはどのような役割を担っているだろうか。

→プロジェクトの実施及び支援（パートナーシップ）を合わせると232件となり，現地での開発や支援のプロジェクトに直接あたっている。また人材育成に106件で，現地の人が自らの力でプロジェクトにあたれるように育てている。

資料 中村哲の活動

　福岡市出身。昆虫採集と登山を好んだが内村鑑三に触れてキリスト教に入信，医学を志した。九州大学医学部在学中，原子力空母エンタープライズの佐世保入港，米軍ファントム機の九大構内墜落等に遭い，反対運動に参加するが，学生運動の過激化に反発して距離を置く。卒業後，精神科医師として勤めるが，ヒンズークシュ山脈のティリチミール遠征隊に医師として参加したときに，現地での医療体制の欠如に衝撃を受ける。帰国後脳神経外科に勤めるが，JOCS（日本キリスト教海外医療協力会）の募集に応えてペシャワール・ミッション病院に勤務した。

　それに先立って1983年，中村医師の現地活動団体としてのPMS（平和医療団・日本），その活動を支えるための日本の国際NGO「ペシャワール会」が結成された。

　1984年に赴任したときは，現地で適切な医療が受けられない多くのハンセン病患者を担当した。病院の設備も貧弱で，スタッフも不足していた。診察の傍ら，病棟の改善のため，ペシャワール会の募金をもとに病棟の改善や，アフガニスタン側の診療所の開設などに尽力した。

　ソ連のアフガニスタン侵攻，それに対する米国の介入，タリバンと反タリバンの抗争，9.11テロ後の米軍による爆撃など，混乱する中で，アフガニスタンからの難民への対応から，アフガニスタンでの診療所開設，旱魃対策としての1,600に上る井戸掘削事業など，国際情勢の悪化と混乱に対応しながら，必要とされる事業に邁進した。しかし2000年に中央アジア一帯を襲った大旱魃は，かつてない規模で飢餓と病気をもたらすものとなった。そのため，中村医師

は大規模な灌漑事業に乗り出した。工事は 2003 年 3 月 19 日，米英軍のイラク攻撃の前日に着工された。将来にわたって現地の人々が必要な改修を行えるように，出身地福岡での江戸時代以来の灌漑技術を学んで導入し，中村医師は自ら工事の最前線に立った。数々の困難を経て 2007 年 4 月に一期工事 13km が開通，2009 年 8 月 3 日に二期工事が開通，2010 年 2 月に全長 25km が完成した。沙漠は緑地化して農地に蘇り，数十万人の農民を救った。総工費約 14 億円はすべてペシャワール会に寄せられた会費と募金によって賄われた。

　2019 年 12 月 4 日，アフガニスタンのジャララバードで，車で移動中に銃撃を受け，同乗の運転手や警備員 5 名共々死亡。犯人はわかっていない。カブールでの追悼式典では大統領が棺を担ぎ，日本における葬儀では駐日大使が追悼した。中村の遺志を継いで，活動が続けられている。

(発問) 国際 NGO 活動の意義や課題について，話し合ってみよう。

　　・他の国際 NGO について調べさせてもよい。

　　・中村哲については図書や映像資料も多数あるので，資料を追加するとわかりやすい。

　　　　→現地のニーズにあった援助ができるが，資金や人材の確保は容易ではなく，治安の不安定な地域での活動リスクもある。

(発問) ODA と NGO の関係はどうあるべきだろうか。

　　　　→次の中村哲の記事は参考になる。

資料

　（略）2010 年 3 月，思いもかけぬ問い合わせがあった。赴任直後の JICA カブール事務所の所長，花里信彦氏から，「現場を拝見したい」と申し入れがあった。日本では鳩山政権が 60 億ドルの巨額支援を決定した直後で，前年の 9 月，復興支援で聴聞会に招聘された。発言の機会を与えられたので，政治的発言を一切避けて旱魃の危機だけを訴え，「安定灌漑による農業復興支援，食糧自給の実現」を強調した。同南アジア部長が関心を抱き，所長自ら視察を申し入れたものである。2010 年 7 月にガンベリ沙漠とマルワリード用水路を実見した所長は，「初めて現場らしい現場を見ました」と感想をもらし，アフガン農村の窮状と水の重要さを理解してくれた。当方は「気候変動に対処できる取水灌漑設備の充実なしに，農業振興はあり得ない」と説き，全国規模で展開すべく，実例をジャララバード北部穀倉地帯で実現すべき旨を進言した。その後は治安悪化で JICA 職員は外出できないようになり，彼が現場を見た最後の日本人となった。

　こうして，それまでに PMS ＝ペシャワール会独自で実現したマルワリード堰，シェイワ堰，カマ第一堰に加え，カマ第二堰，ベスード第一堰，カシコート堰と，周辺地域の取水設備の整備が矢継ぎ早に「共同事業」として実施されることになった。ODA（政府開発援助）については，とかくの話も聞くが，この大旱魃を前に些末な政治的議論は無用だ。それに，アフガン全土に PMS が単独で展開するのは不可能だ。やれるだけやって実例を作り，為政者が有用と認めるなら，自ずと拡大するだろう。美談で終わらせてはならぬ…これが当方の胸のうちであった。

中村哲『天，共に在り　アフガニスタン三十年の闘い』NHK 出版，2013, pp.229-231

まとめ

・以下のような発問例によって，グループ討論のまとめやレポートを提出させる。

発問 ODA，国際NGOは，どのような理念で運営されているのだろうか。

　→功利主義的な考え方：国際社会の安定が自国の発展につながる，最大多数の最大幸福

　→義務論的な考え方：貧困で苦しむ人々を救うことは人道によるもの

　→宗教や信仰との関係：キリスト教やイスラーム教の信仰によるもの

発問 国際紛争や内戦によって混乱する国で活動することの危険性をどう考えるか。

　→中村哲は日本の平和主義が援助先での活動のしやすさや安全につながるという。

■評価

〈ルーブリックの例〉

	学習内容	A	B	C
導入	ODAについて	ODAのしくみと近年の動向を説明できる。	ODAのしくみは説明できるが，近年の動向は説明できない。	ODAとは何か説明できない。
展開	ODAの課題	支援のメリットとデメリットを説明できる。	支援のしくみを説明できる。	支援のしくみを説明できない。
	国際NGOについて	国際NGOの活動について，資料をもとに説明できる。	国際NGOとは何かについて説明できる。	国際NGOとは何かについて説明できない。
	国際NGOの実例	中村哲と「ペシャワール会」の活動など具体例に基づいて，活動の意義や課題を論じることができる。	中村哲と「ペシャワール会」の活動を理解し，説明できる。	中村哲と「ペシャワール会」の活動を説明できない。
まとめ	討論・レポート	討論に積極的に参加したり，よく調べてレポートを仕上げた。	討論にあまり積極的に参加しなかった。レポートに十分な探究がない。	討論にほとんど参加しなかったり，レポートが不十分。

〈参考資料〉

・外務省　政府開発援助ホームページ　https://www.mofa.go.jp/mofaj/gaiko/oda/index.html

・「ペシャワール会」ホームページ　http://www.peshawar-pms.com/index.html

・認定NPO法人「ロシナンテス」ホームページ　https://www.rocinantes.org/

(和田倫明)

職業選択

AIの進化と職業選択

指導要領【公共】B-ア

ア（ウ）職業選択，雇用と労働問題，財政及び租税の役割，少子高齢社会における社会保障の充実・安定化，市場経済の機能と限界，金融の働き，経済のグローバル化と相互依存関係の深まり（国際社会における貧困や格差の問題を含む。）などに関わる現実社会の事柄や課題を基に，公正かつ自由な経済活動を行うことを通して資源の効率的な配分が図られること，市場経済システムを機能させたり国民福祉の向上に寄与したりする役割を政府などが担っていること及びより活発な経済活動と個人の尊重を共に成り立たせることが必要であることについて理解すること。

指導のねらい

①現代社会の特質との関わりの中で職業生活を捉える。
② AIやロボットに取って代わられる仕事などについて，情報収集し，分析させる。
③望ましい勤労観や職業観を身に付ける。
④自らの幸福の実現と人生の充実という観点から職業生活の意義について理解させる。

学習内容・授業方法等の概説

・学習指導要領解説には，以下のように示されている。

　　職業選択については，現代社会の特質や社会生活の変化との関わりの中で職業生活を捉え，望ましい勤労観・職業観や勤労を尊ぶ精神を身に付けるとともに，今後新たな発想や構想に基づいて財やサービスを創造する必要性がいっそう生じることが予想される中で，自己の個性を発揮しながら新たな価値を創造しようとする精神を大切にし，自らの幸福の実現と人生の充実という観点から，職業選択の意義について理解できるようにする。

　　その際，「産業構造の変化やその中での企業について理解を深めることができるようにすること」が必要であり，グローバル化や人工知能（AI）の進化などの社会の急速な変化が職業選択に及ぼす影響を理解できるようにする　（中略）　また，インターンシップへの参加によってどのように職業観が変わったかについて振り返る活動が必要であることに留意する。

内容Aで身に付けた考え方・基本原理

・ハヴィガースト　　　「社会的な役割を理解すること」
　　　　　　　　　　　「両親やほかの大人から情緒的に独立すること」
　　　　　　　　　　　「経済的な独立について自信をもつこと」
　　　　　　　　　　　「職業を選択し，準備をすること」
　　　　　　　　　　　「価値や倫理の体系を学習し，適切な科学的世界像を形成すること」など
　　　　　　　（ハヴィガースト著，荘司雅子監訳『人間の発達課題と教育』玉川大学出版部，1995）
・オルポート　成熟した人格とは「一貫した人生観，人生哲学を持つ」

・サルトル 「人間はみずからを選択するというとき，われわれが意味するのは，各人がそれぞれ
自分自身を選択するということであるが，しかしまた，各人はみずからを選ぶことに
よって，全人類を選択するということを意味している」

(サルトル著，伊吹武彦他訳『実存主義とは何か』人文書院，1996)

学習指導案

〈1時間目〉

	授業内容	備考
導入	・大人になるとは 「大人」のイメージを生徒に聞く 「職業を選択し，準備すること」 　（先哲の思想：ハヴィガーストの青年期の課題） ・働くことの意義は？ 　1．経済的自立 　2．社会参画 　3．自己実現 　演習 ワークシートに考えたことを記入する 　　　興味のある職業を書き出し，整理する（KJ法）。　（10分）	新聞記事 新聞記事
展開	・現代社会の特徴を考える 1．これからの時代の職業選択 　グローバル化（外国人との競争） 　技術革新の進展（AI，ロボットなど） 　人口動態の変化（少子高齢化，人口減少社会） 2．少子化の進行 3．AIの進展と雇用環境の変化 「将来AI化によって消える（代替可能性の高い）仕事，残る（代替え可能性の低い）仕事にはどんなものがあるのだろうか？」 そして，その理由について個人で考えさせたあと，グループで話し合わせる。 ○グループ代表者に発表させる。 　・代替可能性の高い職業を提示（資料） 　・職業の特性（どのような仕事か）を把握する。 　・人間が強い仕事とAIが強い仕事を理解させる。 　・人間でなければできない仕事について考える。 　・AIが雇用に与える影響について考える。　（30分）	 新聞記事 グループ学習 グループ発表 演習
まとめ	これからの社会において求められる能力について考える ・AIによる雇用環境の大きな変化 ・このような状況下で自分がどんな職業を選択しようと思っているのかについてワークシートに記入する。 ・自分が何のために，どのような業界のどのような職種で働きたいのかについてまとめてみる。　（10分）	演習 ワークシートのまとめの項に記入

127

〈2時間目〉

	授業内容	備考
導入	・自分自身を知ろう（自分はどのタイプなのか考えてみよう） 「A　公共の扉」で学習した「ジョハリの窓」や「エゴグラム・性格 分析表」を確認して，自分について再確認する。　　　　　（10分）	プリントの確認と 演習 ワークシートへ記入
展開	・起業という職業選択について演習を通じて考える。 ・どんなことがビジネスになるか考えてみよう（起業） その際，資金調達の方法や顧客のターゲット，具体的なビジネス戦略 なども考えてみよう。 　　グループで社長，財務，広報などの役割に分かれて考えてみよう。 　　SDGsの視点から考える。（社会課題を解決する会社とは？） 　　SDGsでビジネスチャンスを掘り起こす。 ・会社に自分の特性をどのように生かすか考えてみよう。 ・ダイバーシティ(多様性)，インクルージョンという観点からビジネス を研究する。 ・グループで討論を行い，代表者が発表する。　　　　　　（30分）	グループ学習 演習 グループ発表
まとめ	・他のグループの発表で自分が参考になったことについて書く。 ・重視するSDGsの項目について書く。 ・社会にとって「よい会社」について「よく生きる」という視点からま とめる。 ・自分がつくりたい会社についてこれまでの議論を踏まえてまとめる。 　　　　　　　　　　　　　　　　　　　　　　　　　　（10分）	ワークシートのまと めの項に記入

授業展開 ◆AIの進化と職業選択

〈1時間目〉

導入

板書事項　大人になるとは？

　　　　大人の「イメージ」は？　（答え）働く，18歳，一人暮らし，結婚など

発問　大人になるとは？　考えてみよう。

解説　「大人」のイメージを生徒に聞いてみる。その中に「働く」というイメージを挙げる生徒も
いるだろう。

大人になることについて「A　公共の扉」で学んだエリクソンやハヴィガーストの思想を参
考にして「働く」ことについて考えてみる。

アメリカの心理学者のエリクソンは青年期の発達課題として「アイデンティティの確立」を
挙げた。

また，ハヴィガーストも青年期の発達課題として，「経済的自立」や「職業選択」を挙げて
いる。このように「職業選択」は青年期の重要な課題であり，将来，どのような職業生活を
送るのかについて考え「職業的アイデンティティ」を確立する時期が青年期なのである。

(発問) 働くことの意義は？　考えてみよう。

(解説) 「Ａ　公共の扉」で学習した「働くことの意義」について考える。第一に，お金を得る
という「経済的自立」がある。人間は働くことによって給料をもらい生活をする。つま
り，生きていくために働くのである。第二に，働くことは「自己実現」のあり方であ
り，生きがいなのである。第三に，人は働くことを通して，「社会に参画する」のであ
る。大人となり社会に出て，働くことにより責任ある社会の一員となるのだ。

先哲の思想：思い出してみよう

・ハヴィガーストが考えた青年期の発達課題

　　「社会的な役割を理解すること」

　　「両親やほかの大人から情緒的に独立すること」

　　「経済的な独立について自信をもつこと」

　　「職業を選択し，準備をすること」

　　「価値や倫理の体系を学習し，適切な科学的世界像を形成すること」など

（ハヴィガースト著，荘司雅子監訳『人間の発達課題と教育』玉川大学出版部，1995）

・仏教思想における「抜苦与楽」としての「働く」

　　　　　　　　　参考　「『働く』根底に慈悲の心」（「東京新聞」2016年4月23日）

・孔子の論語：「子曰く，徳は弧ならず。必ず隣あり」。徳をもって一生懸命，正直に仕事に
　　　　　　　向かっている姿は，周囲の人を惹きつける。

・古代ギリシャにおける労働：「労働は奴隷が行う苦役」

・中世のキリスト教：「神は人間に労働を罰として課した」
　　　　　　　　　　「お前は顔に汗を流してパンを得る」（「創世記」第三章）

・近世のキリスト教：「働きたくないものは，食べてはならない」（『新約聖書』）
　　　　　　　　　　「仕事に励むことが宗教的な使命である」

・ロック：「労働こそ所有権の起源」「身体を使った労働は人間に固有のいとなみ」「人間は
　　　　　働くことによってのみ，人間となる」と述べた。（『統治二論』）

・ハンナ・アーレント：「仕事は生物的必然性を超えた行為で，労働は生存のための行為」
　　　　　　　　　　　（『人間の条件』）と述べた。つまり，労働は必要に迫られてやるもので，自由を
　　　　　　　　　　　人間から奪っていくものである。

・ミシェル・フーコー：中世の悪徳は貪欲だったが，17世紀にはそれが怠惰となった（『狂
　　　　　　　　　　　気の歴史』）。労働をしないものは社会的な存在意義を欠いているとみなされた。

演習　・大人になるとは？　大人のイメージは？

　　　・人は何のために働くのだろうか？　参照：「Ａ　公共の扉」の自立した主体

　　　・自分が興味のある職業を書き出してみよう。

　　　・選択した職業を，自分がやりたい仕事・自分にできる仕事・社会に貢献する仕事に分類
　　　　し，ワークシートに貼ろう。（KJ法）

現代社会の特徴を考える

解説

1．これからの時代の職業選択

　　これからの時代の職業選択に大きな影響を及ぼす社会の変化として「グローバル化」と「テクノロジーの進化」とがある。テクノロジーの進化がもたらす「第4次産業革命」によって，「ビッグデータ」や「ロボット」，「人工知能（AI）」などが誕生した。また，2016年に政府は「我が国が目指すべき未来社会の姿」としてSociety5.0を示した。Society5.0とは内閣府の第5次科学技術基本計画の中で明記されている社会のあり方のことで，サイバー空間と現実空間との高度な融合をめざし，AIなどを活用し，少子高齢化や環境問題などの社会課題を解決することが期待されている。

　　さらにAIは「ビッグデータ」と「ディープラーニング」によって大きく発展し，自ら学習し，予測や問題を解決する能力を身に付けることとなった。このように現代社会においてAIは技術革新の原動力として大いに期待されているのである。

　　AIが社会生活の隅々まで浸透し，人々の生活が便利になる一方で，新たな課題やリスクも生じてきている。今後，テクノロジーの発展にともなう，AIやロボットの進化は私たちの働き方に大きな変革をもたらすことが予想されるのではなかろうか。

　　さらに2022年11月にアメリカのオープンAIが開発した対話型のAIである「ChatGPT」が登場し，わずか2か月で1億人以上がこれを利用するようになった。

発問　ロボットやAIなどの科学技術の発展は職業にどのような影響を及ぼすのだろうか？　考えてみよう。

2．少子高齢化の進行

　　もう一つ現代日本社会を特徴づける変化を挙げるならば「少子高齢化」がある。2008年をピークとした日本の人口はその後，減少に転じ「人口減少社会」を迎えた。

　　国立社会保障・人口問題研究所の中位推計では2053年には1億人を割り，2065年には8,808万人になると予想している。また，「少子高齢化」により，「生産年齢人口」が人数と割合の両面で大幅に減少していく。その結果，今以上に労働者不足が深刻化してくる可能性が高い。この労働力不足の穴埋めとして現実的にはAIやロボットを導入せざるを得ない状況となっている。

3．AIの進展と雇用環境の変化

　①情報通信技術などの新技術の開発は，社会に大きな変化をもたらし，雇用環境も激変することが予想される。

　　第一次産業革命期にも「人間の仕事を奪う」として労働者たちが機械を壊したラッダイト運動が起こった。同じようにAIに対してもこれにより人間の雇用機会が奪われるのではないかという懸念がある。しかし，現実的にはこの流れを止めることは困難であろう。現在でも，AIは自動運転システムや家電製品など，さまざまな分野に応用されている。

（発問）身の周りにある AI にはどんなものがあるだろう？
　　　　AI をどのように活用したらよいか考えてみよう。

（AI が活躍している分野）
　　カーナビ，顔認証，医療，旅行プランづくり，料理のレシピなど

② AI と人間の仕事
　（発問）AI 技術が進展すると私たちの仕事はなくなってしまうのだろうか？
　　　　（グループ学習）　将来の AI 化の進展によって消える可能性のある職業や生き残る可能
　　　　　　　　　　　　性のある職業について考えさせる。その理由についても考えさせる。
・新聞記事を読み考える。
　「コラムニストの眼　人工知能との会話」（「朝日新聞」2022 年 12 月 16 日朝刊）
　「AI 拡大　米映画界悲鳴」（「読売新聞」2023 年 5 月 14 日朝刊）
・イギリスのオックスフォード大学のマイケル・オズボーン准教授らは，日本の仕事の 50 ％
　近くが今後自動化されると予測している。
・消える可能性のある職業の特徴についても考えさせる。
　（解答例）AI が得意なのは，肉体・非肉体を問わず定型的な仕事である。それには会計・財
　　　　　　務・税務，定型的な書類作成，労務管理，製造・組立などがある。警備員，銀行
　　　　　　員，鉄道運転手，ビル清掃員など
・20 世紀はロボットが製造業を自動化し，21 世紀は AI がオフィスを自動化する。これから
　は複雑で高度な業務であっても，コンピュータ化が可能になる。
・AI が人間を超える領域が拡大する。2045 年には AI が人間の能力を超えるシンギュラリティ
　に到達するという予測もある。
・新たな仕事が生まれてくる可能性がある。
　（例）データ探偵，AI 支援医療技師など
・生成 AI である「ChatGPT」を企画書の作成，文章の要約，お客様対応に使っている企業も
　出てきている。このように企業や行政機関の中では事務作業の効率化のため，活用する動き
　が出てきている。
　参考　「教えて生成 AI 2」（「東京新聞」2023 年 5 月 17 日朝刊）
　　　　　　生成 AI への置き換えが進みそうな仕事
　　　　　　・翻訳・通訳者　　　・受付窓口
　　　　　　・問い合わせ窓口　　・経理
　　　　「対話型 AI 活用メガバンクでも」（「朝日新聞」2023 年 5 月 11 日朝刊）
　　　　「江戸川区，チャット GPT を解禁」（「日本経済新聞」2023 年 7 月 5 日朝刊）

③人間ならではの仕事とは
　演習　人間ならではの仕事とは？　人間ならではの強みとは？
　　　　AI は人間になれるのか？などをテーマに話し合ってみよう。
　　　　哲学対話をしてみよう（人間にしかできないことって何？）。
　　　　哲学で AI を考えてみよう。

参考 「生成 AI が問うもの」（「日本経済新聞」2023 年 5 月 29 日）

人間の自己決定をいかにして守ることができるのかという視点が大切である。

（解答例）

- 人間の強み＝ AI の弱み
    1．創造ワーク　　　2．感情ワーク
    3．信用ワーク　　　4．手先ワーク
    5．ボディワーク
- AI は本当の意味での感情を理解することができないのではないか。
- AI は曖昧な言語などの情報を読み取ることができないのではないか。
- 人間の強みとしては創造的な思考や感情的な思考，コミュニケーションや協調性などの社会的知性，非定型性などがある。
- これからの社会において人間に求められる力は想像力と共感力であるといえる。
- 人間と AI との共存は道具として AI を使いこなせるかにかかっている。AI が人間をサポートするという視点が大切である。
- これからはスーパー人材じゃなくても，AI の活用によってエキスパートになれる可能性がある。
- 生き残る可能性の高い職業

    医師，看護師，カウンセラー，弁護士，美容師，教員，アドバイザーなど

参考 「人工知能やロボット等による代替可能性が高い 100 種の職業」

「人工知能やロボット等による代替可能性の低い 100 種の職業」

（NRI と英オックスフォード大学マイケル・オズボーン准教授等との共同研究）

「AI のイメージ」（総務省「情報通信白書」）

発問 ・具体的な技術革新にはどんなものがあるか？

・情報通信技術の発達は職業にどのような影響を与えるだろうか？

・AI 技術の進展によって私たちの仕事はなくなってしまうのだろうか？

まとめ

発問 今後，人間にはどのような能力が求められるようになるか考えてみよう。

解説 AI が普及してなくなる職業がある一方で，新たな職業が生まれる可能性もある。

このような状況下で，あなたはどのような職業選択をするのだろうか？

職業選択をする際には「実存としての人間はそのあり方を自ら選択することによって，自己の本質を自由に作り上げていく，その一方で選択には全面的に責任も負わされているのである」というサルトルの言葉が参考になる。

つまり，自律的なキャリア形成が大切となるのである。その際，自分の中で人生観や価値基準を明確化することも必要となる。

また，職業選択は次の3つの要因から考えることが必要となる。

　　1．業種・職種　　　2．能力・適性　　　3．報酬・待遇

演習 あなたが関心のある業種と職種で自分の職業のポジションをワークシートに書いてみよう。その仕事に関連するあなたの長所を3つ挙げてみよう。また，あなたがなりたいと思っているその仕事に必要な技術や技能を挙げてみよう。

先哲の思想：思い出してみよう

サルトル

「人間はみずからを選択するというとき，われわれが意味するのは，各人がそれぞれ自分自身を選択するということであるが，しかしまた，各人はみずからを選ぶことによって，全人類を選択するということを意味している」

（サルトル著，伊吹武彦他訳『実存主義とは何か』人文書院，1996）

〈2時間目〉

導入

自分自身を知ろう（自分がどのタイプなのか考えてみよう）

解説 キャリアは車両や荷車を語源にし，長い人生という道でさまざまな選択をし，そこでの経験という荷物を積みながら進んでいくことである。人生はまさしく選択の連続である。その中でも職業選択はもっとも重要な選択であるといえよう。人生においては自分という人間の特徴を十分に知ったうえで，職業を選択して個性を発揮することが求められる。

つまり，「自己を理解する」ことが，職業選択の土台となるのである。エリクソンは青年期の発達課題として自我同一性の確立を挙げ，アイデンティティを確立し，自らの価値観や人生観を形成することの重要性を指摘した。アイデンティティを確立した青年は社会形成に参画する自立した主体となるのである。

次に，心理学者のユングとシュプランガーによる性格の分類を紹介する。スイスの心理学者のユングは心のエネルギーの方向性から性格分類を行った。ユングによるとリビドーが外部に向かう「外向性」と，内部に向かう「内向性」とがある。一方，ドイツの哲学者で心理学者のシュプランガーは価値の分類から人間の性格を考察した。

さらに，アメリカの心理学者のホランドは，職場環境は6つのパーソナリティに類型されると述べた。

自己を分析するには，**エゴグラム・性格分析表（エリック・バーン）**をやるのもよいだろう。彼によると，自分の心の癖を知って行動することによって，自分自身と未来を変えることができるのだという。

性格には①から⑤のタイプがある。

①自分にも他人にも厳しい　②人をいたわり，親身になって面倒を見る

③事実に基づいて行動する　④好奇心や創造性に満ちていて，感情に従って行動する

⑤協調性がある

このようなさまざまなアプローチで自分自身の性格を把握したうえで，みんなはどんな職業を選択するのだろうか？　次に，私たちが生きる現代社会の変化と変化した社会において求められる能力についても考えてみる。

演習1 ジョハリの窓やエゴグラムを使って自己分析を行い，みんなで議論してみよう。

先哲の思想：思い出してみよう

  ユング　内向型（控えめで，思慮深い。我慢強い）と外向型（陽気で独立心が強いが，飽きっぽい。社交的である）

  シュプランガー　理論型（真理や理論に価値を求める）

                経済型（経済的な豊かさに価値を求める）

                審美型（美しいものに価値を求める）

                宗教型（人間をこえたものに価値を求める）

                権力型（他人を服従させることに価値を求める）

                社会型（社会福祉や奉仕などに価値を求める）

  ホランド　現実的（エンジニアなど機械やモノ，動物を対象とする仕事）

              研究的（学者など調査・研究の仕事）

              芸術的（芸能人や作家など芸術的領域の仕事）

              社会的（カウンセラーなど人と接する仕事）

              企業的（経営者など組織運営，経営などの仕事）

              慣習的（プログラマーなど一定の規則で行う仕事）

演習2　自分の性格のタイプはどれだろう？

  ユングとシュプランガーによる性格の分類から選択する。

  あなたの長所や趣味や好きなことをワークシートに書き出してみよう。

展開

「起業するには」

  ・新聞記事を読み考える。

  「大人扱いの手応えは？」（「読売新聞」2022年12月1日朝刊）

    今年4月から18歳以上が成人となりました。これまで未成年だった18歳，19歳も大人の仲間入りです。（略）今年8月に起業した専門職大学1年の寺崎優葵さん（18）に話を聞きます。

演習　**どんなことがビジネスになるか考えてみよう**（グループ学習）

  その際，**資金調達の方法**や**顧客のターゲット**，**具体的なビジネス戦略**なども考えてみよう。

  グループで社長，財務，広報などの役割に分かれて考えてみよう。

  SDGsの視点から考える。（**社会課題を解決する会社とは？**）

  SDGsでビジネスチャンスを掘り起こす。

解説　起業の流れについて学ぶ

  ①**事業計画書**の作成（経営理念の明確化）何を生産し，それをどのように売るか

  ②**資金調達**の方法（銀行からの借り入れ，クラウドファンディングなど出資者を募る）

  ③事業に必要なものの**調達**（事務所，店舗，工場，機械など）

  ④会社の**名前**を決める（商号）

  ⑤**定款**の作成と認証

  ⑥**会社設立**の**登記**（法務局で権利関係の登録）

　起業を選択し，新しい発想で新しい事業を創造する。その際，SDGs の視点から考えてみる。企業の事業戦略に SDGs の目標を落とし込むことが大切である。

　現代社会における企業は利益のみを追求するのではなく，社会的価値をどう加えるかが重要となってくる。

まとめ

　「ほかのグループの発表で参考になったこと」と「自分が重視する SDGs の項目」，「社会にとって『よい会社』」について，「よく生きる」という観点から考え，ワークシートに書く。

　以上のことを踏まえて，「自分がつくりたい会社」について最後にまとめ，ワークシートに記入する。その際，「社会的責任」「幸福」「持続可能性」をキーワードにして考えてみる。

解説 「企業の社会的責任（CSR）」

　企業は利益を追求することが一番の目的であるが，近年では持続可能な社会づくりに貢献して，社会の一員として責任をはたすことが求められている。

先哲の思想

「おのれの欲せざることを，人に施すことなかれ」（孔子『論語』）

「ただ生きるのではなく，善く生きることが大切である」（ソクラテス）

「自分を愛するように，あなたの隣人を愛しなさい」（『新約聖書』）

　大学 2 年のときに起業したリブセンスの村上太一社長は企業の理由に「誰かを笑顔にしたときに自分も幸せを感じる」ことを挙げ，「社会課題を解決し，誰かを幸せにすれば自分も幸せになれる」（「日本経済新聞」2020 年 5 月 29 日）と述べている。このように村上氏にとって人を喜ばせることが起業の原点なのである。そして，政府も「新しい資本主義」を掲げ，スタートアップを重視し，若者に起業家精神で人生を開拓していくことを求めている。

　時代とともに社会が求める企業像は変化する。近年までは株主の利益を最大化することが一番大切と考えられていたが，現在は「ステークホルダー資本主義」となり，社会とともに企業が繁栄することが重視されるようになった。

　この考えは日本の資本主義の父とも呼ばれる渋沢栄一の「倫理と利益の両立」という思想とも重なる。渋沢は第一国立銀行（現在のみずほ銀行）や日本鉄道（現在の JR 東日本）など 500 社にも及ぶ会社の起業に関わった。そして，「道徳経済合一説」を唱え，孔子の『論語』を拠り所として，道徳と経済の一致を心がけた。他者への思いやりの大切さを説く『論語』の精神を重視し，経営を行った。

　つまり，倫理や道徳をともなわない利益追求はあってはならないのである。このように渋沢の経営理念の源にあるのが孔子の『論語』の思想なのだ。

　渋沢は相手を自分のように思いやる心である「恕」や自分を偽らない誠実な真心である「忠」など孔子の「忠恕」の考え方を重視し，実業活動を行ったのである。

参考：「精神育んだ論語の里〜渋沢栄一の故郷を巡る」（「毎日新聞」2019 年 6 月 9 日）
「人のために尽くす喜び　渋沢に学べ」（「朝日新聞」2020 年 1 月 1 日）
『青天を衝け〈渋沢栄一とその時代〉』NHK 出版，2021

■他の授業例／発展的な授業例

・展開3「SDGs（ジェンダー平等，働きがい）の視点で職業選択を考える」

　　　誰一人取り残さない世界をつくるために，みんなで協力して社会課題の解決に取り組む。「協働」という視点から職業選択を考えてみよう。

　　　　　　　　※ディーセントとは「まともな」とか「適正な」という意味で，働きがいのある人間らしい仕事のことである。

　　　　　　　8.5「2030年までに，若者や障害者を含むすべての男性及び女性の，完全かつ生産的な雇用及び働きがいのある人間らしい仕事，ならびに同一価値の労働についての同一賃金を達成する」

　　　　　　　ダイバーシティ（多様性）という観点から職業や企業を研究し，選択することも大切である。

　　　　　　　※ダイバーシティとは多様性のことで，性別・性自認・性的指向・国籍・年齢・人種・民族などの属性が異なり，いろいろな種類があるということである。

　　　男女の職業選択を多様にするためには

　　　　　　　「本当はロボットの組み立てキットがほしいのに，もらうのはお人形ばかり。子どものころそんな経験をした女性もいるのではないだろうか。女の子にはこれ，男の子にはこれというステレオタイプにもとづいたおもちゃは，子どもたちが最初に受ける差別ともいえる」

　　　　　　　（Think the Earth編著『未来を変える目標　SDGsアイデアブック』紀伊國屋書店，2018）

　演習　ダイバーシティ（多様性），インクルージョン（社会的包摂）の観点から，職業や企業研究をやってみよう。

・展開4（発展3）「よく生きること」から考える職業選択

　　　ソクラテスの「よく生きる」やキリスト教の「隣人愛」，孔子の「仁」の思想などを参考にして職業選択を考える。

　　　・自分と他者にとって幸せな人生とは？

　　　・「ただ生きるのではなくて善く生きることが大切である」（ソクラテス）

　　　・「人にしてほしいと思うことは何でもあなたも人にしなさい」（マタイによる福音書）

　　　・ヒルティは働くことで得られる喜びが幸福をもたらすと考えた。

〈参考資料〉

　・樋口裕一『18歳から100歳までの日本の未来を考える17のキーワード』学研プラス，2022

　・丸山俊一『働く悩みは「経済学」で答えが見つかる』SBクリエイティブ，2022

　・平原卓監修『マンガで実用　使える哲学』朝日新聞出版，2019

　・小須田健『哲学の解剖図鑑』エクスナレッジ，2019

　・小林雅一『AIの衝撃　人工知能は人類の敵か』講談社，2015

　・渡邊正祐『10年後に食える仕事　食えない仕事』東洋経済新報社，2020

　・村山昇『働き方の哲学』ディスカヴァー・トゥエンティワン，2018

（照井恒衛）

雇用と労働問題
どうして人間は働くのだろうか？

ア（ウ）職業選択，雇用と労働問題，財政及び租税の役割，少子高齢社会における社会保障の充実・安定化，市場経済の機能と限界，金融の働き，経済のグローバル化と相互依存関係の深まり（国際社会における貧困や格差の問題を含む。）などに関わる現実社会の事柄や課題を基に，公正かつ自由な経済活動を行うことを通して資源の効率的な配分が図られること，市場経済システムを機能させたり国民福祉の向上に寄与したりする役割を政府などが担っていること及びより活発な経済活動と個人の尊重を共に成り立たせることが必要であることについて理解すること。

指導のねらい

①正規雇用と非正規雇用，男女の育児参加に関する資料を通して，雇用契約，有給休暇，産前・産後休暇，育児休業の制度を知る。
②自分で生計を立てる活動を通して，先人の思想をヒントに人間が働く理由や目的について考えを深める。

学習内容・授業方法等の概説

・「雇用と労働問題」については，仕事と生活の調和という観点から労働保護立法についても扱うこと。（3　内容の取扱い（3）カ（カ））
・日本国憲法の勤労の権利と義務，労働三法を踏まえたうえで，実際に生計を立てる活動を通して生徒に働いて生活することを具体的に考えさせる。「雇用と労働問題」には多くの問題が含まれうるだろうが，本時では生徒の関心が比較的高いと思われる「非正規雇用の増加」と「男女の育児参加率」を取り上げる。内容Aで学んだ知識や技能を生かしつつ，働いて生計を立てることについて考えを深める時間としたい。

内容Aで身に付けた考え方・基本原理

・各人が尊厳をもち，その個性や多様な考え方・生き方が尊重されなければならないという個人の尊重。
・人間としての在り方生き方に関わる諸資料から，よりよく生きる行為者として活動するために必要な情報を収集し，読み取る技能。

	授業内容	備考
導入	「望ましい働き方」についてのクラスアンケートの結果を公表する。 ・アルバイトの経験があるか，望ましい働き方はどのようなものか， 　高校生のうちに知っておくべき働くうえでの法規など。　　（10分）	アンケート例
展開	1．日本的雇用慣行，正規雇用・非正規雇用の実情を知る。 ・終身雇用制，年功序列型賃金，企業別労働組合の3つが，日本的な 　雇用形態をなしてきたこと，90年代以降に非正規雇用が増加した 　こと，非正規雇用の半数以上が女性であることなどに気づかせる。 　　　　　　　　　　　　　　　　　　　　　　　　　　　　（5分）	ワークシート 1と2
	2．雇用契約のトラブル，有給休暇制度，育児休業関連の制度を知る。 ・雇用契約のトラブル例を示し，労働契約の重要性に気づかせる。あ 　わせてアンケートで関心が高かった休暇制度や育児休業関連の制度 　を学ぶ。　　　　　　　　　　　　　　　　　　　　　　　（10分）	ワークシート 3～5
	3．1か月の収入を仮定して生計を立てる。 ・ペアやグループで取り組む。　　　　　　　　　　　　　　（15分）	ワークシート 6
まとめ	先人の思想を手がかりに，人間はなぜ働くのかについて考えを深める。 　　　　　　　　　　　　　　　　　　　　　　　　　　　　（10分）	ワークシート 7

授業展開 ◆どうして人間は働くのだろうか？

導入

発問① みなさんが考える「望ましい働き方」はどのようなものですか？

発問② 働くことについて，現代で大きな問題になっていることは何だと思いますか？

解説 上の発問から 導入 をはじめてもよいが，ここでは p.148 に掲載した アンケート例 を参考に，事前に「望ましい働き方」について生徒にアンケートを取り，その結果を公表する例を紹介する。Microsoft Forms などのアンケートフォームが利用しやすい。次の 資料 を見ると，発問① についてはほとんどの生徒が正社員で安定した仕事が望ましいと考えていることがわかる。フレックスタイム制や在宅勤務があれば利用して働きたいという声もあがるだろう。反対にアルバイト，派遣社員，契約社員を希望しているのは少数派である。発問② については，非正規雇用の不安定な立場，長時間労働や残業，雇用条件の男女差などが挙がる。外国人労働者問題のことに触れてもよい。

資料 「望ましい働き方」についての高校生アンケートの結果（例）

「望ましい働き方」	
・正社員	60%
・正社員（フレックス・テレワーク）	18%
・派遣社員	0％
・アルバイト	3％
・契約社員	2％
・状況に応じて	5％
・その他（充実した福利厚生など）	13％

「働くこと」についての大きな問題は？

・非正規雇用
・長時間労働・残業
・男女差
・仕事と給料のアンバランス
・人手不足
・職場の人間関係
・顧客対応
・ヘルプや応援が急すぎる　　　　など

※ アンケート例 は p.148

展開 1

1．日本的雇用慣行，正規雇用・非正規雇用の実情を知る。

発問① 日本的な雇用には3つの慣行があるといわれます。それは何でしょうか。

発問② 正規雇用者数と非正規雇用者数は現在どのくらいでしょうか。

解説 教科書や資料集のデータを参考に，終身雇用制，年功序列型賃金，企業別の労働組合が日本的な雇用の慣行であったことを学ぶ。とくに90年代以降に非正規雇用者の割合が増えていることに注目させる。正規雇用と非正規雇用の賃金差，男女別割合，非正規雇用を選択した理由などにも触れると理解が深まる。また，総務省の調査によると，非正規雇用者2,101万人のうち，男性は669万人，女性は1,432万人で，約68%が女性である。

資料 正規・非正規雇用者数（実数）

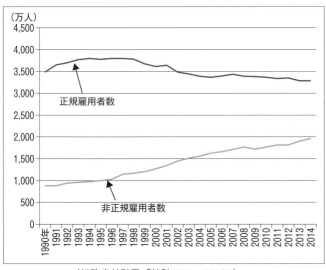

（総務省統計局「統計 Today No.97」
https://www.stat.go.jp/info/today/097.htm#k1 より）

展開2

2．雇用契約のトラブル，有給休暇制度，育児休業関連の制度を知る。

発問① 働く際には会社と契約をします。次の 資料 の求人広告を見て面接を申し込んだある人は，採用後，思わぬトラブルに遭遇してしまいました。どのようなトラブルでしょうか。

解説 トラブルの答えは「交通費が支給されないこと」である。当然支給されるものと思って働きはじめたが，求人広告や契約書に明記されておらず支給が叶わなかったという事例である。

法の分野で学んだ契約のことを想起させ，一度成立した契約は容易には変更できないこと，とくに未成年ではなく18歳になってからの契約の重要性について生徒たちが再認識できるとよい。

資料

> **3　求人広告　△△建設**
>
> 月給　　　174,000円
> 勤務時間　9時から18時（休憩1時間）
> 休日　　　土曜日，日曜日
> 残業手当　法律通り支給
> ボーナス　毎年2カ月分支給（6月と12月）
> 住宅手当　アパート・マンションを借りる場合は
> 　　　　　月1万円支給。
>
> 面接では「自宅から会社が遠いみたいだけど，通勤は大丈夫？」と聞かれ，「大丈夫」と返答。そして採用されたが…

厚生労働省「『はたらく』へのトビラ」pp.27-28

発問② 有給休暇はどのような条件で取得できるのでしょうか。

解説 労働基準法によれば以下のとおりである。

> 第39条　使用者は，その雇入れの日から起算して6カ月間継続勤務し全労働日の8割以上出勤した労働者に対して，継続し，又は分割した10労働日の有給休暇を与えなければならない。

発問③ 産前・産後休暇や育児休暇の制度はどのようなものでしょうか。また，男女で取得率に差がありますが，差を縮めるためにはどうしたらよいと思いますか。

解説 男女を問わず，将来取得しうる制度について理解することを意図している発問である。労働基準法によれば以下のとおりである。

> 第65条　①使用者は，6週間（多胎妊娠の場合にあっては14週間）以内に出産する予定の女性が休業を請求した場合においては，その者を就業させてはならない。
> 　　　　②使用者は，産後8週間を経過しない女性を就業させてはならない。

また，2022年10月から産後パパ育休の制度が新設され，男性の育児参加がなお積極的に求められている。男女別の育児休業取得率は，女性約85％，男性約14％（令和3年度 厚生労働省「雇用均等基本調査」による）。育児休業中は無給であるが，「育児休業給付金」が支給される。男女で取得率に差があるが，どうすればこの差を縮められるかという発問については，男女を問わず育児環境が整っているといわれる北欧の事例を紹介したり，「男性の育休を義務化する」など生徒に自由に意見を述べさせるとよい。

展開3

3．1か月の収入を仮定して生計を立てる。

(発問) 一定の収入があると仮定して，自分で1か月の生計を立ててみましょう。

(解説) 働くことについてこれまでの慣行や休暇制度を理解したうえで，生計を立てるワークに取り組む。自立に意欲的な時期でもある高校生にとっては，前向きに取り組めるし，ペアで相談したり，スマートフォンで情報を収集したりすることができる。支出の項目に「健康保険・年金」「所得税」「住民税」とあるが，多くの高校生にとっては金額をイメージしにくいので，助言を与えながら進める。社会保障制度や租税，財政とも関連付けることができる。教員が金額を示す際には地域の実情に合わせて行うとよい。赤字にならないよう支出の各項目を配分できればゴールとする。

ワーク

○次の表を使って，将来の自分の生活について1か月のお金のやりくりを考えなさい。

◆初任給（参考）
　高卒平均…165,000円
　大卒平均…195,000円

収入		支出	
項目	金額	項目	金額
給料	¥	家賃	¥
		光熱費	¥
		食費	¥
		衣服代	¥
		通信費	¥
		健康保険・年金	¥
		所得税	¥
		住民税	¥
		預貯金	¥
		交際費・娯楽費	¥
計	円	計	円

※ ワークシート (p.147) より

まとめ

(発問) 働くことに関する制度をいくつか学びましたが，そもそも人間はなぜ働くのだと思いますか。

(解説) まとめとして先人の思想を振り返りつつ，労働についての多面的な理解を促す。
　資料 (p.142) は働くことや労働することの意味づけ，理由について考えが深まるように，宗教的な観点として『旧約聖書』を，個人主義的な観点としてロックを，他の動物と比較した観点としてヒュームを掲載した。資料を読んで，考えたことをまとめる時間とする。

1. さらに（神は）その人（アダム）に言われた。

   「君が妻の言う声に聞き従い，わたしが食べてはいけないと命じておいた樹から取って（知恵の樹の実を）食べたから，君のために土地は呪われる。そこから君は<u>一生の間労しつつ食を獲ねばならない。</u>」（略）神は彼をエデンの園から追い出した。こうして人は自分が取られたその土を耕すようになったのである。　　　　　　（『旧約聖書』「楽園追放」より）

   > ⇒人間が一生の間労働するのは，神の（__罰__；__贖罪__）。長くキリスト教圏（とくにカトリック圏）で支配的な考え方だったとされる。労働に積極的・肯定的な意味を見いだしていくのは，ヨーロッパではルターやカルヴァンの宗教改革以降となる。

2. 彼の身体の労働，彼の手の働きは，まさしく彼のものであるといってよい。そこで彼が，自然が備えそこにそれを残しておいたその状態から取り出すものはなんでも，<u>彼が自分の労働を混えたのであり，そうして彼自身のものである何物かをそれに付加えたのであって，このようにしてそれは彼の所有となる</u>のである。

   　　　　　　　　　　　　　　　　　　　　　　（J.ロック『市民政府論』第5章より）

   > ⇒働くのは，自分で自分の（__生活に必要な物__）を獲るため。人間は，自分の身体や手の働きでこれを獲る。現代にもつながる個人主義的な労働観であると解釈できる。

3. 自然は人間に，数限りない欲求や必要を背負わせ，しかもこれらの必要を満たすのにわずかな手段しか与えなかった。（略）ライオンの体の作りや気質，敏捷さ，勇気，［爪や牙のような］武器，強さを見るなら，その利点がその欲求と釣りあいを保っているのが分かる。羊や牛（略）の欲求（食欲）は控えめであり，食物は容易に手に入る。ただ人間の場合にだけ，虚弱さと，必要の多さが，不自然にも相伴っており，この上なく完全に結びついているのが見てとれる。生存の維持に必要な食物は，探し求め，近づこうとすれば逃げていくものか，少なくとも，生み出すために<u>労働が不可欠なもの</u>かである。

   　　　　　　　　　　　　　　　　　　　（D.ヒューム『人間本性論』第3巻第2部2節）

   > ⇒ライオンや羊や牛は働かず，人間だけが働くのは
   >
   > 　（<u>ほかの動物に比べて人間は弱いのに，多くのものを必要とする</u>）から。
   >
   > 　働く理由について動物と比較して説得力のある説明をしている。

　　　　　　　　　　　　　　※原典からの引用にあたって（　）で引用者が補足したところがある。

　　　　　　　　　　　　　　　また，下線は引用者による。

■学習内容のまとめと評価

・ ワークシート （p.146）の解答，授業感想例

1　①終身雇用　　　②年功序列（型）

2　③3588（万人）　④2101（万人）

3　A．交通費　　もらえない

4　⑤利用目的　　　⑥6か月　　　⑦8（割）

5　⑧6　　⑨8　　⑩1　　⑪パパ　　⑫85.1（%）　　⑬14（%）

※③と④の数値については総務省の「労働力調査（令和4年平均結果）」
（https://www.stat.go.jp/data/roudou/sokuhou/nen/dt/pdf/youyaku.pdf）による。
⑫と⑬については厚生労働省の「令和3年度雇用均等基本調査　－事業所調査」
（https://www.mhlw.go.jp/toukei/list/dl/71-r03/03.pdf）による。

ワークシート を提出させ，穴埋めができているか，書き込みの程度によってA，B，Cで評価する。また授業後に授業感想の一つとして「あなたは働くうえで何を重視して働こうと思いますか？」などと問い，評価に加える。以下に幸福（幸せ），公正，平等などに着目できている感想例を紹介する。

（授業感想例）

・人間関係も充実しており，男女**平等**な労働環境を重視して働きたい。

・私は働くうえでやりがいや**幸せ**を感じる仕事をしたいです。また**幸せ**を感じるためには職場の人間関係や労働条件も大切になってくると思いました。

・やりがいを感じながらも**不公正**なことがないか見極めて，自分らしく働きたいと思います。

・今までは働くためにある程度の労働条件を妥協して給料のためだけに働いていかないといけないと思っていたが，自分の**幸せ**や家族のために労働者が保障される権利が増えていると知れて「働く」ということのイメージがよくなった。

・だれもが**平等**に評価され，やりがいが持てる仕事。また**幸せ**を感じられるような仕事。

・利益や給料も必要だけど**幸せ**や**公正さ**も仕事をするには必要であって，労働条件をしっかり確認しないと後悔すると考えた。

・試験問題例

問（知識・技能）　働くうえでのさまざまな決まりについて述べた次の1～4の選択肢のうち，**誤っているもの**を1つ選んで記号で答えなさい。

1　有給休暇は，半年以上継続して働き全労働日の8割以上の出勤が認められると10日が付与される。

2　労働時間は，1日8時間以内，1週間40時間以内と定められており，これを超える場合には割増賃金や労使協定が必要になる。

3　1日の労働時間が6時間を超える場合には60分の休憩が，8時間を超える場合には90分の休憩が認められている。

4　男女雇用機会均等法は，募集・採用・昇進などにおける女性差別の禁止や男女双方への差別禁止を定めている。

正答　　3

解説 労働基準法34条によれば，労働時間が6時間を超える場合は，少なくとも45分，8時間を超える場合は，少なくとも60分の休憩が認められる。

問（知識・技能）　労働に関して述べた次の文のうち，**誤っているもの**を1つ選んで記号で答えなさい。

1　旧約聖書の「楽園追放」の記述によれば，人間が働かなければならないのは，人間が神の掟にそむいて犯した罪の償いであると解釈することができる。

2　宗教改革の時代，カルヴァンは営利活動を積極的に認め，神の意志とは離れて自分の職業に励むことが大切であると主張した。

3　ジョン・ロックは，人間は自分の身体の労働や手の働きによって，自然のものから自分の所有物を獲得すると主張した。

4　デイヴィッド・ヒュームは，人間と動物とを比較すると，人間は虚弱なのに，欲求や必要とするものが多いため，生存を維持するためには労働が必要になると主張した。

正答　　2

解説 選択肢1，3，4については授業内で読んだ原典資料に基づいて作成。2は「神の意志とは離れて」が誤り。カルヴァンの主張は，人間はみずからの職業に励むことを通して，神の救済の予定を確信できるというものであり，あくまで神の意志が前提である。

■他の授業例／発展的な授業例

　本授業事例では『旧約聖書』，ロック，ヒュームを取り上げたが，マルクスやアーレントのテキストを読んで，「労働」についての考え方を読み取る活動も考えられる。マルクスのテキストは難解であるが，労働者階級を貧困化させるという資本主義の問題点を指摘し，社会主義を主張したという一般的な理解に結びつけられるとよいだろう。アーレントについては「労働」と「制作（または仕事）」とを区別する具体例などを考えてみると理解を深めることができる。

資料

　労働者は，彼が富をより多く生産すればするほど，彼の生産の力と範囲とがより増大すれば
するほど，それだけますます貧しくなる。労働者は商品をより多くつくればつくるほど，それ
だけますます彼はより安価な商品となる。事物世界の価値増大にぴったり比例して，人間世界
の価値低下がひどくなる。労働はたんに商品だけを生産するのではない。労働は自分自身と労
働者とを商品として生産する。しかもそれらを，労働が一般に商品を生産するのと同じ関係の
なかで生産するのである。

（カール・マルクス著，城塚登・田中吉六訳『経済学・哲学草稿』岩波文庫，p.86）

　労働という活動は，人間の肉体の生物学的プロセスに対応している。人間の肉体は，おのず
から成長し，新陳代謝を行ない，衰えていくそのプロセスにおいて，自然物によって養われて
いる。その自然物を生産し加工しては，生活に必要な物資として，生命体に供給するのが，労
働なのである。労働という活動にとっての根本条件は，生命それ自体である。

　制作において如実に現われるのは，自然に依存しているはずの存在者のもつ，反自然的側面
である。（略）制作は，さまざまな物から成る人工的世界を産み出す。この場合，世界を形づ
くる物は，たんに自然物に仲間として付け加わるのではなく，自然物と次の点で区別される。
つまり，物は，ある程度までは自然に逆らって存続しており，生命プロセスによってたんに摩
耗してなくなるわけではないのである。そうした物の世界を住みかとして，人間はくつろいだ
生活を送ることができる。

（ハンナ・アーレント著，森一郎訳『活動的生』みすず書房，2015年，pp.11-12）

〈参考資料〉

・清水正徳『働くことの意味』岩波新書，1982
・厚生労働省「『はたらく』へのトビラ～ワークルール20のモデル授業案～(改訂版)」
　　https://www.check-roudou.mhlw.go.jp/tobira/index.html
・厚生労働省「これってあり？～まんが知って役立つ労働法Ｑ＆Ａ～」（令和5年4月更新版）
　　https://www.mhlw.go.jp/stf/seisakunitsuite/bunya/mangaroudouhou.html
・厚生労働省「令和3年度雇用均等基本調査　－事業所調査」
　　https://www.mhlw.go.jp/toukei/list/dl/71-r03/03.pdf
・総務省統計局「最近の正規・非正規雇用の特徴」（統計Today　No.97）
　　https://www.stat.go.jp/info/today/097.html#shousai
・関根正雄訳『旧約聖書　創世記』岩波文庫，1956
・ロック著，鵜飼信成訳『市民政府論』岩波文庫，1968
・ヒューム著，伊勢俊彦・石川徹・中釜浩一訳『人間本性論（第3巻）』法政大学出版局，2019

（宇田尚人）

ワークシート

年　　　組　　　番（氏名）　_____

1　日本的雇用慣行とは？

> ・① _____ 制 ： 定年まで同一企業で勤務できる制度
>
> ・② _____ 賃金 ： 勤務年数が長いほど賃金は上昇
>
> ・企 業 別 労 働 組 合 ： 企業ごとに組織される労働組合（欧米は産業別組合）

2　正規雇用・非正規雇用

・2021 年時点の正規雇用者数は，（③ _____ ）万人，

非正規雇用者数は，（④ _____ ）万人である。

> ちなみに…
>
> 正社員　＝　一般的に，契約期間に定めがなく，フルタイムで働く。
>
> 契約社員＝　働く会社と労働契約を結び，契約期間を定められて働く。
>
> 派遣社員＝　人材派遣会社と労働契約を結び，派遣先の会社の現場で働く。契約期間が契約による。

3　求人広告　資料 (p.140) を見て答えよう！

資料 の求人に足りていない規定は…A . _____

この契約で働きはじめたあとにはその費用を（　　もらえる　　　もらえない　　）

4　有給休暇…　そんな理由で有給とれる？

> A　有給休暇は（⑤ _____ ）を問われることなく取得できる。
>
> 条件：（⑥ _____ ）以上継続して働き，全労働日の（⑦ _____ ）割以上の出勤で，10 日
>
> 付与される。　　　　　　　　　　　　　　　　　　　　　　　　（労働基準法 39 条）

5　産前産後・育児休業…　「妊娠したらやめてもらう」と言われたら

> A　出産予定日の（⑧ _____ ）週間前から（多胎は 14 週前から）休業できる。
>
> ・会社は，産後（⑨ _____ ）週間は就業させてはいけない。
>
> ・原則として，子どもが（⑩ _____ ）歳（一定の要件を満たした場合は最長 2 歳）になるまで，
>
> 男女ともに育児休業を取得できる。
>
> ・令和 4 年 10 月からは，子の出生後 8 週間以内に 4 週間，育児休業とは別に産後（⑪ _____ ）
>
> 育休が創設された。
>
> 　　男女別育児休業取得率…女性約（⑫ _____ ）%　　　男性約（⑬ _____ ）%（2021 年）
>
> ・ほかに育児短時間勤務，時間休業などの制度あり。育児休業中は原則，給料は支給されないので，
>
> パートナーと要相談（ただし育児休業給付金の制度がある）。

育児休業取得率の男女差を縮めるには…？

【メモ】

6 次の表を使って，将来の自分の生活について1か月のお金のやりくりを考えてみよう。

◆初任給（参考） 高卒平均＿＿＿＿＿＿＿＿＿＿円 大卒平均＿＿＿＿＿＿＿＿＿＿円

収入		支出	
項目	金額	項目	金額
給料	¥	家賃	¥
		光熱費	¥
		食費	¥
		衣服代	¥
		通信費	¥
		健康保険・年金	¥
		所得税	¥
		住民税	¥
		預貯金	¥
		交際費・娯楽費	¥
計	円	計	円

7 3つの文章を読んでそれぞれの労働観を解釈してみよう。

さらに（神は）その人（アダム）に言われた。

「君が妻の言う声に聞き従い，わたしが食べてはいけないと命じておいた樹から取って（知恵の樹の実を）食べたから，君のために土地は呪われる。そこから君は一生の間労しつつ食を獲ねばならない。」（略）神は彼をエデンの園から追い出した。こうして人は自分が取られたその土を耕すようになったのである。 　　　　　　　　　　　　　　　　（『旧約聖書』「楽園追放」より）

彼の身体の労働，彼の手の働きは，まさしく彼のものであるといってよい。そこで彼が，自然が備えそこにそれを残しておいたその状態から取り出すものはなんでも，彼が自分の労働を混えたのであり，そうして彼自身のものである何物かをそれに付加えたのであって，このようにしてそれは彼の所有となるのである。 　　　　　　　　（J. ロック（1632-1704）『市民政府論』第5章より）

自然は人間に，数限りない欲求や必要を背負わせ，しかもこれらの必要を満たすのにわずかな手段しか与えなかった。（略）ライオンの体の作りや気質，敏捷さ，勇気，［爪や牙のような］武器，強さを見るなら，その利点がその欲求と釣りあいを保っているのが分かる。羊や牛（略）の欲求（食欲）は控えめであり，食物は容易に手に入る。ただ人間の場合にだけ，虚弱さと，必要の多さが，不自然にも相伴っており，この上なく完全に結びついているのが見てとれる。生存の維持に必要な食物は，探し求め，近づこうとすれば逃げていくものか，少なくとも，生み出すために労働が不可欠なものかである。

　　　　　　（D. ヒューム（1711-1776）『人間本性論』第3巻第2部2節より）

アンケート例

「望ましい働き方」についてのアンケート（無記名式）（□があるものはチェックをして答えてください）

1　現在アルバイトをしていますか。　　　（　　□はい（週　　　日程度）　　　□いいえ　　　）

2　将来つきたい仕事・職業は決まっていますか。
　　　　　　　　　　　　（　　□決まっている　　□なんとなく決まっている　　□決まっていない　）

3　働き方が多様化しています。「望ましい働き方」とはどんなものだと思いますか。キーワードを参考に述べてください。

テレワーク　　フルタイム　　パートタイム　　フレックスタイム　　アルバイト
正社員　　　契約社員・パート社員　　　派遣社員

4　将来仕事に就いたときのために，高校生のうちに学んでおきたいことはなんでしょうか。

（複数回答可）

□労働基準法などの労働法規　　　　　　　□求人票の見方
□企業の面接試験について　　　　　　　　□有給休暇などの制度
□産前・産後休暇や育児休業などの制度
□仕事で嫌な思いをしたときなどのケーススタディ
□その他

5　人はなぜ働くのでしょうか。働く理由や目的について，考えたり納得のいく説明を聞いたりしたことがあれば教えてください。

6　現代の社会で「働くこと」に関する大きな問題はなんだと思いますか。アルバイト経験者は，アルバイトをしていて困った経験や疑問に感じたことを書いてください。

財政及び租税の役割，少子高齢社会における社会保障の充実・安定化①

リベラリズムとリバタリアニズムの正義の見方から
税のあり方を考える

指導要領【公共】B-ア

ア（ウ）職業選択，雇用と労働問題，財政及び租税の役割，少子高齢社会における社会保障の充実・安定化，市場経済の機能と限界，金融の働き，経済のグローバル化と相互依存関係の深まり（国際社会における貧困や格差の問題を含む。）などに関わる現実社会の事柄や課題を基に，公正かつ自由な経済活動を行うことを通して資源の効率的な配分が図られること，市場経済システムを機能させたり国民福祉の向上に寄与したりする役割を政府などが担っていること及びより活発な経済活動と個人の尊重を共に成り立たせることが必要であることについて理解すること。

指導のねらい

①ロールズ（リベラリズム）とノージック（リバタリアニズム）の考え方を理解する。
②①を土台に税のあり方を考える。
③ロールズ（リベラリズム）とノージック（リバタリアニズム）の主張をもとに討論し，その具体的事例として，所得税の累進課税，消費税の逆進性について討論を行い，理解を深める。

学習内容・授業方法等の概説

・学習指導要領解説において，財政及び租税の役割に関わる具体的な主題については，「消費税と所得税はどちらがより公平な税か」が挙げられている。本授業においては，税の公平性についてロールズの「公正としての正義」の考え方から考えさせたい。その際，ロールズの考え方と対立するノージックの「正義」を提示することによって，理解と思考が深まる。その根底の思想の考え方をもとに税のあり方を討論させることによって，深い学びが実現できる。

内容Ａで身に付けた考え方・基本原理

・Ａ（2）イ（ア）に示されているロールズとノージックの対立する考え方から，税のあり方について考える。

	授業内容	備考
導入	税による富の再配分の根底の考え方を学ぶ。 ・ロールズの正義の考え方を説明する。　　　　　　　　　　　（15分）	・難しいので丁寧に説明する。
展開	1．なぜロールズは，恵まれた人は，不遇な人の生活を改善する義務を負わなければならないと主張したのだろうか。 　⇒ロールズの文章（資料）を読ませる。 　　補足説明により，ロールズの主張を理解する。 2．ノージックによるロールズ批判とノージックの考えを説明する。 　⇒ノージックの文章（資料）を読ませる。 3．ロールズ（リベラリズム）とノージック（リバタリアニズム）のそれぞれの主張を読んで，どちらの意見に賛成するか。根拠をあげて表明してみよう。 4．日本の租税について 　①直接税の典型として所得税について説明する。 　②所得税の税の制度として累進課税について説明する。 　③累進課税をロールズ（リベラリズム）とノージック（リバタリアニズム）の正義の考え方から考えさせる。 　④間接税の典型として消費税を取り上げ，逆進性について説明する。 　⑤逆進性のある消費税をロールズ（リベラリズム）とノージック（リバタリアニズム）の正義の考え方から考えさせる。　　　　　　（25分）	・資料の読みと補足説明 ・資料の読みと補足説明 ・討論 ・1．～3．を土台に日本の税について考える。 ・討論 ・討論
まとめ	授業での教員の解説と討論を通して考えたことを文章にまとめる。 　　　　　　　　　　　　　　　　　　　　　　　　　　　　（10分）	・Cの「持続可能な社会の実現に向けて」に発展させる。

授業展開 ◆リベラリズムとリバタリアニズムの正義の見方から税のあり方を考える

導入

板書事項

ロールズの正義の考え方

（1）正義とは：社会の成員に自由を平等に配分するとともに，その自由な競争がもたらす不平等を是正する原理。←「正義」とは「正義の味方」ではない。

　　　　　　　公正として正義を捉えるのである。　※アリストテレスの正義論に触れる。

（2）正義の2つの原理

　　　第1原理：他の成員の権利を侵害しない限りにおいて，基本的な自由をすべての人に平等に与えること。→平等な自由の原理

　　　第2原理：①社会的・経済的不平等は，公正な機会均等という条件下で，全員に開放された地位や職務に結びついた不平等に限ること。→公正な機会均等の原理

　　　　　　　②社会的・経済的不平等は，社会のもっとも不利な立場に置かれている人々にとっての便益を結果的に補償するものであること。→格差の原理

解説 競争によって生じる不平等は，社会全体の繁栄につながる限り認められ，恵まれた人は福祉政策などを通じて，不遇な人の生活を改善する義務を負う。

出自に恵まれた人や生まれつきの才能をもつ人は，誰であれ，不利な立場にある人々の境遇を改善するという条件に基づいてのみ，自分たちの幸運から利益を得ることが許される。

展開

発問 なぜロールズは，恵まれた人は，不遇な人の生活を改善する義務を負わなければならないと主張したのだろうか。次のロールズの文章を読んで考えてみよう。

資料

　人間社会とは，正義についての共通の考え方によって規制され，その構成員達の善の増進をめざす，多かれ少なかれ自足的な共同団体であると考えることができよう。それは，相互の利益のための協同の冒険的事業として，利害の一致だけでなく利害の対立によっても特徴づけられている。利害の一致があるのは，社会的協同活動によって，誰もが自分自身の努力によって生きていこうとする場合よりも，すべての人々にとってよりよい生活が可能となるからである。だが，同時に，人々は，自分達の共同の労働によって生み出された大きな利益が，どのように分配されるかについて無関心ではない。なぜなら，各人が，自分自身の目的を推進するために，より少ない取り分よりも，より多い取り分を望むからである。正義の考え方とは，この分配を決定する諸々の社会的取り決めのなかから選択を行い，適正な分配上の取り分に関する合意を保証するための一組の原理である。

（ロールズ著，田中成明編訳『公正としての正義』木鐸社，1979）

板書事項

1．ロールズの主張：リベラリズム

「恵まれた出自」や「恵まれた環境」，「生まれつきの才能」も「共通の資産」として考えている。　　　← 討論例 「親ガチャ」による格差はどこまで是認できるのだろうか。

2．ノージックによる批判

（1）ノージックの正義の考え方

各人は，自分の身体の所有者であり，自分の生活や自由に関して自分で決定することができる。→正義の権原（正当な資格）理論：正当な方法によって獲得した自分の所有物については，身体に対する権利と同じように，権原を有する。

（2）財の保有に関する正義

①所得の正義に関する原理に従って財を取得する人は，その財に対して権原（正当な資格）を有する。

②財に対して権原を有する人から移転（サービス，義務の引き受け，財の交換，贈与等）の正義原理に従ってその財を取得する人は，財への権原を有する。

③この①，②の規定の（くり返しによる）適用以外によっては，誰もある財に対する権原を有しない。

才能のある人々と才能に恵まれない人々との連合での会話として

　　ロールズは，我々に，才能に恵まれない人々が次のようなことを言うと想像してみよというのだろう。「ねぇ，才能に恵まれた人達。あなた方は私達と協同することで利益を受けます。もしあなた方が私達の協同を得たいなら，それ相当の条件を受け入れなければなりません。私達は，可能な限り多く受ける場合のみあなた方と協同します。つまり，あなた方との協同の条件は，私達に最大の取り分を与えるものであり，私達にそれ以上与えようと試みれば結果的に私達の手に入るものが少なくなってしまう，ということでなければなりません。」（略）どうして才能に恵まれた者達は，才能に恵まれない者達の提案を問題外として扱ってはならないのだろうか。

（ノージック著，嶋津格訳『アナーキー・国家・ユートピア』木鐸社，2019）

解説 才能のある者たちと才能に恵まれない者たちとの連合において，才能のある者たちは，この連合を脱退して，別の才能のある者たちと連合を組めば取り分がもっと増えるのに，才能に恵まれない者たちと連合することによって，かえって，取り分が少なくなる。

←　討論例 フリーライダー問題

（3）ノージックの主張：リバタリアニズム

解説 慈善行為として分けることは否定しないが，そうすることの義務はない。リベラリズムが主張するような所得の再分配は，認められない。国家が個々人の生活に介入して，所得を再分配したり，福祉政策を実施したりするのは，越権行為。課税によって再分配を行うならば，「強制労働」を課すことと同じとみなす。自分の生まれつきの才能を，自分自身で享受できないならば，はたして正義といえるのだろうか。

3．ロールズ（リベラリズム）とノージック（リバタリアニズム）のそれぞれの主張

討論 あなたはどちらの意見に賛成しますか。根拠をあげて表明してみよう。そして討論してみよう。

（発問）上記で討論したことを土台に，日本の租税について考えてみよう。

4．日本の租税について

板書事項

①直接税：納税者と税負担者が同じ。

　　　　　　　　　　　　　　　　※直接税の典型として所得税を取り上げ，説明する。

②所得税：個人の1年間の所得金額に対して課せられる税。

　　　　　所得税は，収入が多い人ほど税率が高くなる累進課税制となっている。

③累進課税制度：課税対象の金額が増えると，より高い税率が適用される課税のしくみ。

　　　　　　　年収195万円 から 329万9,000円までの人は，10％。

　　　　　　　年収4,000万円以上の人は，45％。年収の半分近くは税金で持っていかれる。

　　　　　　　納税者は，その支払い能力によって課税されるべきだという応能負担の考え方。

　　　　　　　→国家による所得の再分配

(発問①) 累進課税は，公正としての正義に則っているのだろうか。

　　　○ロールズ（リベラリズム）の主張ならば，年収の高い人はお金に余裕があるので，社会的責任も増す。公共に貢献するべきである。

　　　●ノージック（リバタリアニズム）の主張ならば，一生懸命働いて稼いだ人が，稼げば稼ぐほど，税金として持っていかれたら働く意欲も削がれる。頑張って稼いだ人が損する社会は間違っている。　　→ 討論

板書事項

④間接税：納税者と税負担者が異なる。

　　　　間接税の典型として，消費税を取り上げる。

消費税：消費支出に課税される税。

　　　　商品一般に課せられるので，応益負担であり，食料品など生活必需品にも課せられるので，低所得者には不利な逆進性がある。

⑤逆進性：生活必需品にも課税されるので，低所得者の税金に占める割合が大きくなる。

(発問②) 逆進性のある消費税は，公正としての正義に則っているのだろうか。

　　　○ロールズ（リベラリズム）の主張ならば，正義の第2原理に反しているので反対。

　　　●ノージック（リバタリアニズム）の主張ならば，平等に税が課せられ，所得の再分配ではないのだから賛成。　　→ 討論

まとめ

(発問) 授業での先生の解説と討論を通して考えたことを文章にまとめてみよう。

解説 「C　持続可能な社会づくりの主体となる私たち」においての主題学習につなげられるように工夫する。

　〈例〉

　＊タックスヘイブンは，「公正としての正義」の観点から是か非か。

　＊ノージックのいう「権原」は，本当に個人固有のものか，社会的なものか。

　　（例）オーケストラコンサートにおいて，有名指揮者のギャラはワンステージ500万円，一方，実際に奏する（音を出す）オーケストラの月給は，20万円。有名指揮者が振らないとお客さんは来ない。しかし，オーケストラが来ないで指揮者だけ出演しても実際のコンサートは開けない。この問題をどう考えるか。

　＊少子高齢化による医療費，介護費を誰がどう負担するのか。

■学習のまとめと評価

ルーブリックの評価例：まとめとして学んだことと討論したことを文章にまとめる。それを「Ｃ
持続可能な社会づくりの主体となる私たち」の内容につなげていくこと
を意識させる。

A	ロールズとノージックの考え方を理解して，それをもとに税のあり方について議論し，さらに財政，少子高齢化，各国との税と社会保障のしくみの比較等から多角的・多面的に思考を働かせ，表現できたか。
B	ロールズとノージックの考え方を理解して，それをもとに税のあり方について議論し，思考力を働かせ，表現できたか。
C	ロールズとノージックの考え方はもとにせず，日本の税のあり方について議論し，表現できたか。

■発展的な授業例

・ロールズ，ノージックの資料は，「倫理」に発展させていってもよいだろう。

・（発問①），（発問②）とも，ロールズ（リベラリズム）とノージック（リバタリアニズム）の考え
方を起点にしつつも，現代のさまざまな要因を討論に持ち込み，深い学びを実現させる。

〈例〉

①財政難の問題とタックスヘイブンの問題を絡めて，消費税導入の必要性を考える。

②各国の比較（高負担・高福祉の北欧，低負担・低福祉の米国）から「公正としての正義」のあ
り方を考える。

③少子高齢化の課題から世代間倫理の考え方を取り入れ，税の使い方について，世代間の格差と
して「公正としての正義」を考える。　　　…など

〈参考資料〉

・ロールズ著，川本隆史他訳『正義論　改訂版』紀伊國屋書店，2010

・ロールズ著，田中成明編訳『公正としての正義』木鐸社，1979

・ノージック著，嶋津格訳『アナーキー・国家・ユートピア』木鐸社，2019

・川本隆史『ロールズ　―正義の原理』講談社，2005

・川本隆史『現代倫理学の冒険　―社会理論のネットワーキングへ』創文社，1995

・齋藤純一・田中将人『ジョン・ロールズ　―社会正義の探究者』中公新書，2021

・岡本裕一朗『アメリカ現代思想の教室』PHP新書，2022

・石　弘光『税金の論理』講談社現代新書，1994

・三木義一『日本の税金　第3版』岩波新書，2018

・杉浦真理「社会保障と税制改革をどう教えたか」『歴史地理教育』第796号（2012年11月），歴史教育者協議会

（西尾　理）

財政及び租税の役割，少子高齢社会における社会保障の充実・安定化②
課税の公平とは何か？

指導要領【公共】B-ア

ア（ウ）職業選択，雇用と労働問題，財政及び租税の役割，少子高齢社会における社会保障の充実・安定化，市場経済の機能と限界，金融の働き，経済のグローバル化と相互依存関係の深まり（国際社会における貧困や格差の問題を含む。）などに関わる現実社会の事柄や課題を基に，公正かつ自由な経済活動を行うことを通して資源の効率的な配分が図られること，市場経済システムを機能させたり国民福祉の向上に寄与したりする役割を政府などが担っていること及びより活発な経済活動と個人の尊重を共に成り立たせることが必要であることについて理解すること。

指導のねらい

①消費税と逆進性，所得税と累進税制の所得再分配効果，それらを組み合わせ多様な側面から課税の公平性がめざされていることについて理解させる。
②租税のあり方についての比較検討を通じて，公平とは何か，公平・公正な社会とはどのようなものであるか考察させる。
③公平・公正の見方に立ち，社会のさまざまな立場の人へ共感をする機会をつくる。

学習内容・授業方法等の概説

・「財政及び租税の役割，少子高齢社会における社会保障の充実・安定化」については関連させて取り扱い，国際比較の観点から，我が国の財政の現状や少子高齢社会など，現代社会の特色を踏まえて財政の持続可能性と関連付けて扱うこと。（3　内容の取扱い（3）カ（カ））
・課税は簡素・公平・中立であるべきといわれる。どの税をどの程度課税するかは，社会の中の誰に負担を強い，誰の負担を軽くするかといった公平性を考えることに通じるとともに，どのような社会をデザインしていくかということとも同義である。ここでは，ある集落における課税負担をめぐり，人頭税・消費税・所得税のどの税が公平といえるか，さまざまな立場の世帯に共感しながら，多面的・多角的に検討させる。内容Aで身に付けた公平・公正に関する見方・考え方を適用しながら，公平・公正な社会の実現に向けた課税のベストミックスについて考えさせたい。

内容Aで身に付けた考え方・基本原理

・人間の尊厳と平等，個人の尊重：人間は一人ひとり平等な個人として尊重されなければならない。一方で，平等に扱うことについては，多様な見方が存在する。
・イスラームの寛容性：イスラーム王朝のジズヤ（人頭税）は他宗教の人々に課せられ，当時のイスラーム共同体における他宗派への寛容性を示したものとも評価される。
・ロールズの格差原理：社会的・経済的な不平等は，社会の中でもっとも不遇な人々の利益を高め，最低限の生活を保障するのに役立つ場合に，許される。
・アリストテレスの調整的正義：当事者間の利害や得失が均等になるように調整されるべき。

・ルソーの社会契約説：不平等な現実社会において，社会の幸福をめざす一般意志を形成するために政治が行われる。

	授業内容	備考
導入	歳出内訳における公債金の割合を参照し，公債金に頼った財政が世代間格差を助長することに気づかせ，租税の意義についての基本的な理解を促す。そのうえで，課税についての「公平性」に意識を向けさせる。 （5分）	
展開	1．「どの負担方法が公平か」 ・ ワークシート の課題に取り組ませる。 ・人頭税，消費税，所得税を事例に，公平な課税のあり方についてのさまざまな考え方を紹介する。その際，水平的公平と垂直的公平について理解させ，一通りの課税方法では公平の実現が困難であることに気づかせる。（15分） 2．「負担方法のベストミックスを考えよう」 ・ ワークシート の方法①〜③のベストミックスと，その理由についてグループで検討させる。 ・グループの検討成果を発表させる。 （20分）	・個人，グループ，いずれの形態も可能。クラスの実態に応じて使い分ける。 ・発表は時間に応じて臨機応変に対応するが，なんらかの手段で共有はさせたい。
まとめ	学習の意義について，アリストテレスの調整的正義，ルソーの社会契約説の視点から振り返らせる。それらを踏まえ，「課税の公平とは何か」について，考えたことを記述させる。（10分）	・学んだ知識や見方を活用するよう意識させる。

授業展開 ◆課税の公平とは何か？

導入

「政府一般会計の歳入内訳」などのグラフ（大半の教科書に掲載されている）を読み取らせる。

(発問)「公債金収入」とは何のことか？

　　　将来，この返済を行うのは誰だろうか？

　　　このままいくと，日本の財政はどうなってしまうのだろうか？

解説 いずれも，財政の持続可能性が問われていることに気づかせる発問である。また，将来世代が公債の償還を行っていくことについては，世代間の不公平にもつながることを指摘し，財政の健全化が喫緊の課題であることに意識を向けさせる。この際，プライマリーバランスという見方に触れてもよい。

展開1

★どの負担方法が公平か

ワークシート

　この集落には4つの世帯が住んでいる。家族構成は表の通りで，どの家も高齢者か子どもをかかえている。また，各世帯の年間所得と年間消費支出額には，表の通りの差がある。

世帯	人　　　数	消費支出	所　　得
A家	3人（シングルマザーと小学生の子ども2人）	200万円	250万円
B家	2人（老母と50代の男性）	230万円	400万円
C家	6人（老父，30代の夫婦，幼少の子ども3人）	270万円	500万円
D家	4人（40代の共働き夫婦，小・中学生の子ども2人）	300万円	750万円
計	15人	1,000万円	1,900万円

　集落の人口は減少し続けており，ついに唯一の商店（コンビニエンスストア）が撤退する可能性が出てきた。4つの家族は話し合い，各世帯に公平な金銭負担を課すことで，商店の維持費用（年300万円）を賄うことに決定した。しかし，どのような負担の方法が「公平」であるかをめぐって，意見が分かれることとなった。

　なお，各世帯は年に最低200万円以上の消費支出があり，基本的にこの商店で買い物をしている。また，各世帯の財産貯蓄は考えないこととする。

　方法①：各家庭が人数に応じて負担をすべきだ。1人につき，平等に年20万円集めればよい。
　方法②：各家庭は自分たちでほしいものを買っているのだから，消費額に30％の上乗せをして徴収すればよい。
　方法③：各家庭には所得格差があるのだから，その差に応じて，B家：50万円，C家：100万円，D家：150万円を負担し，A家は負担を免除してあげればよい。

問1　それぞれの世帯にとって，一番負担が大きい方法はどれだろうか。また，一番負担が小さい方法はどれだろうか。金額以外の，各世帯の家族事情も考慮して考えてみよう。

問2　問1を踏まえ，方法①〜③のうち，あなたが考えるもっとも公平な負担の方法はどれか。どのような「公平」を重視したのか，理由も記述しよう。

解説 ワークシート に取り組ませる際は，個人で考えさせてもよいし，4人グループを編成してロールプレイをさせながらそれぞれの世帯の負担の軽重について考えさせてもよい。その後，以下の各租税の特徴と，「公平」についての見方・考え方を取り上げ，自分たちがどのような視点に立って公平性を考えていたか，振り返らせる。

商店を集落に残していくために共同で負担をしていくという考え方自体が，社会の幸福のために徴税し公共サービスとして返していく，という財政・租税の役割そのものである。この思考実験は，税制論議を模したものである。まず，「簡素・公平・中立」という課税の基本原則について指摘し，各方法がどのような租税に該当するかイメージさせたい。すなわち，方法①は人頭税，方法②は消費税，方法③は所得税を想定した負担方法である。

人頭税は，一人ひとりの個人の対等性を重視した，ある意味もっとも公平でシンプルな課税である。古代よりさまざまな国家で布かれ，とくにイスラーム王朝におけるジズヤはムスリム以外の人民に課せられた。当時のイスラーム王朝においては，<u>イスラームの宗教的寛容性</u>や多様性を認める象徴でもあった。他方，世帯構成員数が多いほど通常支出は多くなると考えられるため，逆進性がきわめて高い税制でもある。現代において人頭税が布かれている例はほとんど見られない。

消費税は，消費額を担税力と捉えて消費支出に課税する。同じ消費額を払っている人は，同じ便益を得ているはずである（負担と幸福を量的に比較できるという，量的功利主義の視点）。各人が得ている満足の度合いに応じて負担をしてもらうという点で，水平的公平を実現する課税方法といえよう。ただし，各世帯は所得の差ほどに消費額に差がつかないため，低所得世帯ほど家計に余裕がなくなり生活が苦しくなるという逆進性が生じやすい。

所得税は，所得額を担税力と捉えて所得に課税する。実際に行われている累進課税では，一定所得を超えると適用税率が上がっていくしくみとなっており，この点は税率表を用いて説明したい。<u>ロールズが格差原理で指摘した「もっとも不遇な人々」</u>にとって優しく，低所得層への再分配効果が高い点で，垂直的公平を実現する課税方法といえよう。その分，高所得世帯には不公平感が強く，その結果労働意欲が削がれやすい。また，景気の影響を受けやすく，徴税額が不安定になりがちな租税でもある。

ワークシート の設定でそれぞれの世帯の負担額を計算すると，もっとも低所得のA家は，方法①・②では家計が赤字になり生計が立てられない。だが，B〜D家についてもそれぞれ不公平感を感じる方法がある。また，金額だけで考えるのではなく，それぞれの世帯の家族構成から家庭の事情を想像させてみるのもよい。たとえばC家は幼少の子どもが3人であり，現段階では一人ひとりの食費等の支出は大きくないことが予想されるが，その中で大人と同額の金銭負担を子ども一人ひとりが強いられるのは不公平と考えられるかもしれない。このように，一通りのやり方では誰もが納得して課税を受け入れることができないことを実感的に理解させ，展開2 につなげる。

展開2

★負担方法のベストミックスを考えよう

ワークシート

> 問3　次の方法①〜③を組み合わせるとしたら，どのような組み合わせ方が公平だろうか。以下の空欄に数値を入れてみよう。また，そのように考えた理由を記述しよう。
>
> 方法①：各家庭が人数に応じて負担をすべきだ。1人につき，平等に年＿＿＿＿円集めればよい。
> 方法②：各家庭は自分たちでほしいものを買っているのだから，消費額に＿＿＿＿％上乗せをして徴収すればよい。
> 方法③：各家庭には所得格差があるのだから，その差に応じて，A家：＿＿＿＿円，B家：＿＿＿＿円，C家：＿＿＿＿円，D家：＿＿＿＿円を負担すればよい。
>
> 理由

解説 このワークについては，グループで知恵を出し合って考えさせるのが望ましい。メンバーそれぞれの多様な「公平」観を突き合わせ，生徒の視野を広げる機会にもなる。各グループが考えたベストミックスは，教室内で共有し，その理由についても発表させたい。

まとめ

発問 このように，税の組み合わせ方を考えることには，どのような意味があるのだろうか。

解説 学習を振り返らせながら，内容Aで学習した見方・考え方と関連付けながら，ワークの意義を指摘したい。

第一に，アリストテレスの調整的正義を体現する活動であることである。アリストテレスは，法を守るべきといったポリス社会で生きるための徳に関わる全体的正義に対し，現実生活の中で発揮すべき部分的正義の存在を指摘し，さらに部分的正義を，功績に応じて財産などを配分する配分的正義と各人の利害や得失をできるだけ均等にする調整的正義に分けた。個人や世帯の実情に応じて，具体的な負担額を調整する作業は，まさに調整的正義の実践として捉えられよう。

第二に，ルソーの一般意志の形成につながる活動であることである。ルソーは『人間不平等起源論』で，文明化によって社会に私有財産の不平等が生じていることを指摘した。そのうえで，人民が全員参加で合意し，社会全体の幸福をめざす一般意志に従うことを社会契約のあり方として提案した。グループワークを通じて一定の合意を得て出された結論は，それそのものが一般意志であるといえ，このことを指摘することで，政治的合意の意味についても理解を深めさせたい。

■学習内容のまとめと評価

・「課税の公平とは何か」という授業の問いに対しての答えを記述させる。その際，ロールズやアリストテレスなど，これまで学習した見方・考え方を活用することを指示する。ノートに書かせてもよいし，ワークシートに記入欄を設けることもできる。
・評価方法については，以下の３つのポイントについて，満たしているポイントの数に応じてS～Cをつける。思考・判断・表現，主体的に学習に取り組む態度のいずれにも評価を組み入れることが可能。
　□学んだ見方・考え方を，適切に用いているか
　□さまざまな視点から，多面的・多角的に考察できているか
　□自己や社会の課題に主体的に関わろうとする姿勢をもてているか

■発展的な授業例

　この事例は，租税の役割について考えることが中心となっている。指導事項は「財政及び租税の役割」であり，財政の役割と意義については別途授業をデザインする必要がある。ただし，財政の３つの役割のうち，「資源の適正配分」と「所得の再分配」については，この授業での学習事項を応用することも可能である。今回の思考実験における商店は，地方社会における公共財としての役割も担っており，ただの商業施設としては片づけきれない過疎地域の生活の要でもある。こうした施設の維持を考えることは，誰もが共生できる社会を視野に入れた資源配分のあり方を検討することにつながる。また，租税を徴収したあと，誰もが役立つような形で公共投資をするサービスを実現することは，それ自体が所得再分配効果をもっている。この授業のワークを通じて，財政のもつ役割そのものに気づかせることも，十分可能である。

〈参考資料〉
　・栗原一福「課税思想の潮流：公平と分配を巡る変遷」『税大ジャーナル』（2022.10），税務大学校
　・中谷常二編著『討議事例から考える「公共」の授業』清水書院，2021

（豊岡寛行）

財政及び租税の役割，少子高齢社会における社会保障の充実・安定化③

ライフプランから社会保障を考えよう

指導要領【公共】B-ア

ア（ウ）職業選択，雇用と労働問題，<u>財政及び租税の役割，少子高齢社会における社会保障の充実・安定化</u>，市場経済の機能と限界，金融の働き，経済のグローバル化と相互依存関係の深まり（国際社会における貧困や格差の問題を含む。）などに関わる現実社会の事柄や課題を基に，公正かつ自由な経済活動を行うことを通して資源の効率的な配分が図られること，市場経済システムを機能させたり国民福祉の向上に寄与したりする役割を政府などが担っていること及びより活発な経済活動と個人の尊重を共に成り立たせることが必要であることについて理解すること。

指導のねらい

①リスクヘッジの観点から，社会保障制度の意義や役割を理解させる。
②国際比較の観点から，日本の社会保障制度の特徴と現状を理解させる。
③公正な分配や税負担について触れ，持続可能な社会保障制度のあり方を考察させる。

学習内容・授業方法等の概説

・「財政及び租税の役割，少子高齢社会における社会保障の充実・安定化」については関連させて取り扱い，国際比較の観点から，我が国の財政の現状や少子高齢社会など，現代社会の特色を踏まえて財政の持続可能性と関連付けて扱うこと。（3　内容の取扱い（3）カ（カ））
・また，学習指導要領解説にはその具体的な方法として，「現実社会の諸課題に関わる具体的な主題を設定し，これを基に生徒の学習意欲を高める具体的な問いを立て，豊富な資料の中からその解決に必要となる情報を収集し，読み取り解釈した上で，解決に向けて考察したり構想したりする」とあり，本授業は社会保障に関係する主題を追究する学習活動を取り入れた。

内容Aで身に付けた考え方・基本原理

・功利主義思想：最大多数の最大幸福や帰結主義の考え方
・ロールズ，センの思想：正義の原理，無知のヴェール，潜在能力，人間の安全保障など
・自由主義，ノージックの思想：リベラリズム，所得の再分配，リバタリアニズムなど

	授業内容	備考
導入	過去及び未来の自分史を作成し，それと社会保障とのつながりを考察する。 (10分)	
展開	1．社会保障の役割とは何か，そして資料からわかる日本の社会保障給付の特徴やその増加の背景を考察する。 (15分) 2．社会保障給付と税負担の正当性や公正性といった視点をもとに，社会保障のあり方を検討する。 (15分)	・適宜，発問し考察させる。 ・身近なテーマで検討させる。
まとめ	気づいたことや考えたことをワークシートにまとめる。 (10分)	

授業展開 ◆ライフプランから社会保障を考えよう

導入

ワーク 「簡易版！ 過去と未来の自分史 ～考えてみようライフプラン～」をやってみよう。

どんなことがあった？ & どんなことをしたい？								
誕生！	幼少期	小学校	中学校	高校	大学	就職	老後	

これまでを振り返って書いてみよう　　これから先のことを考えて，やりたいことを書いてみよう

・生まれてからこれまでの自分史を振り返らせ，また将来のライフプランを簡単にイメージさせる。

　◆いつ自分が亡くなるかは「わからない」とする。

　◆例として「結婚」「出産」「住宅購入」「退職」などの大きなライフステージの変化には触れ，いつ，どんなことをしたいのかを，大まかに記入させる。

　（必ずしも，あるライフコースを推奨することにならないよう留意する）

発問 「これまで」の自分史の中で，社会保障と関わりの深いできごとは何だろうか？

　（解答例）自分や家族のケガ・病気への医療費　など

解説 医療費だけではなく誕生時の出産一時金や保育園，児童手当，そして新型コロナウイルスを含めた感染症対策などの保健所との関わりも社会保障に含まれることをおさえる。

発問 「これから」の自分史の中で起こりうる「リスク」にはどのようなものがあるだろうか？

　（解答例）収入減少，失業，病気や事故　など

解説 人生100年時代の「長寿」やケガ，病気は「いつでも」「誰にでも」起こりうるリスクであること，また自分自身だけではなく，親や配偶者，子どもといった家族にも起こりうることをおさえる。

（発問）それらのリスクに対して，どのように備えるべきだろうか。

（解答例）社会保険や公的サービス，民間の医療保険や失業保険，貯金　など

解説 自分自身で努力して備えることには限界があることや，リスクに備えることだけを追求してしまうとライフプランの実現が遠のいてしまう恐れがあることをおさえる。

◆「ライフプラン」の実現という「リターン」と「リスク」は常にトレードオフの関係にあることを理解させ，自分自身にとってどのようなバランスが適切なのかを考えさせたい。

展開1

板書事項

・社会保障制度…生活の安心や安定を支えるセーフティネット

　日本の社会保障：国の責務としての生存権の保障（憲法第25条）

　　　　　　　　　社会保険，公的扶助，公衆衛生，社会福祉

解説 社会保障制度は，日々の「安心」の確保や生活の「安定」を図るための制度である。日本の社会保障は，傷病・失業などのリスクや，老齢期の収入減少や介護といったリスクに対する保険制度である「社会保険」，生活保護をはじめとした生活困窮者への最低限の生活の保障を目的とした「公的扶助」，感染症対策や保健サービスといった「公衆衛生」，保育所や児童手当，障がいのある人々への手当てやサービスの「社会福祉」の4つの政策から構成される。

（発問）福祉と負担の度合いから考えると，日本の社会保障制度の位置づけは，どのような位置だろうか。

（解答例）低福祉，高負担　など

解説 福祉の度合いは「大きな政府」「小さな政府」も関連することをおさえておく。

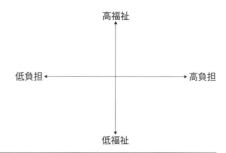

板書事項

・社会保障制度の国際比較

①北欧型…財源は租税中心，全国民に平等に給付する（北欧諸国など）

②大陸型…財源は保険料中心，所得に応じた保険料と給付額（ドイツ，フランスなど）

⇒日本はその中間くらいに位置する

解説 日本の社会保障は高福祉・高負担のスウェーデン，低福祉・低負担のアメリカとは異なり，その中間に位置づけられる。少子高齢化の進展にともない，さらなる財政支出が見込まれるが，国民負担のあり方が税負担中心になるのか，保険料中心になるのか，はたまた別の道をたどるのかが問われている。

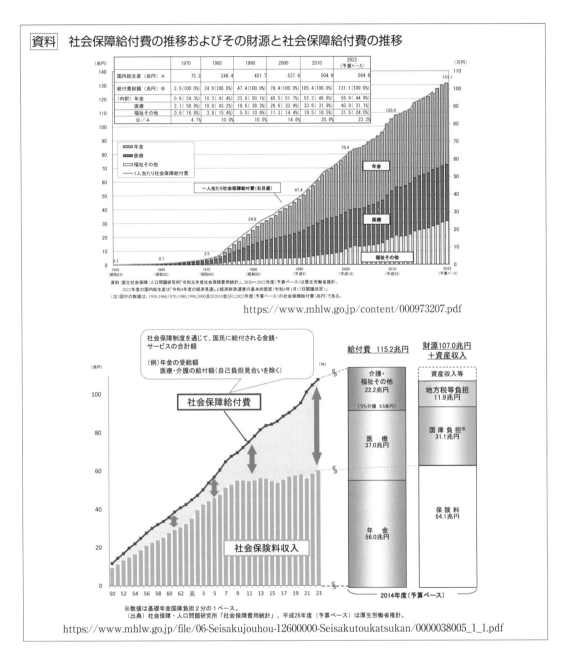

資料 社会保障給付費の推移およびその財源と社会保障給付費の推移

	1970	1980	1990	2000	2010	2022（予算ベース）
国内総生産（兆円）A	75.3	248.4	451.7	537.6	504.9	564.6
給付費総額（兆円）B	3.5(100.0%)	24.9(100.0%)	47.4(100.0%)	78.4(100.0%)	105.4(100.0%)	131.1(100.0%)
（内訳）年金	0.9(24.3%)	10.3(41.4%)	23.8(50.1%)	40.5(51.7%)	52.2(49.6%)	58.9(44.9%)
医療	2.1(58.9%)	10.8(43.2%)	18.6(39.3%)	26.6(33.9%)	33.6(31.9%)	40.8(31.1%)
福祉その他	0.6(16.8%)	3.8(15.4%)	5.0(10.6%)	11.3(14.4%)	19.5(18.5%)	31.5(24.0%)
B／A	4.7%	10.0%	10.5%	14.6%	20.9%	23.2%

資料 国立社会保障・人口問題研究所「令和元年度社会保障費用統計」、2020～2022年度（予算ベース）は厚生労働省推計。
2022年度の国内総生産は「令和4年度の経済見通しと経済財政運営の基本的態度（令和4年1月17日閣議決定）」
（注）図中の数値は、1950,1960,1970,1980,1990,2000及び2010並びに2022年度（予算ベース）の社会保障給付費（兆円）である。

https://www.mhlw.go.jp/content/000973207.pdf

※数値は基礎年金国庫負担2分の1ベース。
（出典）社会保障・人口問題研究所「社会保障費用統計」、平成26年度（予算ベース）は厚生労働省推計。

https://www.mhlw.go.jp/file/06-Seisakujouhou-12600000-Seisakutoukatsukan/0000038005_1_1.pdf

発問 この2つの資料からどのようなことがわかるか，考えてみよう。

（解答例）①日本の社会保障制度は年々増加しているが，社会保険料収入は横ばいで推移しているため，給付費と保険料収入との差額が拡大している。

②差額は国と地方自治体などの税金で賄われている。

解説 社会保障給付費の急増の背景には高齢化があり，今後もその傾向は進行するため社会保障給付費は増加し続けることが予想される一方で，少子化も同時に進行していることから，社会保険料収入も国や地方自治体の税収も減少していくため，国民の負担も増大していく。

◆国の歳入に対する公債発行額についても触れ，現在の社会保障給付の負担を将来世代に繰り越していることについてもおさえるとよい。

展開2

　対話的活動として，社会保障給付と税のあり方を検討するワークを取り入れる。検討の際の視点としては，①給付額や対象の正当性，②税負担額や対象の相当性，③納得して受け入れることができる公正性の3つの視点に関して，意見交換を行いながら，最終的な合意形成をめざす。

|テーマ|　誰にどうやって分ける？　〜考えてみよう税と社会保障〜

【場面設定①】　ある町の社会保障政策として，町全体で10万円配布することを決定した。あなたは今，その分配のあり方を決める会議に出席している。どのような分配ルールをつくれば，もっとも公正に分配できるだろうか。

|やり方①|

・4人1組のグループをつくり，架空の背景をもつ人物A〜Dの役割を振り分ける。

・それぞれの背景は伏せた（わからない）状態で，事前に分配ルールを話し合わせ，決める。
　（解答例）全員に2万5,000円ずつ，もっとも困っている人に全額，累進性を付ける　など

・各人物の背景を明示し，先に決めたルールに基づいて分配するとどうなるかを確認する。

> 人物A：高齢世帯。現在は退職して年金生活（月6万円）。医療費・生活費もかさみ，日々貯蓄を切り崩しながら，生活している。
>
> 人物B：現役勤労世帯①。夫婦共働きで年収は一般的水準。4人の子どもに恵まれるが，学費や高校3年生の長女の大学受験費用がかさみ，生活には困窮している。
>
> 人物C：現役勤労世帯②。フリーターで収入は低い。役者になる夢を追いかけて日々アルバイトをしているが，昨年ケガをしてしまって働けず，生活に困っている。
>
> 人物D：現役高校生。自身は働いていないが家計は苦しく，奨学金を借りて学校に通う。生活費や受験に向けた教材費が常に不足している。

・①給付額や対象の正当性や，③納得して受け入れることができる公正性の観点から，そのルールの妥当性を話し合う。
　◆実際の給付（公的年金や児童手当，医療費など）の額を目安として提示してもよい。

【場面設定②】　町全体で10万円配布を毎月実施することに決定した。年間で120万円配布する財源は，町内で集めることになった。どのような集め方がもっとも公正だろうか。

|やり方②|

・先ほどと同じ4人1組のグループで人物A〜Dの役割も同様。
　（解答例）各家庭30万円ずつ，勤労世帯が半分ずつ，累進性を付ける　など

・②税負担額や対象の相当性，③納得して受け入れることができる公正性の観点から意見交換を行い，集め方を決定する

【場面設定③】　20年後，ある町の少子高齢化も進み，人物B，Cは人物Aの状況に，人物Dは人物Cの状況に，人物Aは人物Dの状況に変化した。これまでつくってきた分配のルールや税負担のルールは，こうした状況でも妥当性があるだろうか。

やり方③

・先ほどと同じ4人1組のグループ。役割は変更になったので，【場面設定①】，【場面設定②】でつくってきたルールを新たな立場で見直してみる。

・少子高齢化が進展したとしても「持続可能な」社会保障のあり方になっているかを検討する。

◆話し合うことが目的ではなく，「持続可能」かどうかを判断するうえでの見方・考え方を涵養することが目的となる（税負担のあり方は公正か，収入による格差や世代間格差のない使い道になっているか　など）。

まとめ

「持続可能な」社会保障の構築にはどのようなことが必要か，そして自らのライフプランを実現していくうえでどのようにリスクへと備えるか，その他，ワークを通じて気づいたことや考えたことをワークシートにまとめさせる。

解説 社会保険料給付と保険料負担の世代間格差が問題視されているが，下に示した厚生労働省の資料のように，自身のライフサイクルは社会保障給付を「多く受ける時期」と「主に負担をする時期」とに分かれていることに気づかせたい。そのうえで，共働き世帯の増加や働き方の変化を踏まえたうえで，今後の社会保障のあり方を捉えていく必要がある。近年では，確定拠出年金やiDeCoといった自身で積み立てる形の年金（自助）や，地域社会で担う介護のあり方（共助）なども提唱されていることをおさえてもよい。

資料 ライフサイクルでみた社会保険及び保育・教育等サービスの給付と負担のイメージ

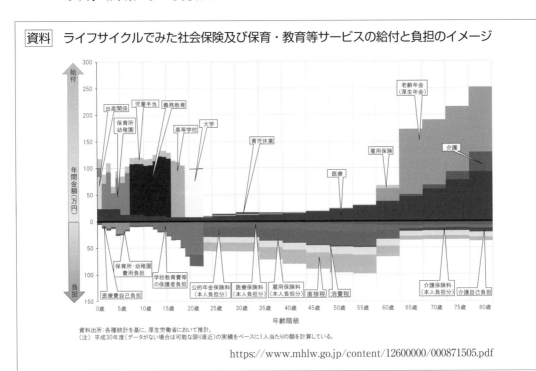

資料出所：各種統計を基に，厚生労働省において推計。
（注）平成30年度（データがない場合は可能な限り直近）の実績をベースに1人当たりの額を計算している。

https://www.mhlw.go.jp/content/12600000/000871505.pdf

■学習内容のまとめと評価

・論述テーマ

社会保障の役割と日本の現状および持続可能な社会保障のあり方について，以下のキーワードを用いてまとめなさい。

【キーワード：セーフティネット　少子高齢化　国民負担　公平性　世代間格差】

> （例）
> 社会保障は，生活の安心や安定を支えるセーフティネットの役割をはたすが，現在日本では少子高齢化の進展にともない，社会保障給付費の増加や社会保険料収入の減少が生じ，国民負担が増大している。また給付の受益と負担の間には世代間格差が生じており，持続可能な社会保障を実現するためには，受益と負担のあり方の公平性を再考することに加え，労働力人口の増加に向けた環境整備や少子化対策，小さなリスクに対する自助での備えなどが必要である。

・評価方法（ルーブリックも可）

A（5点）	B（4点）	C（2点）	D（0点）
与えられたキーワードのほかにも，論述をまとめる際に必要な語句を適切に補足し，まとめている。	すべてのキーワードを適切に用いて，法の意義と役割，評価する視点についてまとめている。	キーワードの使い方に一部誤りがある。または，無関係な事項を混入してまとめている。	白紙，またはすべてのキーワードを誤って使用している。

■他の授業例／発展的な授業例

・多様な学校での実施を踏まえ，身近な話題を出発点にしているが，実際の政策や生徒の関心が高い現実社会の諸問題をテーマに検討させてもよい。

　例：出産一時金や児童手当の給付増額と増税，国民年金の負担増加と給付減少　など

・内容Aで触れた，ロールズの「無知のヴェール」や「正義の原理」，センの「潜在能力」といった概念をおさらいし，ワークの中で活用してもよい（無知のヴェールに覆われた状態においては誰もが正義の原理に同意するのか，所得の再分配だけでなく潜在能力の向上に重きを置くにはどのような分配が正しいのか）。

・リベラリズムやリバタリアニズムの思想を比較したうえで，社会保障のあり方におけるそれぞれの考え方の良し悪しを考察してもよい。

・高校生は自身が将来ケガや病気で働けなくなることや親の介護を担うことを具体的にイメージしにくいため，統計的なデータ（何人に1人など）や費用面のクイズを出すなどしてもよい。

〈参考資料〉

　・厚生労働省「社会保障教育」

　https://www.mhlw.go.jp/stf/seisakunitsuite/bunya/hokabunya/shakaihoshou/kyouiku/index.html

（外側淳久）

市場経済の機能と限界

人々が自由な経済活動のできる市場経済メカニズム。だが，本当に任せておいてよいのか
―市場には成功も失敗もある―

ア（ウ）職業選択，雇用と労働問題，財政及び租税の役割，少子高齢社会における社会保障の充実・安定化，市場経済の機能と限界，金融の働き，経済のグローバル化と相互依存関係の深まり（国際社会における貧困や格差の問題を含む。）などに関わる現実社会の事柄や課題を基に，公正かつ自由な経済活動を行うことを通して資源の効率的な配分が図られること，市場経済システムを機能させたり国民福祉の向上に寄与したりする役割を政府などが担っていること及びより活発な経済活動と個人の尊重を共に成り立たせることが必要であることについて理解すること。

指導のねらい

①市場経済の機能を先哲の思想にも触れながら，生徒の身近な事例を用いて理解する。

②市場の失敗について，思考実験も試みながら，生徒の身近な事例を用いて理解する。

③市場の失敗の解決法について，生徒の身近な事例を用いながら構想し，検証も試みる。

学習内容・授業方法等の概説

・学習指導要領の内容Bのア（ウ）の通り，「市場経済の機能と限界」を取り扱い，2時間扱いとする。

・第一には市場経済の機能を理解させる。アダム・スミスの古典派経済学的均衡論とベンサムの功利主義論を，先哲の言葉にも触れつつ，数式に弱い生徒にも理解できるような，生徒に身近な事例を選びながら展開する。第二には独占・寡占とプライスリーダーシップなど市場の失敗について生徒の身近な事例から理解させる。学習指導要領の内容Aの（2）イ（ア）で示された「共有地の悲劇」等の思考実験に触れる。さらに，この解決策について構想させ，効果・妥当性も検証させる。

内容Aで身に付けた考え方・基本原理

・学習指導要領の内容Bのアで示されたアダム・スミスの古典派経済学及び，内容Aの（2）イ（ア）で示されている幸福論（ベンサムの最大多数の最大幸福論），マルクスの社会主義，ケインズの修正資本主義を基礎にして経済活動を捉えると，市場の原理および市場の失敗の理解に役立てることができる。（参考資料 → p.177）

学習指導案

〈1時間目〉

		授業内容	備考
導入		農作物価格とネットオークションから見る市場機構 1．月別の農作物価格から見る需要と供給 2．同一商品の「状態違い」によるオークション落札価格の差　（10分）	・需要供給曲線メカニズムと連動させる。
展開		「見えざる手」に導かれた市場メカニズム 1．アダム・スミス『国富論』の原典文章から，市場機構との関係を考える。 2．ベンサム功利主義『道徳および立法の諸原理序説』の原典文章から，市場機構との関係を考える。　（10分） 市場は失敗してしまうことがある。 1．思考実験「共有地の悲劇」からわかること。 2．マルクス『資本論』の原典文章から，労働力にも価値があること，資本家倒産の場合のリスクを考える。　（20分）	・別項目で国富論や功利主義，共有地の悲劇，社会主義を扱った場合には復習の形とする。 ・ ワークシート 利用
まとめ		「資本主義の問題点」を考えよう。 ・自由放任主義の古典的資本主義で生じた問題をまとめる。 ・恐慌・インフレーションの発生，失業・貧困と格差の発生を「市場の失敗」の論理から理解する。　（10分）	・地理歴史科歴史総合，世界史探究での取り扱いとの連携も図る。

〈2時間目〉

		授業内容	備考
導入		資本主義の課題解決のための二つの方向性 1．マルクス『資本論』の原典文章から，社会主義による生産手段国有化による計画経済体制への方向性を理解する。 2．ケインズ『雇用，利子および貨幣の一般理論』の原典文章から，修正資本主義による有効需要論と政府介入による大きな政府論を用いる混合経済体制への方向性を理解する。　（10分）	・用語などにこだわらず，あくまでも市場の失敗の理解補助のための概要紹介にとどめる。
展開		課題解決したはずの資本主義経済体制の実際 1．社会共産主義 対 自由資本主義（修正資本主義）という東西冷戦構造 2．社会共産主義経済体制の崩壊と新自由主義体制　（15分） 市場は失敗してしまうことがある。 －その2－　牛丼チェーンから見る寡占の実態と管理価格 （15分）	・概要紹介にとどめる。 ・疑問をいだく生徒がいた場合，少し詳述してもよい。 ・ ワークシート 利用 ・独占・寡占事例検索のために1人1台端末利用も検討。
まとめ		古典的資本主義に対する課題解決を図ったはずなのに，今なおなぜ「市場の失敗」が生じるのだろう。 ・外部不経済，公共財供給，情報の不完全性　（10分）	・情報の不完全性を最後に置き，次時につなげる。

〈3時間目〉

	授業内容	備考
導入	情報の不完全性による「市場の失敗」とは 1．長大編成の列車（自由席）の車両による混雑率の差異。 2．なぜ車両によって混雑率は異なるのか。　　　　　　（10分）	・実践校の通学列車を撮影しておく。
展開	「市場の失敗」解決のために 1．列車の車両別混雑率の緩和とパレート最適 2．スポーツ観戦チケットをめぐる問題とダイナミックプライシングを用いた解決策 3．ダイナミックプライシングをどう考えるか 　・ダイナミックプライシングと古典派経済学的均衡理論 　・ダイナミックプライシングははたして妥当な解決策か　（30分）	・情報の不完全性との関連で分析。 ・ダイナミックプライシングの利点だけでなく欠点も検討する。
まとめ	経済思想の流れと政府の役割の変化 1．リバタリアニズムとレッセ・フェール 2．自由主義経済の限界としての「市場の失敗」 3．新古典派経済学とマルクス社会・共産主義経済学 4．ケインズ修正資本主義による混合経済学 5．「政府介入の失敗」と新自由主義経済学 　　　　　　　　　　　　　　　　　　　　　　　　　（10分）	・教科書によって記述に差があるが，大きな流れをつかむ。学習指導要領の内容C「持続可能な社会づくりの主体となる私たち」につなげる。

授業展開　◆人々が自由な経済活動のできる市場経済メカニズム。だが，本当に任せておいてよいのか　―市場には成功も失敗もある―

〈1時間目〉

導入

（発問）農作物のある年における「月別市場入荷量」「月別卸売価格」のデータを見て，相関性を分析しましょう。【知識・技能】

（解説）農作物の卸売市場への入荷量と卸売価格のデータを並べて比較させる。データは，独立行政法人農畜産業振興機構（alic）のサイト等で入手できる。入荷量が低い月には卸売価格が高騰し，入荷量の多い月は逆となる。データによっては豊作年と不作年を比較できる場合もある。それを，どの教科書にも掲載されている需要供給曲線にあてはめて理解させる。

（発問）次のネットオークション落札結果を見て，同一商品なのに落札価格になぜ大きな差ができたのかを分析しましょう。【思考・判断・表現】

（解説）同一商品でも落札価格が変動する事例を，あらかじめ調べておき，提示する。オークションサイトでは傷，色落ちなどの情報が入っているため，その条件に気づかせる。

なお世界情勢・国内市況など，需給タイミングによる差異も当然あり得ることも言及する。

展開

発問 p.177の **資料** の文章は，英国の経済学者アダム・スミス『国富論』の一節です。この文章と，教科書の需要供給曲線との関係について分析してみましょう。【思考・判断・表現】

発問 p.177の **資料** の文章は，英国の経済学者ベンサム『道徳および立法の諸原理序説』の一節です。この文章と，教科書の需要供給曲線との関係について分析してみましょう。【思考・判断・表現】

解説 内容Aで学んだ「公正・義務論」と「幸福論」の対比関係を復習しながら，「他者の身体や正当に所有された私有財産を侵害しない限り，各人が望む幸福追求の行動は基本的に自由」だとする自由主義経済・リバタリアニズムの考え方を解説する。

発問 市場で自由な取引が行われる自由主義経済の中で，ベンサムのいう幸福追求をしていくと，社会全体の成員の利益が増えるはずです。これは本当でしょうか。【思考・判断・表現】

解説 いわゆる「共有地の悲劇」の思考実験を行う。1人だけが自分のことだけ考えて行動すると，かえって社会全体の利益が減ってしまうという「市場の失敗」を実感させる。
　すでに学習指導要領の内容Aで取り上げた場合は，復習という形で自由主義市場構造論につなげる。

ワークシート

　ある集落には共同で使用する牧場があり，5名の牧場主がいます。牧場主はそれぞれ10頭ずつの家畜を飼っており，牧場内には50頭の家畜がいます。ここには1頭当たり100万円で売れる程度太らせることができる量の牧草があります。頭数を増やすと牧草量が変わらないため家畜を太らせられなくなり，1頭増やすと1頭当たりの価値は95万円に下がり，2頭増やすと1頭当たりの価値は90万円となります。

　5名のうちAさんは，1頭当たりの価値が下がっても自分の飼育頭数を増やしたら利益が出せるのではないかと考えました。表を埋めてみましょう。【知識・技能】

　Aさんの考えは集落全体に何をもたらすでしょう。【思考・判断・表現】

Aさんの飼育頭数	家畜1頭当たりの価値	Aさんの家畜価値の総額	集落全体の飼育頭数	集落全体の家畜価値の総額
10頭	100万円	1,000万円	50頭	5,000万円
11頭	95万円		51頭	
12頭	90万円		52頭	

●Aさんの考えが集落全体にもたらすもの

（発問）p.177の 資料 の文章は，ドイツから英国に移った経済学者マルクス『資本論』の一節です。この文章から，マルクス以前には使用価値としてスポットライトが当てられていなかったものについて言及していることがわかります。それは何でしょう。また，どんな問題があったのか文章から読み取りましょう。【思考・判断・表現】

（解説）マルクスが新たに注目したのは，労働力である。労働の対価は事後に払われることになるため，この文章では資本家が倒産したときに対価が支払われないリスクを指摘している。

余裕があれば，資本家による労働力の搾取，階級闘争などの弊害なども紹介したい。

まとめ

（発問）「資本主義の問題点」にはどのようなものがあるでしょうか。またそれらは，なぜ生じるのでしょう。教科書の記述をまとめましょう。【知識・技能】

（解説）教科書にもよるが，自由放任主義の古典的資本主義で生じた問題をまとめる。

恐慌・インフレーションの発生，失業・貧困と格差の発生について，メカニズムすべてを詳述するのではなく，あくまでも「市場の失敗」の論理から理解させることが必要である。

〈2時間目〉

導入

（発問）「生産手段の共同占有にもとづいて再建する」という言葉は，マルクス『資本論』の一節です。彼は古典的資本主義の課題の解決のために，こう発言しました。どのような経済体制をとれば解決できると考えたか，インターネット検索してみましょう。【思考・判断・表現】

（解説）古典的資本主義が完全な自由放任での自由競争主義で失敗したがゆえに，政府がすべて指導する方向に進んだことを調べさせる。生産手段の国有化と計画経済の導入について教科書によっては触れられていないため，インターネット検索をさせる。

（発問）p.177の 資料 の文章は，英国の経済学者ケインズ『雇用，利子および貨幣の一般理論』の一節です。第一に，この文章内の「有効需要」とは何か，インターネット検索してみましょう。第二に，政府が「国内政策によって完全雇用を達成する」ことによる効果について，インターネット検索してみましょう。【思考・判断・表現】

（解説）修正資本主義による有効需要論と政府介入による大きな政府論を用いる混合経済体制への方向性を理解させる。単純な空欄を与えると詳しく調べてしまうため，空欄を使ったワークシートを与えるなど，あくまでも理論の概要の理解にとどめる。

展開

（発問）古典的資本主義の課題解決のための2つの方向性である社会共産主義と自由資本主義（修正資本主義）は対立することになりました。とくに第二次世界大戦後の対立構造について，インターネット検索して調べてみましょう。

解説▶東西冷戦構造について調べさせる。できればワークシートを用意して，経済体制の差異と国家群などに限定した記述要求にとどめたいところ。地理歴史科との連携によっては省略も可能になる部分である。

発問▶社会共産主義経済体制は崩壊しました。その契機となった 1989 年の事件と崩壊の原因，およびその後の経済体制をインターネット検索してみましょう。

解説▶東西冷戦構造の崩壊の端緒となった 1989 年のベルリンの壁の崩壊について問う。教育現場においては高校生に「なぜ，社会共産主義は駄目になったのですか」と尋ねられることが多い。そのような傾向をもつ高校であれば，社会共産主義の利点でもあったはずの老若男女完全平等と相互扶助が逆に仇となって，労働者のやる気を削ぎ，計画ノルマ達成ができなくなっていったことを紹介してもよい。また，教科書によっては新自由主義体制について掲載されているので，軽く言及するのもよいと思われる。

発問▶牛丼チェーンは寡占の代表例といわれます。プライスリーダーシップ，管理価格，非価格競争などは見られるでしょうか。インターネット検索してみましょう。【知識・技能】

解説▶独占・寡占の実践例は多く，コンビニエンスストアチェーンや飲料（清涼飲料水・ビール）等が多く取り上げられてきた。だが前者はプライスリーダー（メーカー）などが捉えにくく，後者はベンディング業者（複数メーカー商品を販売）の存在や第二・第三のビールの存在など多様性による価格分析の困難性がある。一方，牛丼であれば価格比較も容易であり，店舗数という単純比較もしやすい。データベースコンテンツ会社による分析をはじめ，数々のサイトによってデータを得ることができる。

参考：日本ソフト販売株式会社ホームページ「【2022 年版】牛丼チェーンの店舗数ランキング」

(https://www.nipponsoft.co.jp/blog/analysis/chain-gyudon2022/#03)

ワークシート

インターネット検索をして，表を埋めていこう。【知識・技能】

チェーン名	牛丼並盛 税込価格	最新年 店舗数	2022 年 店舗数	2021 年 店舗数	2017 年 店舗数	非価格競争の内容 （チェーンの特徴）
	円	店	1,942 店	1,937 店	1,964 店	
	円	店	1,189 店	1,181 店	1,156 店	
	円	店	986 店	956 店	944 店	
	円	店	461 店	464 店	464 店	

まとめ

発問▶「市場の失敗」はなぜ生じるのでしょう。教科書の記述をまとめましょう。【知識・技能】

解説▶教科書にもよるが，外部性・公共財供給・情報の不完全（非対称）性などが取り上げられていることがほとんどである。これらを簡潔に解説する。ただし，次時につなげるために「情報の不完全性」を最後に置くようにしたい。

〈3時間目〉

導入

(発問) 次の画像（動画）は，本校の最寄駅での列車の車両の混雑の様子を示したものです。車両によって混雑率には差があります。なぜ差が生じるのでしょうか。【思考・判断・表現】

(解説) 実践校が列車通学校でない場合，あるいは列車が1両編成である場合は，任意の長い両編成を持つ列車（全車両自由席であることが望ましい）の画像（動画）を利用する。大都市部近郊列車の場合，多くは「ホーム上の階段・エスカレーターまたは出口の所在位置」に集中することに気づかせる。グリーン車や女性優先車両などがあれば，言及してもよい。

なお一部地域で見られる，有料着席シート付き列車があれば，その経済的分析を行うことも可能である。

展開

(発問) 車両による混雑率の差を解消するためにはどうしたらよいでしょうか。前時の「市場の失敗」の原因をヒントにして考えてみましょう。【思考・判断・表現】

(解説) 「情報の不完全性」つまり車両ごとの混雑率に差があることの情報が利用者に行き渡っていないことを指摘する。時間帯によっては，うまく振り分けられれば全員が着席することも可能になることを確認する。現在，車両自体に重量計測できるものがあったり，外部から撮影してAI分析できるようになっていることを適宜インターネット検索させながら理解させ，情報アナウンスによる「パレート最適」の実現が可能であることを示す。

(発問) スポーツ観戦チケットをめぐっては「市場の失敗」の現象が見られると指摘されます。どんなことが見られるのか，インターネット検索してみましょう。【知識・技能】

(解説) 2つの側面がある。人気カードやトーナメント準決勝や決勝などは「プラチナチケット」となり，不正転売などの「市場の失敗」が生じる。一方で，不人気カードやトーナメントで順位決定後のいわゆる「消化試合」ではチケットが売れない「市場の失敗」が生じる。

(資料) 特定興行入場券の不正転売の禁止等による興行入場券の適正な流通の確保に関する法律

第三条　何人も，特定興行入場券の不正転売をしてはならない。

第四条　何人も，特定興行入場券の不正転売を目的として，特定興行入場券を譲り受けてはならない。

第九条　第三条又は第四条の規定に違反した者は，一年以下の懲役若しくは百万円以下の罰金に処し，又はこれを併科する。

(発問) スポーツ観戦チケットをめぐる「市場の失敗」の解決策として注目されているのが「ダイナミックプライシング（変動料金制）」です。人工知能AI等を使って観客の動向を調べ，料金を変動させていこうとするものです。日本ではどんなスポーツで，具体的にどのように行われているのか，インターネット検索してみましょう。【知識・技能】

(解説) すでに1980年代には航空や宿泊などの旅行業界で導入され，スポーツ業界では2009年に米

国のメジャーリーグ（サンフランシスコ・ジャイアンツ）で導入されはじめたとされる。日本では 2018 年にプロ野球と J リーグで導入された。

発問 「ダイナミックプライシング」の効果について，需要供給曲線との関係にも触れながら，考えてみましょう。

解説 人気カードでは高額にして不正転売を防ぎ，不人気カードでは安価にして少しでも席を埋めることを企図している。これはまさに需給関係によって均衡価格が決定するメカニズムと同様な構造である。2018 年に不正転売禁止法が制定されたこととも相まって，スタジアム前でのチケット不正売買行為は激減した。「ダイナミックプライシング」の実態についてはプロ野球・J リーグ球団のホームページで検索可能である。それほど関心のなかった人々を安価なチケットで誘導し，新たなファンとして取り込む効果も期待されている。

発問 「ダイナミックプライシング」ははたして妥当な解決策といえるのでしょうか。この効果の限界とスポーツ応援をめぐる問題点について，考えてみましょう。【思考・判断・表現】

解説 第一の問題はネットオークションなどで不正転売が続く可能性を否定できない点。前時の導入時にネットオークションを取り扱っており，そこからも想起させたい。第二は「ダイナミックプライシング」自体が市場経済メカニズムと同じことを行っているに過ぎず，結局は新たな「市場の失敗」をくり返すだけかもしれないという点である。第三はファンクラブに入っているような熱心な応援者がこのシステムをどう感じるかという点。ファンクラブ特典優遇価格等との差が縮小することによる不満の発生などが考えられる。

まとめ

発問 経済思想の流れと政府の役割の変化について，教科書または資料集の記述をまとめましょう。【知識・技能】

解説 本指導案は「市場経済を生徒の身近な事例から理解させる」ことに主眼を置いたため，国（政府）の市場にはたす役割が時代によって変化する点に関しては，教科書記述などで押さえておく。第一にリバタリアニズムとレッセ・フェール，第二に自由主義経済の限界としての「市場の失敗」，第三に新古典派経済学とマルクス社会・共産主義経済学，第四にケインズ修正資本主義による混合経済学，第五に「政府介入の失敗」と新自由主義経済学の各段階における国（政府）の市場にはたすべき役割が変化してきたことを理解させたい。これによって，学習指導要領の内容C「持続可能な社会づくりの主体となる私たち」の学習につなげたい。

■**発展的な授業例**

資料

...he intends only his own security; and by directing that industry in such a manner as its produce may be of the greatest value, he intends only his own gain; and he is in this, as in many other cases, led by an <u>invisible hand</u> to promote an end which was no part of his intention.

『国富論』第4編「経済学の諸体系について」第2章

※下線は引用者による

解説 すでにアダム・スミスを別の項目で扱っている場合は，上記の原文を示して「神の見えざる手」と言われるものの『国富論』内では of God という表記はなく，別の書籍で記している（『天文学史』の文中において「神〈ジュピター〉の見えざる手〈invisible hand of Jupiter〉」の語を使用）ということに触れたり，『国富論』の発刊年（1776年）を調べさせたうえで「英国経済がどのような状況であったから，このような記述がなされたのか」を問うたりする設問にかえてもよい。

■**レポート・小論文課題例【主体的な態度】**

①外部性が「市場の失敗」をもたらすことを学んだが，市場にプラスの効果をもたらす事例があることが報告されている。その事例を調べてみよう。

②国や地方公共団体が公共財を用意することは当然，市場にプラスの効果を与えるはずであるが，公共財の存在が逆に「市場の失敗」を生むことも報告されている。事例を調べよう。

③人々が自由な経済活動のできる市場経済メカニズム。だが，本当に任せておいてよいのだろうか。内容Aで学んだ「公正・義務論」と「幸福論」を用いて分析しよう。

（坂口克彦）

資料

- アダム・スミス「国富論」より

「生産物が最大の価値をもつように産業を運営するのは，自分自身の所得のためなのである。だがこうすることによって，彼は他の多くの場合と同じく，この場合にも，見えざる手に導かれて，自らは意図してもいなかった一目的を促進することになる。」

アダム・スミス著，玉野井芳郎他訳「国富論」『世界の名著31』中央公論社，1968

- ベンサム「道徳および立法の諸原理序説」より

「功利性の原理ということばは，もっと明瞭で有益な言い方をすれば，前に述べたように，最大幸福の原理と呼ぶことのできるものをさす名称として，他の人々によっても，私によっても使用された。」

「社会の利益ということばが意味を持つのは，次のような場合である。社会とは，いわばその成員を構成すると考えられる個々の人々から形成される，擬制的な団体である。それでは，社会の利益とはなんであろうか。それは社会を構成している個々の成員の利益の総計にほかならない。」

ベンサム著，山下重一訳「道徳および立法の諸原理序説」『世界の名著38』中央公論社，1967

- カール・マルクス「資本論」より

「労働力というこの特殊な商品の独特な特徴として，売り手と買い手のあいだで契約が結ばれても，その商品の使用価値が実際に買い手のもとには移行しないことがあげられる。」

「その使用価値は，後でその力が行使されたときになって初めて存在するようになる。」

「労働者はどこでも，自分の労働力の使用価値を資本家たちに前貸ししているのである。」

「生産手段の共同占有にもとづいて再建する。」

カール・マルクス著，中山元訳『資本論　第1巻Ⅰ』日経BP社，2011

- ケインズ「雇用，利子および貨幣の一般理論」より

「有効需要が不足している時には，実質賃金が現代水準より低くても働く意思をもつ失業者がいるという意味で，労働の過少雇用が存在する。」

「有効需要が増大するにつれて，たとえ実質賃金が現行水準に等しいかあるいはそれ以下であっても雇用は増加し，（略）余剰労働は全く存在しなくなる。」

「十九世紀後半を風靡していた国内における自由放任と国際間の金本位制という体制の下では，国内の経済的困難を緩和するために政府にできることといえば，市場獲得競争以外には何もなかった。」

「もし国々がみずからの国内政策によって完全雇用を達成するすべを学ぶことができるなら，（略）一国の利害を近隣諸国の利害と擦り合わせることさらの経済諸力はなんら必要とされない。」

ケインズ著，間宮陽介訳『雇用，利子および貨幣の一般理論』岩波文庫，2012

金融の働き①

やってみよう
株式投資シミュレーション！

指導要領【公共】B-ア

ア（ウ）職業選択，雇用と労働問題，財政及び租税の役割，少子高齢社会における社会保障の充実・安定化，市場経済の機能と限界，金融の働き，経済のグローバル化と相互依存関係の深まり（国際社会における貧困や格差の問題を含む。）などに関わる現実社会の事柄や課題を基に，公正かつ自由な経済活動を行うことを通して資源の効率的な配分が図られること，市場経済システムを機能させたり国民福祉の向上に寄与したりする役割を政府などが担っていること及びより活発な経済活動と個人の尊重を共に成り立たせることが必要であることについて理解すること。

ア（エ）現実社会の諸課題に関わる諸資料から，自立した主体として活動するために必要な情報を適切かつ効果的に収集し，読み取り，まとめる技能を身に付けること。

指導のねらい

①金利の計算ができる。

②株式投資シミュレーションを通して，貯蓄と投資それぞれのメリットとデメリットを理解し，将来の資産の形成を考える。

学習内容・授業方法等の概説

・政府が「貯蓄から投資へ」の政策を掲げ，金融庁が国家戦力として金融経済教育を位置付けるよう求める中，新学習指導要領でも金融の分野の記述が新しくなっている。株式投資はともすれば投資のテクニック，マネーゲーム，ギャンブルを想起させるため，教材として好ましく思われないこともある。本時の授業で株式投資シミュレーションを行う際には，第一に株価の動きの背後にある経済的な影響を推測・理解すること，第二にパーソナル・ファイナンスの視点で将来を通して自分の所得を管理する力を育むという2点を意図している。また，不正な取引に関わる行為を防ぐ力，すなわち経済行動における倫理的な力を育むことにも配慮して授業を行いたい。

内容Aで身に付けた考え方・基本原理

・選択・判断の手がかりとして，行為の結果である個人や社会全体の幸福を重視する考え方，行為の動機である公正などの義務を重視する考え方。

・各人の意見や利害を公平・公正に調整すること。

学習指導案

	授業内容	備考
導入	○本時の目標の確認 ・近年の社会的な変化によって，投資へのニーズが高まっていることに気づく。　　　　　　　　　　　　　　　　　　　（5分）	・金利の低下，年金制度への不安など。
展開1	○金利の理解・演習 ・ワークシート1 の問題1と2に取り組み，金利のしくみを理解する。 ・スマートフォンの電卓機能を利用してもよい。　　　　　　（10分）	
展開2	○「株式投資シミュレーション」を行い，株価の動きの背景を探る。 ・手順を聞いてルールを理解し，グループワークの準備をする。 〔個人で取り組むこと〕ワークシート2 ・2018年11月の株価を見て，どの投資先を選択するか，何を根拠にして会社の業績を予想できるかを考える。 〔チームで取り組むこと〕ワークシート3 ・経済状況を推測して，価格が上がる株と下がる株を話し合って予想する。 ・投資先をグループで3つに絞り，プリントと黒板に記入する。 ・実際の結果（2022年9月）を発表し，損益を記録する。　　（25分）	・積極的に意見を出し合えている班とそうでない班に分かれることがある。そうでない班を中心に助言を行う。
まとめ	○貯蓄と投資を比較して，それぞれのメリットとデメリットを考える。 ・ワークシート4 に取り組み，考えを記入する。 ・ESG投資の視点や投資信託会社の役割を知る。　　　　　　（10分）	

授業展開 ◆やってみよう　株式投資シミュレーション！

導入

　導入部では，近年，将来を見通した資産の形成の必要性が高まっていることを解説し，本時の学習を動機づける。

（発問）高校生のうちに将来を見通して資産の形成を考える必要があるといわれますが，なぜだと思いますか？

資料

貯金につく金利の低下

定期預金（1年間）
6.08%（1990年）
↓
0.002%（2023年）

現在のインフレ

消費者物価指数
前年同月比　4.0%上昇
（2022年12月分）

少子高齢化にともなう年金制度への不安

高齢化率
12.1%（1990年）
↓
31.2%（2030年）

自分で将来を見通して
自分で自分のお金を
管理する必要がある！

解説 p.179 の **資料** のように，貯金といえば銀行，将来に必要なお金は会社の年金制度であった
が，①貯金につく金利が低下していること，②少子高齢化にともなって年金制度へ不安が生
じていること，③インフレによる貯蓄の目減りの３点を個人で資産の形成をする必要性とし
て挙げ，将来を見通して自分のお金を管理する意義を生徒に認識させる。

それぞれの数値の根拠は以下の通り。

・1990 年の金利については「日本銀行統計　定期預金の預入期間別平均金利」より，定期
　預金で１年間預けた場合の平均金利（1990 年 9 月から 1991 年 7 月）を引用。
　(https://www.boj.or.jp/statistics/outline/note/notest2.htm#drate)

・2023 年の金利はある市中銀行の 2023 年 7 月時点の定期預金（１年間預けた場合）の金利
　を引用（著者調べ）。

・高齢化率については内閣府調査「高齢化の推移と将来推計」より引用。
　(https://www8.cao.go.jp/kourei/whitepaper/w-2020/html/zenbun/s1_1_1.html)

・消費者物価指数は総務省の令和 5 年 1 月の報道資料より引用。
　(https://www.stat.go.jp/data/cpi/sokuhou/nen/pdf/zen-n.pdf)

展開1

　導入部で「金利」というワードを出したことにつなげて，生徒に金利の問題を出題する。解くに
あたってはスマートフォンの電卓機能を用いて％の計算ができることを説明するとよい。

※ **ワークシート1** （p.185）参照

発問 次の問題に取り組んでみましょう。

問 1
・100,000 × 0.05…？
・スマホで計算する場合
100,000 × 0.05 のあと，「％」を入力して
「＝」を入力
・1 ％は× 0.01，0.05％は× 0.0005！！
A.　　　　　円

問 2
・100 万円の 1 ％は，
1,000,000 × 0.01 ＝　　　　　円
・2 年目も同様の金額が課されるとして…
返済額は全部で　　　　　円
・24 か月で割ると…
A.　　　　　円

解説 問１は自分が銀行にお金を預けたときに得られる金利，問２は自分が銀行からお金を借りた
ときに支払わなくてはならない金利という区別に触れる。問１では 100,000 × 0.05 ＝ 1,000
（円）と誤答する生徒もいるので，間違いは訂正して指導する。

　　問１…解答は 100,000 × 0.0005 ＝ 50（円）である。スマートフォンの電卓機能では「％」
　　　　機能で解答が出せる（100,000 × 0.05 の入力のあと「％」を押して「＝」を押す）。
　　　　また実際に存在する銀行の金利にも触れ，お金を預けたときに利息分がさほど見込ま
　　　　れないことを認識させるとよい。

問2…100万円の1％は1万円なので2年間だと102万円を返済することになる。

月々の返済額は，102万円÷24（か月）＝ 42,500（円）となる。

実際の金利には単利計算と複利計算があるが，計算を単純化するためここでは触れない。

展開2

展開1 で貯蓄につく金利が低いことを学んだことにつなげて，貯蓄以外にもお金を管理する方法として投資があることを学ぶ。授業の最後で貯蓄と投資の違いとそれぞれのメリット，デメリットをまとめることを目的として，株式投資を模擬的に体験する。ここでは2018年11月のある時点の11銘柄の株価と，2022年9月のある時点の株価を比較して損益を求める活動とした。

※ ワークシート2 （p.185）参照

資料

○シミュレーション指導の手順

〔個人で取り組むこと〕

①銘柄を紹介し，2018年11月時点の株価を記入する。

②プリントの情報を見て投資先を2つ考えておく。模擬的な投資銀行券を配付してもよい。

〔チームで取り組むこと〕

③グループに分かれて，最終的に投資先を3つに絞って理由とともに発表する。

④2022年9月時点の株価を公表。

⑤差額（損益）を計算する。

・投資テクニックではなく株価の動きの背景を推測するための学習であることを説明。

・『会社四季報』のコピーをグループに配付し，判断の手がかりとする。

・なぜ各銘柄の株価が上下しているかを推測する。

発問 株価の変動を予想してみましょう。

解説 「投資」と聞くと若者を狙ったトラブルや不正行為のニュース，ギャンブルなども想起させるため，活動に入る前に次の説明を行う。一つは，投資はお金を増やすギャンブルではなく，企業の業績や情報をもとに，お金を融通する経済行動であること。もう一つは，投資のテクニックを学ぶものではなく，自分のお金を将来にわたって管理していくという観点を学ぶものということである。

手順①，②まで終了し生徒の個人の意見がまとまったら，リアルタイムで結果を示せるアンケートフォームの機能を利用して，選んだ投資先を教室で投影して示せるとよい。クラスメイトがどこを選んでいるか生徒たちは気になるもので，活動に活気が生まれる。

次ページの 資料 はある文系のクラス20名で投資先を聞いた際の結果である。銘柄は一般の生徒にもよく知られている企業であること，2022年時点で株価の上がる企業と下がる企業が半々くらいになること，特定の業種に隔たらせずさまざまな業種の企業を組み合わせることを考えて選定した。

その後，グループに分かれ，どの企業を投資先として選ぶかグループで3つまで（金額は上

限30万円とし，10万円の模擬的な銀行券を配付するとよい）に絞る。1つの企業の株を全額購入してもよいし，3つの企業の株を分散して購入してもよいものとする。グループに分かれる際，見るべきポイントを明確にして『会社四季報』のコピーを配付すると，生徒たちは会社の事業内容や業績を知る手がかりにできる。グループ活動での作業や意見は ワークシート3 （p.186）に記入する。

発問 投資先としてその会社を選んだ理由は何でしょうか？

解説 板書でどこに投資をしたかいくつかのグループに聞き，「利益が出そうな企業」「いつでも売り上げが一定数ある企業」などの発言を取り上げる。グループの意見を共有したあと，2022年9月の株価を発表する。「あれ〜，下がった〜！なんで？」「やっぱり上がったじゃん！」などの声を共有したい。

資料

次の11の銘柄のうち，あなたの投資先を2つまで選んで回答してください。

①住友林業	0
②カルビー	4
③ぐるなび	1
④伊藤園	6
⑤ローソン	5
⑥ガンホー	3
⑦花王	1
⑧サイゼリヤ	3
⑨任天堂	10
⑩NTT（日本電信電話）	6
⑪エイチ・アイ・エス	1

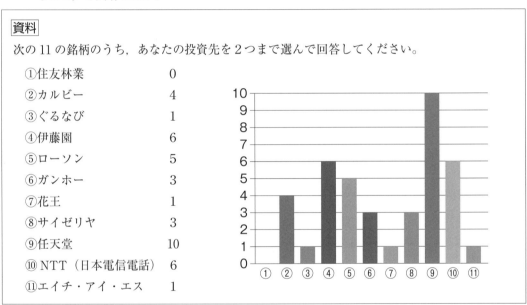

発問 みなさんは株価への影響として何を考えましたか？

解説 上記の発問に対しては「コロナ」という声が多かった。授業内で株価と新型コロナウイルスの直接的な影響関係まで実証することはできないが，売り上げが伸び悩む旅行業界の株価が上がりにくいというイメージがある（また今回は実際に旅行業種の株価が下がっていた）。逆に外出を控えたことにより家庭用ゲーム機の売り上げが伸び，株価が大幅に上昇する企業もあった。株価の変動の背後に，新型コロナウイルスによる影響を探って解説とするとよい。最後に，購入した銘柄の株数に応じて損益を計算し，グループワークを終了する。

注）本事例の「株式投資シミュレーション」は東京証券取引所の株価を教材用に再構成したものである。2018年11月は東証一部に上場の銘柄と株価を，2022年9月は東証のプライム市場の同銘柄と株価を利用している。なお，株式分割や株式併合による1株当たりの価格の変動は考慮されていない。

まとめ

(発問) 自分のお金を管理するにあたって貯蓄と投資のメリットやデメリットは何だろう？

(解説) 貯蓄と投資のメリットとデメリットをまとめる。　　　　　※ ワークシート4 （p.186）参照

資料

一般に，貯蓄のメリット　…預けた分のお金が減ることはなく，安定している。

いつでも引き出して使うことができる（流動性が高い）。

貯蓄のデメリット…投資のような配当が期待できない（収益性が低い）。

投資のメリット　…配当が期待できる（収益性が高い）。

投資のデメリット…損失を生む可能性があり，不確実である。

また，貯蓄するか投資するかの選択は基本的に自己の判断で行うこと，投資先を選択する際には，利益が見込まれることも大切であるが，近年ではESG投資の視点があることも加えて説明する。国の制度でもあるNISAは18歳以上で契約可能になることについても触れる。制度と投資のしくみを正しく理解して，不正な取引やうまい儲け話にだまされないようにすることも大切である。さらに投資信託会社，証券会社など実際に存在する会社の役割にも触れてまとめとする。

■学習内容のまとめと評価

チームへの貢献度とワークシートの記入の状況によって，ABCで評価する。

A	B	C
・チームの話し合いに積極的に参加し，課題の解決に貢献できた。 ・ワークシートをすべて埋めることができた。	・チームの話し合いに参加し，課題の解決に協力できた。 ・ワークシートに空欄が見られる。	・ワークシートを提出していない。

■他の授業例／発展的な授業例

・次ページの文章（資料）は，自由主義の経済思想について述べたものです。よく読んで，下線部Aに関する次の①と②について，自分の考えをまとめましょう。

①買い物などの場面でお金を使うとき，あなたは利己的な行動と利他的な行動，どちらに基づいて行動していると思いますか。

②どんな動機に基づこうと，買い物や投資などのお金を使う行動が「他人に有益な結果をもたらす」とはどのようなことだと思いますか。

資料

　かれ〔バーナード・マンデヴィル：1670-1733, オランダに生まれイギリスで活躍した医学者，思想家─引用者注〕の中心的な一般命題は，あたかも私悪はしばしば公益であるというかれの最初のパラドックスを擁護したことの副産物であるかのように，ただ漸次的にまた間接的に姿を現している。利己的目的のためになされるあらゆることを悪徳として扱い，道徳的命令に従うためになされることだけを美徳と認めることによって，このような厳格な基準にたてば悪徳と呼ぶしかないことがらのおかげで，社会の大部分の利益は生まれるのだということを，かれはいとも簡単に示したのである。（略）かれの中心的主張は，まさに次のようなものとなった。すなわち，社会の複雑な秩序のなかでは，人間の行為の結果は，かれらが意図したものときわめて異なるということ。A. 諸個人は，利己的であれ利他的であれ，自分の目的を追求して，予想もしなければたぶん知りさえもしない，他人に有益な結果を生みだすということ。そして最後に，社会の全秩序とさらには私たちが文化と呼んでいるすべてのものは個人の活動の結果であって，個人の活動は，そうした結果を目的として念頭に置いていないが，しかし，これまた意識的に発明されたのではなく，有益とわかったものが生き残ることで成長した制度や習慣や規則によって，そうした目的に役立つように導かれるのだということ，以上である。

（F.A. ハイエク著，田中眞晴・田中秀夫訳『市場・知識・自由　─自由主義の経済思想』ミネルヴァ書房，1986，pp.105-107）

①の解答例…お菓子を食べたいなど，利己的な行動が多いと思う。
　　　　　　　プレゼントを買うときなど，利他的な行動もあると思う。

②の解答例…自分が投資することにした企業が，その投資した資金で生産活動ができるということは，たとえ自分の所得を増やすことしか考えていなくても，知らず知らずに自分のお金が社会で役立っているということだと思う。

→選択政治・経済との関連であれば，学習指導要領解説（公民編政治・経済）には「資金に余裕のある家計が，いくつかの投資計画のうちどれを選択すればよいか協働して考察し，評価すること」が学習活動の例として挙げられており，本事例と親和的である。また株式会社のしくみや金融政策の立案などが関連する学習として期待される。本事例の金利の計算は数学科と，家計の学習は家庭科の内容と関連しており，進度を合わせると生徒にとって効果的な学習が期待できる。

〈参考資料〉

・日本証券業協会編『金融経済教育の課題と展開』日本証券業協会，2021
・日本証券業協会作成教材「金融クエスト　5 将来のために資金を運用しよう！」
・金融広報中央委員会編『金融教育プログラム　─社会の中で生きる力を育む授業とは』（改訂版）2007
・楠元町子「金融教育における「生きる力」の育成」『教職課程研究（3）』2008，愛知淑徳大学
・『会社四季報 2022 年 4 集 秋号』東洋経済新報社，2022
・ハイエク著，田中眞晴・田中秀夫訳『市場・知識・自由　─自由主義の経済思想』ミネルヴァ書房，1986

（宇田尚人）

ワークシート1

年　　組　　番（氏名）

○金利を計算してみよう

問1　お年玉とお小遣いを貯めて10万円になりました。A銀行で金利が0.05％の口座に預けると，1年後につく利息はいくらか。

A.＿＿＿＿＿＿＿＿＿円

問2　就職して車を買おうと，100万円を金利1％でB銀行から借りました。返済期間を2年（24か月）とすると，月々の返済額はいくらになるか（金利は最初の100万円につくものとします）。

A.＿＿＿＿＿＿＿＿＿円

ワークシート2

○やってみよう〜株式投資シミュレーション〜

次の11の銘柄のうち，2つを選んで投資をしてみよう。

銘柄	会社情報 業種/配当金 従業員数	2018年11月 株価（1株）	自分の予想 ↗上がる ↘下がる	2022年9月 株価（1株）	損益
1　○○建設	建設業/25円 従21,254名	¥1,607			
2　○○食品	食料品/50円 従4,398名	¥3,725			
3　○○フード	サービス業/4円 従1,286名	¥890			
4　○○飲食	食料品/20円 従8,028名	¥5,270			
5　コンビニ○○	小売業/75円 従10,362名	¥7,140			
6　○○ゲーム	情報通信/30円 従1,424名	¥244			
7　○○化粧品	化学/70円 従33,220名	¥8,032			
8　レストラン ○○	小売業/18円 従4,134名	¥2,186			
9　家庭用ゲーム ○○	諸工業/820円 従6,717名	¥33,100			
10　○○通信	情報通信/50円 従34万人	¥4,586			
11　○○旅行	旅行サービス/0円 従10,220名	¥3,755			

各班の投資先に○

銘柄	1班	2班	3班	4班	5班	6班	7班	8班	9班
1									
2									
3									
4									
5									
6									
7									
8									
9									
10									
11									

○発表を聞いて，投資先に選んだ理由，選ばなかった理由をメモしておこう。

ワークシート4

○貯蓄と投資のメリットとデメリットをそれぞれまとめよう。

	メリット	デメリット
貯蓄		
投資		

金融の働き②
起業のための資金調達を通して，「投資」の社会的意義を考える
―人々をつなぐ金融とは？―

ア（ウ）職業選択，雇用と労働問題，財政及び租税の役割，少子高齢社会における社会保障の充実・安定化，市場経済の機能と限界，金融の働き，経済のグローバル化と相互依存関係の深まり（国際社会における貧困や格差の問題を含む。）などに関わる現実社会の事柄や課題を基に，公正かつ自由な経済活動を行うことを通して資源の効率的な配分が図られること，市場経済システムを機能させたり国民福祉の向上に寄与したりする役割を政府などが担っていること及びより活発な経済活動と個人の尊重を共に成り立たせることが必要であることについて理解すること。

指導のねらい

①資金調達の方法と直接金融・間接金融の関係を理解する。
②起業家（資金調達者）と投資家（資金提供者）の立場を体験することで，情報の保有量や質に差（情報の非対称性）が存在することを理解する。
③金融が社会を豊かにするためにはたす役割について考察する。

学習内容・授業方法等の概説

・学習指導要領「3　内容の取扱い」（3）カ（カ）には，「金融とは経済主体間の資金の融通であることの理解を基に，金融を通した経済活動の活性化についても触れること」とある。
・本授業は「B 自立した主体としてよりよい社会の形成に参画する私たち」（3）主として経済に関わる事項の「金融の働き」の学習を想定したものである。学習指導要領解説にある「起業のための資金調達はどのようにすれば確保できるのか」という具体的な主題を通して，金融の社会的意義を考察することをめざす。
・私たちに身近な「お金」（資金）は目的ではなく手段であること，長期的な目線で見ると社会を発展させる役割を担っていることに気づかせたい。
・なお，学校の状況に合わせ，「情報」，「家庭科」，「商業」などとの教科横断的な取り組みや「総合的な探究の時間」や放課後の時間を使い，展開1 を発展させることも考えられる。

内容Aで身に付けた考え方・基本原理

・自由・権利と責任・義務
・思考実験など概念的枠組みの理解を通して考察した「個人と社会の関わり」

学習指導案

〈1〜3時間目〉

	授業内容	備考
導入	・働き方の選択肢の一つとして,「起業」があり, 本時は起業のための資金調達を通して「投資」の社会的意義について考察することを確認する。	高校生起業家の事例などを見せる。
展開1	・起業するならどのような事業を選択するかアイデアを出し合い, 考察する（グループ）。 発問例　もしみなさんが今, 起業するとしたらどのような事業を選びますか？ ・事業を検討する際は, その事業が人間の尊厳と平等, 協働の利益と社会の安定性の確保を図ることなど, 内容Aで身に付けた基本原理を活用できるようにする。	
展開2	・直接金融・間接金融, 資金調達の方法を理解する。 ・代表的な資金調達の方法と特徴, 資金を必要としている人と直接金融・間接金融の関係を理解する。	〈参考図〉 起業家と直接金融・間接金融の関係
展開3	・くじで順番を決め, 起業家（資金調達者）は順番にプレゼンテーションを行う。プレゼン時以外は投資家（資金提供者）の立場となり, 質疑応答を行い, 最終的に自分以外のどの事業に手持ち資金を出資するのかを決める。	
まとめ	・今日, 体験したような資金の融通（金融）によって, 事業がはじめられたり, 拡大したりすることで経済が活性化し, 社会が豊かになることを考察させる。	

授業展開　◆起業のための資金調達を通して,「投資」の社会的意義を考える　―人々をつなぐ金融とは？―

導入

　エンジェル投資家の存在を知り, 投資や起業に関するイメージを膨らませる。

発問 この人の「職業」は何でしょうか？

※本田圭佑氏の写真を見せ, サッカー選手であり実業家, エンジェル投資家としての一面をもつことを知り, 本時のテーマと目的を確認する。

　本田圭佑氏も登壇する「リアル投資ドキュメンタリー ANGELS」（YouTube 番組）などは手軽に閲覧することができ, 盛り上がる。事前に閲覧させておいてもよい。

展開1

起業するならどのような事業にするかアイデアを出し合い，考察する。

> 事業の例…新しいゲームのアプリ開発，インターネットビジネス，オンライン塾，ゴーストレス
> トラン，飲食店，農業法人，「推し」を「推し」やすくするアプリの開発，高校生のためのお
> 小遣いアプリの開発　など

解説　短時間で事業アイデアの具体やターゲット，戦略を深めることは難しい。そのため，どこま
　　　で詳細を突き詰めていくのかは全体の授業計画の中で決める必要がある。あらかじめ授業者
　　　が事業の具体例を決めたり，すでにある事業を選択肢として挙げたりするのもよい。
　　　　筆者が所属している専門高校は，各科に特色があるためか，フリーディスカッションにして
　　　もある程度斬新なアイデアが出てくる印象がある。事業を考える際は，経済合理性と社会的
　　　意義の両面を検討することで，内容Aで身に付けた基本原理を活用できるようにする。抽象
　　　度が高く難しい場合は，以下のような選択肢を提示する。

> 事業を考えるポイント
> 　①ビジョン（事業の目的）　②ビジネスモデル（事業のしくみ，売上や費用など）
> 　③社会的意義　④持続可能性　⑤競合他社　など
>
> 活用する基本原理の例
> ・自由・権利と責任・義務
> 　→起業して経済活動に参加する自由・権利は同時に他者のそれを認めるということ，事業には
> 　　社会的責任・義務がともなうということ，まったく同じ業種においては競争が発生し，協力
> 　　には工夫がともなうことなどを想起できるようにする。

展開2

直接金融・間接金融，資金調達の方法を理解する。

発問　みなさんが考えた事業に資金はどれくらい必要ですか？　内訳と理由を教えてください。ま
　　　た，みなさんが資金調達するとしたら直接金融・間接金融どちらを活用したいですか。

※初期費用（イニシャル・コスト）や維持費用（ランニング・コスト）を考えるのが難しい場合は
　授業者が費用項目を提示したり，各自の端末で調べさせたりしてもよい。

解説　代表的な資金調達の方法について，たとえば次ページの図1のようにまとめ，解説をする。
　　　そのほかにも，直接金融にはその他に社債の発行（返済義務あり）や，エンジェル投資家な
　　　どからの出資などもある。昨今ではNFT（Non-Fungible Token）による資金調達が活発化
　　　するなど，資金調達の方法が多様化していることに触れる。なお，資金を必要としている起
　　　業家と直接金融・間接金融の関係は次ページの図2などを用いて説明するとよい。
　　　　出資・融資・投資の違いはややこしいが，授業者はある程度理解しておく必要がある。貸借
　　　対照表（バランスシート）においては，出資を受けた資金は自己資本となり純資産に計上さ
　　　れ，融資を受けた資金は他人資本となり負債となる。

【参考】出資・融資・投資の違い

出資	投資家が資金提供者となり，出資先の株式と引き換えに資金を出すこと。出資を受けた者には返済義務がない。（自己資本）
融資	銀行などの金融機関が資金提供者となり，資金を融通すること。融資を受けた者には返済義務が生じる。（他人資本）
投資	なんらかの利益を目的として第三者に資金を融通すること全般を指す。

参考資料

図1

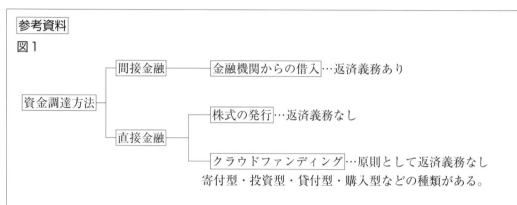

起業家は直接金融による個人投資家や投資会社からの出資や，間接金融による金融機関からの融資などによって資金調達することができる。

図2　資金を必要としている起業家と直接金融・間接金融の関係

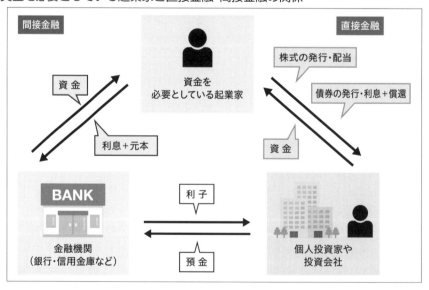

「高等学校 公共・家庭基礎 学習指導案」金融経済教育を推進する研究会
教師用指導書等制作部会（https://kinyu-navi.jp/learning-guidance/high-school/）より

展開3

　くじで順番を決め，起業家（資金調達者）は順番にプレゼンテーションを行う。

　500万円の投資先を決め，起業家へ金額を書いた紙を渡す。

ルール説明

　みなさんが考えた事業が軌道に乗り，事業を拡大するために資金調達すると仮定して，プレゼンテーションを行いましょう。プレゼン時以外はみなさんが投資家です。ゲームなので，より多くの資金を集めたチームが「勝ち」としましょう。ただし，投資する際は経済合理性と社会的意義の両面をチェックすることに注意してください。

　今回は，1つのグループでベンチャーキャピタル会社だと仮定しましょう。手持ち資金500万円をどのように割り振っても構いませんが，自分以外の事業に投資してください。

解説 500万円の振り分けは，ポストイットなどを用いて行う。1枚100万円として，ポストイットを多く集められたほうが勝利などとするとシンプルでわかりやすい。 **展開3** は時間をかければかけるほど，深まる単元である。実際にスタートアップに関わっている社会人などにきてもらい，生徒が考えた事業を評価してもらってもよい。プレゼンテーション時は必ず発表するチーム以外の人が質問をすることが重要である。

　その際，起業家（資金調達者）と投資家（資金提供者）の立場を体験することで，情報の保有量や質に差（情報の非対称性）が存在することに気づかせたい。

【メモ】

よかった点

もう少し知りたい点

チェックポイント：経済合理性（儲かりそう？　ビジネスモデル，成長性，持続可能性は？），
　　　　　　　　　　社会的意義（社会貢献度は高い？　コンプライアンスは実現できそう？），
　　↓　　　　　　　その他（起業家の人柄，入社したいと思う？　など）
質問につなげよう
Q：

まとめ

今日，体験したような資金の融通（金融）によって，事業がはじめられたり，拡大したりすることで経済が活性化し，社会が豊かになることを考察させる。

発問 資金の融通（金融）はゼロサムゲームなのでしょうか？　プラスサムゲームでしょうか？

→授業者が資金の融通（金融）によって，社会が豊かになることを説明する。

解説 金融の本質は，「お金」（資金）を余っているところから足りないところへ融通し，社会を豊かにすることである。「お金」に色をつけたり，「お金」そのものを価値と解釈したりする人もいるが，これは「お金」が目的となってしまうケースである。また，投資によく似た言葉として，投機があることも注意したい（投機＝「悪」ではなく，投機の場合，ゼロサムゲームになりやすい）。なお，高等学校で用いられる「投

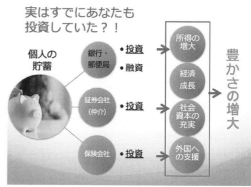

【筆者が授業中に示している図】

資」には経済学で用いる投資（設備投資）と資産運用における「投資」が混同して使われていることに注意する必要がある。

■他の授業例／発展的な授業例

投資はゼロサムゲームであるという誤解は中学・高等学校の公民科を学習してもなお拭えない人々が多いように感じる。この誤解をダニエル・カーネマンの示す，システム1（直感的）でもシステム2（論理的）でも解く参考図書を3冊目に挙げた。

なお，今年度より筆者の学校では株式会社ガイアックスによる「起業ゼミ」を放課後に開講することになり，希望者16名が集結した。本事例は授業内での活動を想定したものだが，適切な専門機関と連携することでより具体的に「起業」を考えることが可能となる。また，不確実性の高い時代だからこそアントレプレナーシップ（起業家精神）を身に付けることが重要である。これからも教室と社会をつなぐことを意識した授業実践を続けていきたい。

〈参考資料〉

・日本証券業協会編『金融経済教育の課題と展開』日本証券業協会，2021
・「高等学校 公共・家庭基礎 学習指導案」金融経済教育を推進する研究会 教師用指導書等制作部会
　https://kinyu-navi.jp/learning-guidance/high-school/
・Daniel Kahneman & Amos Tversky（1979）"Prospect Theory: An Analysis of Decision under Risk"
　Econometrica, 47（2）
・川西諭・山崎福寿『金融のエッセンス』有斐閣ストゥディア，2013
・藤野英人『投資家が「お金」よりも大切にしていること』星海社新書，2013
・西野亮廣『夢と金』幻冬社，2023

（塙　枝里子）

参考資料

金融取引はゼロサムゲームではない

1つは，金融には社会を豊かにする力があることだ。金融というと弱肉強食やマネーゲームを思い浮かべる人が大勢いる。こういう人たちは，「金融取引では，勝つか負けるか，得する人がいれば必ず誰かが損をする」，金融の世界を利益の合計がゼロになる「ゼロサムゲーム」と考えている。こうした考えでは，悪いイメージしか浮かばないとしても無理はない。

ゼロサムゲームという誤解が生まれるのは，金融取引のお金の流れだけしか見ていないからだ。利子を受け取るものがいれば，利子を払うものがいる。これだけ見ていたら，一方が得をすれば，他方は損をするように思える。

しかし，少し考えれば，「お金を借りる人はなぜ利子を払ってまで借りようとするのか？」という疑問が浮かぶ。さらにもう少し考えれば，支払う利子以上の利益が見込めるから借りるのだということがわかる。強制されていないのにお金の貸し借りが行われるのは，貸し手だけでなく，借り手にも利益があるからだ。お金の貸し借りの裏側にある利益の機会まで見えてくると，金融取引がゼロサムではなく，ポジティブサムのゲーム，Win－Win の取引であることがわかる。

しかし，ゼロサムゲームの思考が染みついてしまった人たちや，そのような影響を受けた学生たちは理屈だけではなかなか納得してくれない。論より証拠がほしいのだ。そこで，本書では経済発展の歴史とその中で金融が重要な役割を果たした事例を紹介している。

世界を変えるような技術が発案されても，それを具体的な形にすることができなければ絵に描いた餅。何の役にも立たない。ジェームズ・ワットの蒸気機関が工業の歴史を変えるためには，マシュー・ボールトンという資本家による資金提供が必要だった。ワットの蒸気機関が生んだ利益は，ワットだけでなくボールトンにももたらされ，まさに Win－Win の関係，ポジティブサムのゲームになっていた。

金融が社会を豊かにする力を理解するためのもう1つの好事例はグラミン銀行だ。グラミン銀行は，バングラディシュの貧しい女性たちに融資を行い，貧困問題の解決に貢献したことが評価され，金融機関としては初めてノーベル平和賞を受賞した。貧しい人たちでも，借りたお金を生産活動に使い，利子以上の利益を生み出すことができれば，資産を形成して貧困から抜け出すことができる。金融取引が貧困問題さえも解決する力を持つことをグラミン銀行は教えてくれる。

ゼロサムではなく，ポジティブサムであると考えられれば，金融に対する見方は大きく変わる。金融機関は，預金者に対してだけでなく，資金の借り手にも利益をもたらしている。株式投資も社会の役に立っている。金融は社会にとって必要なものであるという認識が生まれる。金融を蔑む気持ちや避けようとする気持ちも消えて，金融を学ぶ意欲も高まるようだ。

有斐閣 HP（『金融のエッセンス』有斐閣ストゥディア，2013）より
https://www.yuhikaku.co.jp/books/detail/9784641150041

経済のグローバル化と相互依存関係の深まり

ファストファッションは，なぜ安いのか？

―国際貿易における労働と環境の問題を考えよう―

指導要領【公共】B-ア

ア（ウ）職業選択，雇用と労働問題，財政及び租税の役割，少子高齢社会における社会保障の充実・安定化，市場経済の機能と限界，金融の働き，経済のグローバル化と相互依存関係の深まり（国際社会における貧困や格差の問題を含む。）などに関わる現実社会の事柄や課題を基に，公正かつ自由な経済活動を行うことを通して資源の効率的な配分が図られること，市場経済システムを機能させたり国民福祉の向上に寄与したりする役割を政府などが担っていること及びより活発な経済活動と個人の尊重を共に成り立たせることが必要であることについて理解すること。

指導のねらい

①ファストファッションの問題を労働者の人権と環境破壊の費用と責任の視点から考察する。
②国際貿易の利点と南北問題などの構造的な問題，格差是正の取り組みについて理解する。
③無理と無駄の重なる問題の解決策と公正な貿易や途上国援助のあり方を判断・表現する。

学習内容・授業方法等の概説

・学習指導要領解説では「（略）世界的な規制緩和などにより世界経済がより緊密に結び付き，経済活動が世界的な規模で自由に行われていることを具体的な事例を取り上げて理解できるようにする。（略）南北問題や南南問題などを取り上げ，国際社会における貧困や格差が解消されていない状況やこれらの解決が地球的な課題であることを理解できるようにする」と示されている。市場経済システムの理解に関しては「（略）経済活動がより活発に行われることで生活水準は高まるが，長時間労働で健康を害したり，公害などが発生して国民福祉が阻害されたりするなど個人の尊重という観点から懸念される問題が生じることもあることから，（略）より活発な経済活動と個人の尊重の両立については，（略）政府による適切な政策が必要であるとともに，企業にはそうした問題を生じさせないなど社会的に責任のある行動が求められていることを理解できるようにすることが大切である。また，消費者も，社会，経済，環境などに消費が与える影響を考えて商品を選択するなど，公正で持続可能な発展に貢献するような消費行動をとることが求められていることを理解できるようにする」とも記述されている。このことから，経済と倫理の観点から多面的・多角的にファストファッションの問題を考察する授業とした。

内容Aで身に付けた考え方・基本原理

・人間の尊厳：カントに基づく理性的存在者としての人格の尊重（基本的人権・個人の尊重）
・囚人のジレンマ：個人の最適が全体にとっての最適とならない構造から合理的な行為者の選択とその結果について考察するモデル。

・共有地の悲劇：共同で使用する牧草地での利己的行動が過剰放牧（環境破壊）を生み出す。
・正義論：アリストテレスの部分的正義（配分的正義や調整（矯正）的正義）やロールズの公正と
　　　　　しての正義，社会正義
・自由・権利と責任・義務：ミルの他者危害原則による自由と責任（権利），アダム・スミスの経
　　　　　済原理としての自由主義。

学習指導案

〈1時間目〉

	授業内容	備考
導入	何の写真かを予想しよう（フォトランゲージ）。 ・何が起きているか，どこの国か，なぜそのような惨状になったのかを考える。写真にタイトルをつける。　　　　　　　　　　（5分）	・写真の観察時間を十分にとる。正解とは違う考えをもった原因，自分の情報や偏見に気づかせる。
展開	1．「ラナプラザの悲劇」について問題の本質は何か？ ・ドキュメンタリー映像（「ザ・トゥルー・コスト」）の一部（前半）や資料の内容を踏まえて議論する（ディスカッション）。 ・バングラデシュの労働者の置かれた状況，国際貿易のしくみなど論点を提示して，議論をする。 2．労働問題・人権侵害として考えると何が問題か？ ・使用者と労働者の立場の違いなど不平等な条件や抑圧，資本主義の本質について，原典資料も交えて理解する。 3．なぜ，国際貿易を行うのか，どのようにして問題が起きるのか？ ・国際分業における比較優位（特化）による生産，自由貿易のメリットを考える。 ・後発発展途上国の状況，底辺への競争など国際貿易の構造から生じる問題について考える。　　　　　　　　　　　　（40分）	・ドキュメンタリー映像を用いない場合は，ファストファッションに関する書籍の一部や新聞記事を提示して考えさせる。 ・貿易の利点を押さえ，また垂直貿易などの問題も扱う。
まとめ	なぜ，ファストファッションは安いのかまとめてみよう。 ・労働問題，グローバル化の功罪の視点から考えさせる。　（5分）	

〈2時間目〉

	授業内容	備考
導入	あなたは1年間で，何枚の服を買っていますか？ ・自分自身の生活を振り返って，ファストファッションとの関わりを考える。　　　　　　　　　　　　　　　　　　　　　　　　　（5分）	
展開	1．ファストファッションが与える環境への影響とはどういうことか？ ・前述のドキュメンタリー映像（後半）や資料から検討させる。 ・安価な衣類の大量生産と大量廃棄における環境への負荷について考える。 2．外部不経済としての環境破壊を防ぐための方法は何か？ ・自然環境の破壊を「共有地の悲劇」から理解する。 ・環境税（ピグー税）や拡大生産者責任の考え方を知る。 3．ファストファッションと同様の構造で問題となることやそれらの解決のために自分たちができることは何か？ （ディスカッション）　　　　　　　　　　　　　　　　　　　（35分）	・ドキュメンタリー映像を用いない場合は，新聞記事を利用。 ・経済の視点から解決を考えられるようにする。
まとめ	1．途上国への支援は，私たちの自由か，責任か？ ・正義論やシンガーの援助論を参考に，消費行動やライフスタイル，公正な貿易を実現した社会のあり方を考える。バックキャスティングの発想で考えさせる。 2．〈1時間目〉の「写真」に再度，タイトルをつけよう。 ・単元の学びを端的に表現させ，意見を発表する。　　　　　　（10分）	・正義や義務についての考え方を拡張する。 ・単元を通じての変化を意識させてもよい。

授業展開 ◆ファストファッションは，なぜ安いのか？
―国際貿易における労働と環境の問題を考えよう―

〈1時間目〉

導入

(発問) この写真から，何が読み取れますか？

タイトルをつけるとしたら，何とつけますか？

|解説| |学習指導案| 〈1時間目〉の |導入| （195ページ）の写真を提示して，何の写真かを問う。その写真のできごと，意味や背景などを読み解かせる。建物の崩壊が主要な手がかりであるので，生徒はウクライナ戦争（2022年）などの戦争や紛争の被害，またはトルコ・シリア地震（2023年）を挙げるかもしれない。自然災害に関するタイトルを考える生徒もいるだろうが，これは人災である。正解は，2013年の4月24日にバングラデシュで起きた裁縫工場の倒壊事故（事件）である。「ラナプラザの悲劇」と呼ばれる。ラナプラザビルでは，ベネトン，プライマーク，プラダ，グッチ，インデックス（ザラ〈ZARA〉を含むアパレルグループ）など有名ブランドのアパレル企業や世界最大のスーパーマーケットであるウォルマートなどの洋服を下請けで生産していた。建物に亀裂が見つかっていたのに，工場のオーナーの命令で労働させられ，倒壊により1,130人が犠牲になった。生き埋めになり助け出された約2,500人も重傷を負っており，亡くなった労働者の多くは若い女性であった。事故後の調査によると，4台の大型発電機と数千台のミシンの振動がビルの崩壊を誘発した。

ちなみに，バングラデシュの国旗は，緑の地に赤の日の丸である。ムジブル・ラーマン初代
大統領は，敗戦から高度成長した日本を見本とすべく，似たデザインを選んだともいわれて
いる。緑は豊かな大地，赤は独立戦争の犠牲血（または太陽）を表している。インドがイギ
リスから独立したときに，人口の大部分がムスリムであるため，パキスタンに組み入れられ
た。しかし，ウルドゥー語の国語化を進めるパキスタンとの間で，ベンガル語を話す民族と
して1971年にインドの軍事支援を得て独立した。また，ロヒンギャは，ベンガル地方（現
バングラデシュ）のイスラーム教徒の民族であり，不法移民集団と見なすミャンマー（大多
数が仏教徒）から差別や迫害を受けている。

展開1

(発問) なぜ，ラナプラザの悲劇が起きてしまったのか，その問題の本質を考えよう。

(解説) 映画「ザ・トゥルー・コスト　〜ファストファッション　真の代償〜」の前半を視聴させる。
バングラデシュの労働者の置かれた状況，国際貿易のしくみなど論点を提示しておくとよ
い。その後，自由に議論をさせる。ドキュメンタリーの映像を使わない場合は，ドキュメン
タリーの予告編を見せたうえで，伊藤和子『ファストファッションはなぜ安い？』の1〜2
章を資料として用意して，「人間の尊厳」という視点を意識させ，当時の劣悪な労働環境や
低価格競争の問題を読み取らせるとよい。

展開2

(発問) 労働問題や人権侵害として考えると，どのような構造に問題があるのか？
過酷な労働条件の改善や不当に低い賃金を是正できないのはなぜだろう？

(解説) なぜ労働者は過酷な労働をさせられるのか，拒否できなかったのか，といった疑問も生じて
くるはずである。弱い立場に置かれる理由について，さまざまな考察を生徒から引き出した
うえで，社会主義の思想について紹介する。たとえば，p.198の 資料 の文章を読み取らせる
ことで，資本制生産（資本主義）の本質的な課題について考えることができる。必要労働と
剰余労働（剰余価値）の違いについて紹介しておき，生産手段をもつ資本家の権力や資本主
義というシステム（構造）に対して，労働力しかもたない労働者の状況，労働組合の必要性
についても考えさせる。実際に，バングラデシュでは，労働組合を組織しようとして嫌がら
せを受けるなどが起きていた。労働闘争の様子を描いた映画に「メイド・イン・バングラデ
シュ」がある。下請け企業が国際ブランドの提示する低価格で縫製作業を引き受けている構
図は，国内での大企業と中小企業の格差（資本集約度や労働生産性，賃金の非対称性）にも
重なる「経済の二重構造」の問題である。

資本家は**労働力**をその日当価値で買いとった。資本は労働者を一日中自分のために働かせる権利を手に入れた。資本家としての彼は人間の姿をとった資本にすぎない。資本はたった一つの生の衝動しかもっていない。すなわち自分の価値を増殖し，剰余価値を作りだし，その不変部分である**生産手段**を用いて出来るだけ大量の剰余労働を吸い取ろうとする衝動である。（略）**資本制生産**は本質的に**剰余価値**の生産であり，剰余価値の吸収である。したがってそれは労働日の延長によって人間労働を委縮させ，労働力から正常な道徳的，肉体的発達条件と活動条件を奪う。それだけではない。それはまた労働力そのものの早すぎる消耗と死滅を生み出す。（略）洪水は我れ亡きあとに来たれ！これがあらゆる資本家と資本家国家の合言葉である。だからこそ資本は社会によって強制されない限り，労働者の健康と寿命に配慮することはない。

（カール・マルクス著，今村仁司・鈴木直・三島憲一訳『資本論 第1巻（上）』筑摩書房，2005）

※生産手段＝物を生産するのに必要な道具・土地・工場・倉庫や原料のこと。

※文中の太字，注釈は引用者による。

展開3

発問 そもそも，国際的に貿易を行うことには，どのような利点があるのか？
国境を越えた資本や製造場所の移動がもたらす負の影響とは何だろうか？

解説 貿易や国際分業には経済的なメリットがある。とくに世界大戦の終結後，ヒト・モノ・カネの国際的な移動は促進された。理論的には，リカードの比較生産費説に基づいて，国際分業によって貿易国同士がお互いに利益を得て効率的な生産ができる。ブロック経済への反省や自由貿易を推進するGATTやWTOの役割，各種の経済連携協定（FTA）やASEANやEUなど地域的な結びつきの一方で，近年では大国間の貿易戦争も起きている。

自由貿易体制の恩恵を受けて成長する国は多い。しかし，地球全体の規模で考えれば，不利な交易条件が押し付けられる国もある。欧米諸国による植民地支配の影響もあり，途上国は付加価値も低く価格変動も大きい農作物や鉱物を輸出するモノカルチャー経済となり，不安定な経済状況となりやすい。先進工業国同士での異なる工業品で分業する水平的分業に対して，先進国の工業完成品と途上国の原料の垂直的分業は，経済格差を生む。この構造が南北問題や発展途上国の中での格差である南南問題につながっている。国際社会での格差是正において，UNCTAD（国連貿易開発会議）が途上国支援を行ったり，資源ナショナリズムから石油輸出国機構（OPEC）などによる国際的な資源管理が行われたりしているが，発展途上国へのさらなる経済協力が必要である。国連が定義し，認定する後発発展途上国（LDC）は，アフリカ33か国（エチオピア，ソマリア，タンザニア…），アジア9か国（アフガニスタン，バングラデシュ，ブータン，カンボジア，ラオス，ミャンマー，ネパール，イエメン，東ティモール），大洋州3か国（キリバス，ソロモン諸島，ツバル），中南米1か国（ハイチ）である（2022年8月）。貧困や環境・人権問題，累積債務をかかえる国が多い。数年で卒業予定の国もあるが経済発展は容易ではなく，バングラデシュのムハマド・ユヌスによるグラミン銀行など個人へのファイナンスも重要である。

経済のグローバル化は，国際的に展開する企業が，法人税率の低い国へと資本を移転したり，人件費や労働基準，環境規制が少ない国で生産を行ったりすることも可能にした。結果として，工場の移転を阻止したり，企業を誘致したりするために国家による法人税率低減競争など「底辺への競争」を引き起こす。この構造は，ゲーム理論で説明できる値下げ競争と同様である。そのグローバルな競争に巻き込まれて，ラナプラザビルの崩壊も含め，数々の労働問題が生じていると考えられる。

まとめ

(発問) なぜ，ファストファッションは安いのか？

(解説) 労働と経済のグローバル化（グローバル資本主義）の問題について，授業を振り返って，まとめる活動をする。まとめさせるときには，次のようなシートを活用して，授業の要点を端的に表現させることもできる。

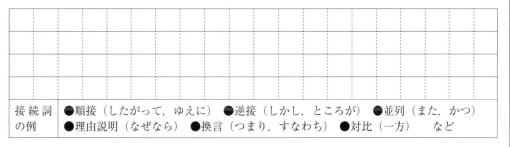

〈学んだことを踏まえて〉もっとも重要だと思うことを的確に表現しよう！

※①80字以内で，②必ず2文（2センテンス）で書き，2文を接続詞で結ぶこと。

接続詞の例	●順接（したがって，ゆえに）　●逆接（しかし，ところが）　●並列（また，かつ） ●理由説明（なぜなら）　●換言（つまり，すなわち）　●対比（一方）　　など

授業でわかったこと，考えたこと，疑問に思ったこと

茨城県立並木中等教育学校ホームページ『AL宝箱』
(https://www.namiki-cs.ibk.ed.jp/wysiwyg/file/download/12/252) より

〈2時間目〉

導入

(発問) あなたは1年間で，何枚の服を買い，何枚の服を捨てていますか？

着ない服は何枚ありますか？

1枚の服をどのぐらいの期間，着ていますか？

(解説)〈1時間目〉の最後に，上記の問いに加えて，家にある服がどこで作られていたかを調べておくように指示しておいてもよい。バングラデシュやカンボジア，ミャンマーなどで生産された服の割合が多いことに気づくはずである。1人当たり，年間平均18枚の服を購入する一方で，廃棄したり古着として手放したりする服は12枚，1年間に一度も着用されなかった服が25枚もある（環境省調査）。手放される服のうち，68％が可燃ごみ・不燃ごみとして破棄されている。1人当たりでは数枚から十数枚であっても，日本全体で考えると，膨大な服が廃棄されていることがわかる。国内アパレル供給量・市場規模，衣類の購入単価の推移の2つのグラフ（環境省より）を読み取り，何がわかるかを考えさせる。「衣服の1枚当たりの価格が約半分に低下しているのに，市場規模（購入額）は半分になっていないのはなぜか？」と発問して，国内供給量の増加と衣服のライフサイクルの短期化による大量生産・大量消費の問題に気づかせる。衣類国内供給量は，「日本のアパレル市場と輸入品概況2022」（日本繊維輸入組合）によると，36億4,288万点で，数量ベースでの輸入品の割合は98.2％である。

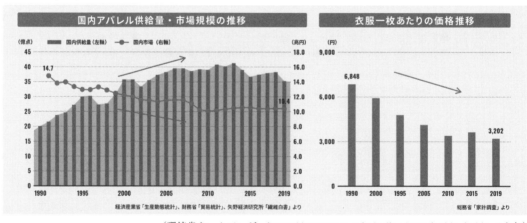

（環境省ホームページ　https://www.env.go.jp/policy/sustainable_fashion/ より）

展開1

(発問) ファストファッションがどのように環境に悪影響を与えているか考えよう。

(解説) 映画「ザ・トゥルー・コスト　〜ファストファッション　真の代償〜」の後半を視聴させる。インドの綿花業者が，遺伝子組み換えによる多国籍企業の種子による支配で，持続不可能になり困窮していることも重要であるが，とくに注目させたいのは，環境への負荷である。綿花を栽培するために大量の農薬を散布し，繊維に色をつけるために大量の水を使い，工場から廃棄される大量の化学薬品が入った水が川や海を汚染していることなど。ドキュメンタ

リーの映像を使わない場合は，ファストファッションが環境に与える影響についてのBBC NEWSの作成した動画や南米チリの砂漠が「衣類の墓場」となっているという新聞記事の内容などを資料として，考えさせていくとよい。

展開2

(発問) 環境に配慮しないことで，企業にはどのようなメリットがあるのか？

なぜ，環境破壊が放置されてしまいやすいのか？

(解説) 生物学者ハーディンによる「共有地の悲劇」という思考実験がある。複数の人が共同で利用している牧草地において，自由に牛を育てて出荷しただけ利益が出るという状況を想定する。牛の飼育頭数を増やしたほうが合理的であり，すべての利用者が同じように考え行動したら，過剰放牧となり牧草の生えない荒れ地と化してしまう。まさに環境問題の構図であり，環境負荷の費用（責任）を背負わないほうが，企業は利益を追求できる。グローバル企業は，環境規制の少ない国へと工場を移転していくことも問題である。途上国での環境破壊は，日本の高度経済成長期にみられた公害問題と関連させることもできる。

資源の有限性（希少性）を前提として，適切な価格を通じて最適な配分がなされるしくみが市場メカニズムである。しかし，地球上の空気，すべての川や海の水に値札がついているわけではない。地下水や肥沃な土壌，森林にも正しく値段がついていないので，共有地の悲劇のように環境破壊は止まらない。ある経済活動が，市場を通さずに第三者に影響を与えることを「外部性」という。プラスの影響を「外部経済」，マイナスの影響を「外部不経済」と呼ぶ。環境問題は，外部不経済の代表的なものである。

環境破壊を軽減するための方法に，「環境税」のような特別の税金を設定し，生産活動に応じたコストを支払わせるやり方がある。これは外部不経済を市場メカニズムの中に取り込む「内部化」であり，提唱者であるイギリスの経済学者ピグーの名前をつけて「ピグー税」と呼ばれることもある。地球温暖化防止のために行われる「炭素税」「カーボンプライシング」など，外部不経済への経済学的なアプローチである。

生産者が製品の生産と使用の段階における責任だけではなく，廃棄やリサイクル段階までの責任を負う考え方を「拡大生産者責任」という。生産者が最初から再使用や再生利用を考えて製品を作れば，「循環型社会」の推進につながる。日本でも容器包装リサイクル法など各種の廃棄やリサイクルについての法整備がなされているが，服や繊維に関するリサイクル法はない。

展開3

(発問) ファストファッションと同様の構造で問題となっていることは何だろう？

ファストファッションなどの問題解決のために自分たちができることは何か？

(解説) 現在のライフスタイルは，生産や廃棄における公害問題を海外に輸出して成り立っている。どこかの人間が何かを無駄にしているとき，どこかで他の人間や環境に無理をさせている。そのような構造を経済のグローバル化と資本主義はつくりだしている。世界的な飽食と飢餓は，同じ構造にある。先進国がフードロスをしている一方で，低賃金で栄養をとれない生活をしている途上国の生産者もいる。フェアトレードは貿易上の歪みを取り除こうという取り組みであるが，十分であるといえるか，不十分さの理由についても考察させる。ファストファッションに対して，エシカルファッションやサスティナブルファッションの取り組みがあり，フードロス問題も注目されている。持続可能性やSDGsなどのスローガンを実現させるために，展開2で確認した費用と責任を誰が負うべきなのか，具体的な問題解決策（改善案）について考え，議論させる。

まとめ1

(発問) 現在の途上国と先進国の関係や構造が，正義に反するのはなぜか？

途上国への支援や寄付は，先進国の"意識が高い"人だけがすればよいことなのか？

現状よりも，"将来のあるべき姿"から逆算して，今必要なことを考えよう。

(解説) 「ファストファッションが引き起こしている問題が，正義にもとると感じるのはなぜか」を正義論から考えさせる。途上国へ支払われる賃金が低水準であることの不公正さは，アリストテレスの配分的正義，フェアトレードなどの公正さは，調整的（矯正的）正義から導くことができる。国際的な枠組みと国内を類比できないものの，ロールズの正義論を用いれば，不遇な立場を是正する根拠となる。このように，世界の飢餓と貧困，経済格差の拡大について，正義に関する視点から社会の歪みを見定めることができる。安いファッションの流入は，結局国内のファッション産業を衰退させることにもなる。アダム・スミスの分業による協業と経済的自由主義の観点から，経済のグローバル化を止めることはできないが，自由主義の行き過ぎには注意が必要となる。

途上国への支援は，ODA（政府開発援助）など国家による外交の一環，または，個人のやさしさや人類愛の発露であり，積極的義務（他者へ貢献する自由）と捉えられている。しかし，資料（p.204）の文章から考えると，シンガーの功利主義は，途上国への支援を消極的義務（他者に危害を与えないという強い義務）として再定義できる。シンガーは「海外の援助機関に寄付せずに豊かなライフスタイルで暮らすことは，エチオピアに渡って農民を何人か射殺することと倫理的に同じことになる」ともいう（『実践の倫理』）。無差別で公平な功利主義を徹底して考えると，日常の判断への問い直しの契機を含んでいる。また，自由の限界を「他者危害の原則」によって，J.S.ミルは説明する。ファッションによる自己表現は，奇抜であっても，個性の発揮であり社会に活力を与えるが，製造工程における他者危害があるとすれば，完全に自由とは言い切れない。

グローバルな制度が貧困や飢餓を再生産していると考え，それを放置することでの加害の責任が先進国にあるとするトマス・ポッゲの議論からも途上国支援をしないだけで，不正義であると考えさせられる。これは，ガルトゥングによる構造的暴力の概念からも検討すべき問題である。国際援助による人間開発を焦点とすれば，アマルティア・センやヌスバウムのケイパビリティ・アプローチから検討することができる。

現状の問題を１つずつ解決していく思考法は，フォアキャスティングという。それに対して，あるべき姿を描いて，そのゴールから逆算していくバックキャスティングという思考法がある。フューチャーデザインの発想法であり，途上国と先進国の区別から生じる問題のない国際社会の未来をゴールにおけば，根本から社会のあり方を構想することにもつながるだろう。

シンガーは，スーツや靴が汚れるが，確実に救い出せる浅い沼で溺れている赤ちゃんを寓話として用いて，助けない理由がないと示唆する。社会起業家の駒崎弘樹は，社会運動に取り組む者が知っておくべきこととして，次の寓話を用いる。

「あなたは旅人で，赤ん坊が川で溺れているのを発見する。慌てて，川に飛び込み，赤ん坊を救い出して岸に運んだ。安心して後ろを振り返ると，赤ん坊がもう１人溺れている。急いでその赤ん坊も救い出すと，さらに川の向こうで赤ん坊が溺れている。そのうちあなたは，目の前で溺れている赤ん坊を助けることに忙しくなり，じつは川の上流で１人の男が赤ん坊を次々と川に投げ込んでいることにはまったく気づかない」

これは，問題と構造の関係である。問題を生み出す構造を変えなければ，真に問題を解決することはできないのである（p.204 資料 参照）。

まとめ2

発問 〈１時間目〉の「写真」に，今度はどのようなタイトルをつけますか？

解説 ２時間の授業を通じて学んだことを踏まえて，写真にタイトルや説明をつけさせる。グループごとに，優れたタイトルを決めさせる。なぜ優れているのかの理由とともに，発表により共有し，授業全体のまとめとする。

■他の授業例／発展的な授業例

〈授業展開例〉　・貿易ゲーム（南北問題の体験的な把握により，本授業の理解も深まる）

〈参考資料〉
・アンドリュー・モーガン監督「ザ・トゥルー・コスト　～ファストファッション　真の代償～」ビデオメーカー，2016（１時間33分，日本語字幕付き DVD）
・伊藤和子『ファストファッションはなぜ安い？』コモンズ，2016
・ピーター・シンガー著，児玉聡訳『飢えと豊かさと道徳』勁草書房，2018

（杉浦光紀）

資料 『飢えと豊かさと道徳』

　食料や住居がなく，医療を受けられないことによる苦しみや死は悪いことである。（略）も
し悪いことが起こるのを防ぐ能力があり，同等に道徳的に重要なものを犠牲にせずにそれを行
うことができるのであれば，それを行う道徳的責任がある。

　（略）第一に，この原理は近さや遠さを考慮に入れない（略）。第二に，この原理は助けるた
めに何かをできるのは私一人であるという状況と，私と同じ立場に置かれている人が何百人も
いて私は単にそのうちの一人にすぎないという状況を区別していない。（略）ある人が物理的
に我々の近くにいるために，その人との個人的なつながりを持っているという事実は，我々が
その人を援助する可能性を高めるだろう。しかしだからと言って，たまたまもっと遠くにいる
人よりもその人の方を援助するべきだということにはならない。

　（略）私が辺りを見渡すと，私と変わらない距離のところに他の人がいて，彼らも子どもが
溺れていることには気付いているが，何もしていないということが分かったならば，溺れてい
る子どもを池から救い出す私の義務は軽減されると考えるべきなのだろうか。

（ピーター・シンガー著，児玉聡訳『飢えと豊かさと道徳』勁草書房，2018，pp.4-9）

※読みやすさを考え，表現を一部変更しています。

　（略）今日の消費社会は人々が飢餓救済に寄付するのではなく，取るに足らないものにお金
を費やすことによって成り立っているが，我々はその消費社会が衰退し，そして，おそらくは
完全に消え去るのに十分なぐらい寄付をしなければならないだろう，ということだ。このこと
がそれ自体で望ましい理由はいくつかある。今日，経済成長の価値と必要性については，自然
保護活動家だけではなく，経済学者によっても疑念が呈されている。また，消費社会が人々の
目標や目的に悪い影響を及ぼしてきたことに疑いはない。（略）次のように言われることがあ
る。すなわち，ほとんどの社会問題は事実をどう評価するかが主たる問題であるため，哲学者
が公共の問題に関して果たす特別な役割は存在しない，と。（略）だが，明らかに飢餓の問題
は，そうした問題の一つではない。苦しみの存在に関する事実に議論の余地はない。（略）し
たがって，これは哲学者が立場を決めることのできる問題なのだ。この問題は自分と自分の家
族を養うのに必要となるお金よりも多くを持っているか，何らかの政治行動を行える立場にあ
る人々全員に突き付けられた問題である。

（前掲書 pp.25-28）

「ジェンダー平等」を再考する

指導要領【公共】C-ア

ア　地域の創造，よりよい国家・社会の構築及び平和で安定した国際社会の形成へ主体的に参画し，共に生きる社会を築くという観点から課題を見いだし，その課題の解決に向けて事実を基に協働して考察，構想し，妥当性や効果，実現可能性などを指標にして，論拠を基に自分の考えを説明，論述すること。

指導のねらい

①日本社会という公共空間において，「ジェンダー平等」をあらためて考える価値のある問題として捉える。（学びに向かう力）
②ジェンダー平等に関する思想や制度を理解する。（知識・技能）
③ジェンダー平等を阻むものは何か，自分たちに何ができるかを個人やグループで考える。（思考・判断・表現）

学習内容・授業方法等の概説

・学習指導要領「3　内容の取り扱い」（3）オ（オ）には，次のように述べられている。
　指導のねらいを明確にしたうえで，日本国憲法との関わりに留意して指導すること。「人間の尊厳と平等，個人の尊重」については，男女が共同して社会に参画することの重要性についても触れること。

内容Aで身に付けた考え方・基本原理

・ロールズにおける「公正」の概念や，思考実験「無知のヴェール」など。
・入学試験におけるアファーマティブ・アクションや，集団内のジェンダーバランスにおけるクオータ制など。
・オランプ・ド・グージュやメアリ・ウルストンクラフトらにはじまる西洋のフェミニズム運動，ボーヴォワールの『第二の性』におけるジェンダー論など。

	授業内容		備考
導入	1．大学入試女子枠の紹介と，社会的意義に触れる。 2．日本国憲法を確認し，逆差別の可能性に触れる。 　本時の問い：「法の下の平等」はスタートかゴールか。	（7分） （7分） （1分）	p.211 の「◆注意点」 を参照
展開	1．ジェンダーの視点の導入と生徒の活動 2．たとえ話と生徒の活動	（10〜15分） （15分）	
まとめ	本時の問いと活動を振り返る。	（5分）	

☆導入からの流れ

・日本国憲法で保障された「法の下の平等」を確認する。

・「法の下の平等」にもかかわらず，実際には男女間に差別的扱いがあるという「ねじれ」を確認する。

・なぜ「ねじれ」が起こるのかを追求すると，社会構造に行きあたることを知る。

・社会を構成する一員として，「ねじれ」に対してどのような態度をとるべきか。アファーマティブ・アクションをもとに考える。

授業展開 ◆ 「ジェンダー平等」を再考する

導入1

東京工業大が女子枠を設定するというニュースを紹介する（まだ資料1〈p.213〉の中身には触れない）。女子枠の分だけ定員が拡大されるのではなく定員内に設定されるので，その分男子の不合格者が出ることに留意して紹介する。そのうえで，大学側の対応に対する直感的な印象を生徒に聞いてみる。

○個人活動

資料1を受け取り，女子枠設定の理由を読み取る。

解説 女子枠設定の理由として書かれているのは，

・学士課程の女子学生比率が低い（約13%）

・日本の理工系で学ぶ女性比率は世界的に見て低い（OECD 加盟国中で最低）

→女子学生比率が低いということは，そもそも女性を排除しているということであり「インクルージョン」（包括性）に欠ける。その結果「ダイバーシティ」（多様性）が失われ，男性ばかりの視点で気づかない問題や解決方法などが当然出てくる。

・社会変革の起点とするため。つまり最高峰の理系国立大学がもつ社会的責任をはたすため。

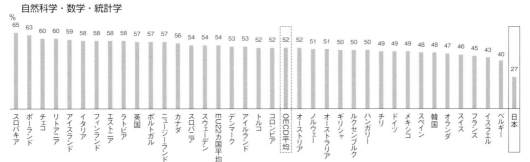

OECD加盟国の高等教育機関の入学者に占める女性割合（2019）

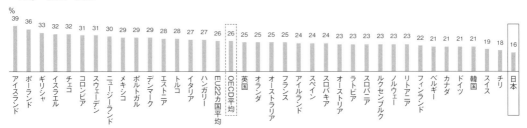

（「Society 5.0 の実現に向けた 教育・人材育成に関する政策パッケージ」
https://www8.cao.go.jp/cstp/tyousakai/kyouikujinzai/saishu_1.pdf より作成）

導入2

　なぜ日本は理工系への女子進学率が非常に低いのか，そもそも女子枠は男女平等に反しないのか，生徒はいろいろと気になっているかもしれない。そこで男女平等について考えるもう1つのケースを紹介する。

　じつは東京工業大に10年先立つ2011年，九州大理学部数学科で女子枠入試の設置が試みられていた。しかしこのときは「批判」を受けるなどして取りやめることとなった（資料2，教員用）。

発問 この「批判」とはどのようなものだったか想像してみよう。

　　　→男子学生への「逆差別」ではないか，憲法14条にある「法の下の」平等に反するのではないかという批判が代表的。→必要に応じて教科書などで憲法14条を確認する。

解説 このように，不利益を受けている立場の人にあえて積極的に機会を提供することを「アファーマティブ・アクション（積極的差別是正措置）」と呼ぶ。しかし，これを「逆差別」だと感じる人も出てくる。

○ペア活動

　九州大や東京工業大のように国立大学で理系進路の女性を増やして社会の多様性などを促進させるため，アファーマティブ・アクションの一環として，女子枠を設置するという立場と，どのような理由であれ「逆差別」と感じる人がいる女子枠は認めるべきでないという立場が出てきた。それぞれの立場について生徒はどのような考えをもっているか，ペアでの簡単な意見交換を行う。

◆本時の問いの導入：「『法の下の平等』はスタートかゴールか。つまり，決して手を加えてはいけない絶対的なスタート地点なのか，それとも未完成で相対的に調整していく必要があるゴールなのか」

→憲法条文上で「平等」だからといって，現実問題として男女の不平等は存在している。「自分や周りの人には差別意識がない，憲法でも定められている」そのように思考を止めるのではなく，何かしらの差別構造を歴史的に内包した社会を生きる一員としてあらためて考える位置に生徒が立てるような活動を行う。

展開1

本時のテーマは「『ジェンダー平等』を再考する」。単に男女平等と言ってしまうと，問題がぼやけてしまうので，今後はジェンダーの視点を取り入れよう。

解説 「ジェンダー」の視点の導入（板書やプリントなど）

「ジェンダー」とは，うまれながらの遺伝子的・身体的な特徴という生物学的な区別によって規定された性ではなく，なんらかの歴史を背負った特定の社会の中を生きていく中で「こうあるべき」という形で社会的・文化的によって規定された性のこと。

たとえば生まれたときに身体的特徴（細かくいうと男性にしかないY染色体がある）から判断されるのが生物学的な性，いわゆる「男性」で，育っていくなかで「男ならこうすべきだ」「男にそれは似合わない」などの形で特定の社会の価値観を背負わされて形成されるのがジェンダーである。ジェンダーは家庭で形成されるだけでなく学校や会社でも継続的に形成・確認される。また，大人から押し付けられるだけでなく子ども同士でも確認し合ったり，自発的に身に付けていったりもする。

○個人活動

「○○らしくしなさい」のように，他者から求められたり，逆に他者に要求したり，あるいは自分自身で気をつけていたりするような「〜らしさ」が関係するもので，自分が言われてきた言葉や社会で見かける言葉などをたくさん書き出してみよう。ここではジェンダーに限定せず，自由に考える。

その後グループで共有するので，思い出しても書きたくないものは書かなくて大丈夫。

○グループ活動→個人活動

いま挙げられた「〜らしさ」の言説についてグループで共有しよう。

（共有後）ジェンダーに関するものはどれぐらいあっただろうか。ジェンダーの他には何に関するものが多かったかな。自分やクラスメイトが意識的にまたは無意識のうちにどのような「らしさ」を社会から求められてきたのか気づいたことを簡単にまとめておこう。

解説

いまの活動を通して，人によって必要以上のものを求められたり，逆に制限されたりということが起こっていることが見えてきたはず。ジェンダーの問題は，生まれたときにどのような性だったかという事実の問題というより，社会の中の「こうあるべきだ」という価値観や圧力によって差が

生まれてしまうという意味では，私たち自身がその中を生きつつもしかしたら無意識に再生産している社会問題といえる。

展開2

○個人活動→グループ活動

次のたとえ話を読み，まず個人で意見を書き，共有しよう。

> ある国の人気スポーツ「R」は長い歴史をもっています。「R」はこれまでずっと右利きの人しか参加できませんでした。右利きの人を前提にしてすでにルールや道具が決まっているため，左利きの人を受け入れることも難しそうです。そもそも左利きの人は「R」のプレイヤーを目指そうとも思いませんでした。
>
> ところがあるとき，歴史のあるスポーツだからという理由で左利きの人を排除するのは合理的とはいえないという違憲判決が出されました。
>
> そこで，「R」のルールや道具も，左利きの人が「平等」に参加可能なように少しずつ変更されていきます。しかし「Rの本質が損なわれた」「違和感に我慢できない」「左利きは別でやれ」などの声も上がります。そして，左利きの選手はまだ出てきたばかりで数も少なく，右利きのスター選手たちには敵いません。
>
> この現状を見た人々は，「条件はもう平等なはずなのに，やはり左利きの人は生物学的に「R」に向いていないのかもしれない」と思い始めます。
>
> さて，あなたは左利きの高校生です。いままで見るだけだった「R」ですが，いまは利き手に関係なく「R」をプレイできるようになりました。そこで，大好きな「R」のプレイヤーとして大学進学を目指そうと決心しました。いずれはたくさん稼げるプロになりたいと考えています。
>
> あなたは学校の「R」部に入ったものの，次のような「現実」に遭遇します。ほとんどが右利きで，小さなころから「R」を続けてきた経験者。コミュニティができあがっており，あなたはそこに入れない。コーチは右利きしか指導したことがなく，あなたに戸惑っている。左利きの道具はそろっておらず，ネットで高価な左利き用を見つけるしかない。先生や親は，「左利きで「R」を目指すのは不利だからやめたほうがいい」とアドバイスをしてくる。「R」の実技で大学受験をしたいが，受験情報はほとんど右利き用。実技の審査官はおそらく全員右利きなので，公平に評価されるか不安がある。進路の相談ができる左利きの先輩がいない。（生徒がこういう「現実」を想像する活動も可能です）
> どうやら「R」の世界を支えるのは，「右利きが右利きを育てて右利きが活躍する」という歴史や社会構造そしてわたしたちの認識のようです。さて，このような構造が内側から自然に変わらないとしたら，右利きと左利きの平等を実現するために何ができるでしょうか。ひとつは大学やプロに「左利き枠」というものを作り，歴史的に存在しなかった「左利き」のコミュニティを育てながら私たちの認識を変えることが考えられます。もうひとつは，憲法にある「法の下の平等」を理由にあえて何もしないことです。それぞれの立場のメリットやデメリットを考え，どちらがより良いか考えてみましょう。

問い①：歴史的に形成されてきた「R」と「左利き」への認識やイメージは，「平等」になったあとも人々の中に残り続けていることがわかります。「左利き」の人は具体的にどのような不利益を受けているかできるだけ見つけてみましょう。

問い②：このたとえ話の「平等」や問い①で見た不利益について，現実にある「女子枠入試」の必要性と対応するところをできるだけ見つけてみましょう。

問いに対する答えを一度自分で書いてみて，その後グループで共有します。
女子枠のようなアファーマティブ・アクションに対する第一印象と，現在の考えがどのように変化したかについても話し合って，最後に個人で書き残します。

まとめ

「『法の下の平等』はスタートかゴールか」という本時の問いに対して取り組むことにより，その背後にあった社会的・文化的なジェンダーの重要性が浮き彫りになった。今現在だけの平等や正義を考えると「逆差別」に見えても，歴史を踏まえた通時的な正義を考えると「アファーマティブ・アクション」の必要性についても別の見方ができるようになったかもしれない。

同じように，環境についての世代間倫理や，戦争責任のような「なぜいまを生きる自分たちが責められるんだ」と感じるようなものについてもあらためて考えてみたい。

■評価

アンケートフォームなどで以下のようなことをどれか1つ，または組み合わせて聞いて終わる。知識については単に○×で点数化できる。それ以外は，A～Cの三段階などで評価できる。意見はぜひ共有したくなるが，内容によって判断する。以下，質問例。

〈知識・技能〉
次の言葉について簡単に説明してください。空欄には適語を入れましょう。
①ジェンダーとはどのようなものか。
②憲法第14条「すべて国民は法の下に□□であり，…」，第24条2「…法律は，個人の尊厳と両性の□□に立脚して，制定されなければならない」

〈思考・判断・表現〉
・今回の授業の中で，もっとも考えさせられたと思うのはどのようなことですか。また，それについてあなたがどのような考えや疑問をもったか教えてください。
・悪意をもって女性を攻撃してはいないのに，男性であるというだけで罪悪感をもつべきでしょうか。反対に女性は，基本的に不利益を被っている存在として自覚すべきでしょうか。
（この考えにとくに異性はどう反応するでしょうか？　ぜひ話し合ってみてください）

〈学びに向かう力〉
・今回の授業を受ける前のあなたの意見や，ジェンダー平等への意見はどのようなものでしたか。授業を受けたあとで，もっと知りたくなったこと，探求したくなったことはどのようなことですか。

◆注意点

　この授業では，「男は恵まれているな」「女は楽だな」といった分断が生まれることを望んでいない。したがって次のようなことに注意したい。
・女性を称揚することに終始しない。「女性は～」という形で褒めることは，女性に対するこれまでの見方の単なるバリエーションの一つに終わったり，新たな「性別役割」を押し付けたりする危険性がある。
・男性側の「相対的剥奪」の感覚を念頭に置く。女性のいわゆる社会進出を奨励することはこれまでの女性側の損失からするとむしろ当然のことといえるが，さまざまな利益を自明のものとして生きてきた男性側からすると，自分にとって悪意なく当たり前にあった環境が急に責められたり，女性に奪われたりするように感じる「相対的剥奪」の感覚が生じやすい。
・性自認や性的指向の多様性については本時の資料からは触れられていない。しかし，ジェンダーの視点によって問題化された社会的・文化的な圧力に自覚的であれば，いわゆる「男女」以外を排除せずに包括的に考える可能性を開く。

■他の授業例／発展的な授業例

☆哲学対話を行う。テーマは「～らしさ」

　導入部分で「女子は数学が苦手だ」のような言説を持ち出し，あたかも自然本性的に「～である」かのように語られるさまざまな思い込みなどを解きほぐしていく。

　クラス全体，または男子と女子の2つか，あるいはどちらかに入れられたくない生徒の3つのグループ（数が少なければファシリテーターや記録・観察係などもできる）などをつくる。

　まず自分やきょうだい・友人が言われたことのある「～だから…しなさい（してはいけない）」という具体例の共有からはじめ，「誰」が「何のために」そんなことを言うのかを考え，ジェンダーを形成する言説の主体や理由を探っていく。

　自らを反省しつつ言語化したり，自覚的でない部分については他者の意見を頼りにすることで自己と他者の理解を深める。明確な問いがなくても進行可能だが，特定の生徒への揶揄などや発言の強制が起きないよう事前に確認しておく。

☆ 展開1 のかわりに，理系だけでないジェンダーの偏りの例を示す。

　資料3 によると，東京大の「在校生10人のうち8人，教授10人のうち9人は男性」である。国民の負担などによって広く学びの機会を開いている国立大学のうち，最高峰の環境を提供していると思われる東京大学において，男性の受益者が圧倒的に多いという事実をどう捉えるべきだろうか。単純に「男性のほうが優秀だから自然の結果だ」という意見も出ると思うので，資料3 を読み込みながら原因を考える。

☆ 展開1 のかわりに，資料4 の読み取り授業を行う。
・まず資料4 における政府見解では，グローバルジェンダーギャップ指数（GGGI）の4項目のうち，教育と健康については男女の差別はないと考えられている。
○4人班活動
　実際にGGGIの4項目について読み取りを行う。

・各項目に追加質問①〜④を与え，そこで計測される内容の詳細を調べる（インターネットで自由に調べるか，「男女共同参画白書」〈https://www.gender.go.jp/about_danjo/whitepaper/index.html〉などを用意する）。その後，その計測方法では見えなくなっている隠れた差別の可能性についても考える。

【追加質問】

　①政治：国会議員や地方議会における女性議員の割合は？

　②経済：上場企業における女性役員の割合，初等中等教育における女性教頭の割合，大学における女性教授の割合。 参考1 などを参照。

　③教育：男女の大学進学率　下記 参考2 などを参照。

　④保健：男女の健康寿命　下記 参考3 などを参照。

　グループでの共有後，さらに資料を使って探究する場合のために以下の 参考1〜3 を挙げる。GGGI の項目について， 参考1 は「経済」， 参考2 は「教育」， 参考3 は「保健」に関わる。

参考1

　次の資料から各職業における女性の割合を確認する。例として歯科衛生士100％，保育士（保母）99％，栄養士96.3％，看護師96.2％，薬剤師64.6％ など。ケア労働（保育士，看護師）や男性の補助的な役割（歯科衛生士）などが目立つ。「シャドウワーク」（資本主義社会で主な稼ぎ手となる夫を支える対価の支払われない仕事）の歴史について考えることもできる。

https://www.gender.go.jp/research/kenkyu/sankakujokyo/2000/3-1.html

参考2

　男女の大学進学率を確認し，冒頭で示したような「女子枠」についての議論は男女の割合を見ないと把握できず，GGGI の教育分野の「平等」も疑わしい。

　また， 参考1 から教育する側（幼・小・中・高・大の先生における女性の割合の変化）についても，高等教育になるほど女性教員の割合が下がることが確認できる。そして大学進学率については男女でほぼ等しいのに，管理職の割合や労働力率において男女の差があることもわかる。女性の労働力率におけるM字カーブの解消と，正規雇用率におけるL字カーブの紹介を行えば，正社員として勤続しつつ昇進する母数が少ないことが確認でき，その背景として妊娠・出産・育児を女性個人の問題にしていることに触れられる。

https://www.gender.go.jp/about_danjo/whitepaper/r03/zentai/html/zuhyo/zuhyo01-05-01.html

参考3

平均寿命と健康寿命

　これは女性のほうが長生きだからよいということではなく，女性は妊娠・出産という身体的負担があり，自分だけでなく多くの場合家族の健康管理も担い，メイク・脱毛・生理用品など身体に関わる経済的負担も大きいということが見えないことに注意したい。

https://www.gender.go.jp/about_danjo/whitepaper/h28/zentai/html/zuhyo/zuhyo01-04-01.html

■参考資料

資料1：「東京工業大学が総合型・学校推薦型選抜で143人の『女子枠』を導入」
　　　　東工大ニュース（2022年11月10日）https://www.titech.ac.jp/news/2022/065237

資料2：「九州大学の『女性枠』入試　『男性差別』批判で取りやめ」
　　　　J-CAST（2011年5月19日）https://www.j-cast.com/2011/05/19096034.html?p=all

資料3：「東大でお待ちしております
　　　　～誰もが活躍できるキャンパスを目指して，松木則夫 男女共同参画室長より～」
　　　　東京大学男女共同参画室（2019年9月3日）
　　　　https://www.u-tokyo.ac.jp/kyodo-sankaku/ja/campus-voice/s0902_00002.html

資料4：内閣府男女共同参画局（2022）「共同参画」2022年8月号
　　　　https://www.gender.go.jp/public/kyodosankaku/2022/202208/202208_07.html
　　　　※なお，ジェンダーギャップ指数（Global Gender Gap Index）の元データについては，
　　　　次のページから年ごとに確認できる。
　　　　　→ https://www.weforum.org/reports/

資料5：「ひとりひとりが幸せな社会のために_パンフレット2020」内閣府男女共同参画局（2022）
　　　　https://www.gender.go.jp/kaigi/renkei/pamphlet/pdf/panphlet_part01.pdf

資料6：「科学技術・学術審議会（第28回）資料」文部科学省（2009）
　　　　https://www.mext.go.jp/b_menu/shingi/gijyutu/gijyutu0/shiryo/attach/1267330.htm

（古賀裕也）

都道府県人口最少自治体から見る
「持続可能な地域づくりの主体となる私たち」
─高校生としての私たちにできる地域貢献とその参画─

指導要領【公共】C-ア

ア　地域の創造，よりよい国家・社会の構築及び平和で安定した国際社会の形成へ主体的に参画し，共に生きる社会を築くという観点から課題を見いだし，その課題の解決に向けて事実を基に協働して考察，構想し，妥当性や効果，実現可能性などを指標にして，論拠を基に自分の考えを説明，論述すること。

指導のねらい

①生徒の居住する都道府県を単位として，地域の課題を探究する。
②課題の解決に向けて，考察・構想し，妥当性・効果・実現可能性を探究する。
③構想した解決策の中で，生徒自らが主体的に参画するにはどうすべきかを探究する。

学習内容・授業方法等の概説

・「公共的な空間における基本的原理を」「事実を基に，多面的多角的に考察」するための一例として，どの都道府県にも存在する人口最少自治体の公共的空間を事例として取り上げる。2時間扱いとする。6〜7人のグループワークとする。（3　内容の取扱い（3）エ）

・1時間目には，第一に都道府県ホームページのインターネット検索により生徒の居住都道府県内の人口最少自治体を調べ，第二に当該自治体ホームページ等で人口・産業・所得などの現状を調査させ，地域の「公共的空間」の問題を捉えさせる。

・生徒自身が居住している地域がたとえ大都市地域であったとしても，あえて居住都道府県内の人口最少自治体を取り上げることで，生徒にとっては同じ「公共的空間」を共有する地域であることにも気づかせる。

・2時間目には，人口最少自治体の「公共的空間」の課題をまず正しく捉えることを目的とする。とくに生徒が大都市居住民としての視点しかもっていない場合には「伝統や文化，先人の取組や知恵」についても視点として加えるように指導する。

・そして「幸福論」と「義務論」の考え方も用いながら人口最少自治体のかかえる問題について「公正に判断」し，すでに当該自治体が対策をとっている場合にはそれも踏まえて解決策を「考察，構想」させ，「論拠を基に自分の意見を説明，論述」させる。

・さらに「思考実験」の手法を用いながら，生徒自身がその問題の解決に対して主体的に参画できないかを考えさせる。

内容Aで身に付けた考え方・基本原理

・「伝統や文化，先人の取組や知恵」と人口最少自治体での生活との関係について探究する。
・「幸福論」と「義務論」の考え方と人口最少自治体の地域課題との関係を探究する。
・「思考実験」の手法を用いて，生徒自身の主体的参画の可能性について探究する。

学習指導案

〈1時間目〉

	授業内容	備考
導入	6～7人のグループ作成。 学校の所在する都道府県の「人口最少自治体」とは？ 1．予想アンケート（web上のフォーム集計でも可） 2．都道府県ホームページ等で市区町村別人口統計を検索　　　（10分）	・アンケートののち，1人1台端末等で検索し，すぐ結果を出す。
展開	人口最少自治体の「公共的空間」の実態を知ろう。 1．自治体ホームページで人口・産業の様子を検索する。 2．内閣府・経済産業省のサイトRESAS〔リーサス〕を用いて人口総数や産業別人口，高齢化率の変遷と推計，業種別事業所数や業種別従事者数を検索する。 3．都道府県ホームページ等を用いて当該自治体の市区町村民所得を検索し，平均県民所得と比較する。　　　（30分）	・自治体ホームページは充実していないことも多いが，その実態も理解させるため，あえて検索させる。
まとめ	その自治体は，なぜ人口最少なのだろう？ 各種webサイトで検索したデータを分析し，当該自治体が人口最少である理由を，グループ内で話し合う。　　　（10分）	

〈2時間目〉

	授業内容	備考
導入	人口最少自治体の「公共的空間」の問題点とは？ 1．当該自治体の人口・産業・所得などから「公共的空間」の現状や将来にわたる問題点を列挙する。 2．当該自治体がすでに問題点を認識していないか，すでに対策を進めていないか，検索する。　　　（10分）	・人口最少だからといって所得が低いとは限らない。それでも将来面の問題点はあるはずとの示唆を与える。
展開	「公共的空間」の問題点解決のために 1．当該自治体が対策をはじめている場合，それが効果的なのか検証しよう。 2．問題点解決のための構想を試みよう。 3．構想した案に高校生としてできることを考えよう。　　　（30分）	・構想案に対しては国，都道府県，当該市区町村行政，当該自治体住民レベル等でできることを明示させる。
まとめ	構想した案の妥当性を考え，実践しよう。 1．本当に当該自治体住民は，その案を喜んでくれるか。 2．構想した案に自分たちが実際に参画するためにという点について，グループ内で話し合い，記述する。　　　（10分）	・構想案は自治体の伝統を壊すものではないか検討後，参画へ。

授業展開 ◆都道府県人口最少自治体からみる
「持続可能な地域づくりの主体となる私たち」
―高校生としての私たちにできる地域貢献とその参画―

〈1時間目〉

導入

発問 本校の所在する都道府県の市区町村の中で，人口最少の自治体はどこでしょうか？

解説 学校の所在する都道府県内の「人口最少自治体」を認識させることが目的。自由に挙手させてもよいし，用紙を配付して記述・回収してもよいし，1人1台端末が整備されていればアンケートフォームを作成して回答させたうえで結果を表示してもよい。

発問 人口最少の自治体を，インターネット検索してみましょう。

解説 「市区町村　人口　○○県」と検索すると，各都道府県または民間研究機関等のホームページで検索できる。47都道府県で検証済みである。アンケート結果との差を比較する。

展開

発問 人口最少の自治体のホームページを検索し，人口の推移や産業の実態を調べてみましょう。

解説 最新の男女別人口数や増減が表示される場合もあるが，年齢別人口や産業については言及がない場合も多い。それどころかコンテンツが充実していなかったりデータ更新がなされていなかったりする場合も散見される。逆にその実態を生徒に理解させることも重要である。

発問 内閣府と経済産業省が合同で作成している「RESAS（リーサス）」というwebサイトがあります。人口最少の自治体の人口総数，年齢別人口と高齢化率の変遷と推計，業種別事業所数や業種別従事者数を調べてみましょう。

解説

1．「トップページ」＞「データ分析支援」＞「分析対象自治体を選択」と進む。

2．人口最少自治体をプルダウンによって選択する。

3．「分析テーマを選択」と進み，「人口対策」および「第一次産業」「第二次産業・第三次産業」という分析項目を選択させる。

・「人口対策」では近年の人口の推移と将来人口推計が表示されたうえ，解説文も示される。

・「第一次産業」では農業産出額等が，「第二次産業・第三次産業」では産業分類ごとの企業数，従業者数，売上高等が示される。なお都道府県全体データと比較できるようになっている。

RESASの初期画面

資料

RESAS の「第一次産業」で分析されるもの

農業の構造 ＞ 農業産出額 ＞ 農業者分析 ＞ 農地分析（経営耕地面積〈経営体あたり〉）＞ 農地分析（経営耕地面積〈総面積〉・農地流動化率）＞ 農業経営体の法人化率 ＞ 農業生産関連事業の実施状況（レーダーチャート）＞ 海面漁獲物等販売金額 ＞ 海面漁業経営体分析 ＞ 海面漁業者分析 ＞ 内水面漁獲物等販売金額 ＞ 内水面漁業経営体分析 ＞ 内水面漁業者分析

RESAS の「第二次産業・第三次産業」で分析されるもの

全産業の全体像 ＞ 全産業の構造 ＞ 稼ぐ力分析 ＞ 労働生産性（企業単位）＞ 労働生産性（製造業の事業所単位）＞ 製造業における製造品出荷額と従業者数の変遷

RESAS の「人口対策」で分析されるもの

人口推移 ＞ 人口ピラミッド ＞ 自然増減・社会増減の推移（折れ線）＞ 自然増減・社会増減の推移（移動平均）＞ 人口の自然増減 - 合計特殊出生率と人口推移 ＞ 人口の社会増減 - 人口移動 ＞ From-To（定住人口）

RESAS の東京都青ヶ島村の「人口対策」分析の事例 ―東京都の人口最少自治体―

2020 年の年少人口割合，生産年齢人口割合は東京都全体と比べて高い。2020 年の老年人口割合は東京都全体と比べて低い。総人口は 2020 年と比較して 2025 年に 85.2%，2035 年に 71.6%，2045 年に 61.5% になる。

発問 都道府県ホームページ等を検索し，市区町村民所得を調べ，都道府県民所得の全体平均値と比較してみましょう。

解説 多くの都道府県ホームページ及び民間サイトで検索できる。都道府県民所得全体平均値よりは下の数値となることが多いが，最下位とはならない事例も多い。市町村合併によって過去には都道府県内でもっとも深刻な問題をかかえた地域が人口最少とならなくなった場合もあるからであり，事情を解説すべき場合もある。一部の例では，逆に人口最少自治体が高い所得水準となる場合もある。これについては RESAS での分析を適切に行わせるなど，十分な分析が必要となろう。

まとめ

（発問）なぜ，この自治体が人口最少なのでしょうか，理由を考えてみましょう。自然的条件，社会的条件の双方から分析して，グループ内で話し合いましょう。

（解説）RESASなどのデータでわかることは社会的条件が中心であるが，自然的条件にも目を向けさせる。山間部あるいは島嶼部であることによる都道府県庁所在地などの中心都市からの隔絶性，災害被災との関連なども含めた分析が必要である。

〈2時間目〉

導入

（発問）人口最少自治体の「公共的空間」にはどのような問題点があるでしょうか。「持続可能性」をキーワードにして現在だけでなく将来にわたるものも含めて，グループで考えて列挙してみましょう。

（解説）人口，産業，所得などのデータおよび自然的条件から，地域の問題点を指摘させる。キーワードを「持続可能性」とすることで，もし所得水準の高い自治体であったとしても将来的な視点をもたせれば問題点は指摘できるはずである。

（発問）人口最少自治体のホームページを見て，自治体自身が問題点を認識しているかどうか調べてみましょう。また自治体自身がすでに問題解決のための対策をはじめているかどうかを調べ，対策をはじめていた場合はその内容を挙げてみましょう。

（解説）ホームページの項目自体にはそれほどの記述がない場合でも，市区町村発行の「町報」などのリンクが貼られている場合がある。その中に自治体の動きが掲載されている事例もあるので，注目させたい。

展開

（発問）「公共的空間」の問題点に対して人口最少自治体が対策をはじめている場合，それが効果的なのか，グループ内で意見を出し合ってみましょう。

（解説）人口最少自治体ホームページだけではなく，地元商工会・地元企業・地元住民・旅行者などによる記述がないか，グループ内で分担しながら検索させる。検索できた場合，その施策の良い点と問題のある点という両面で分析を試みさせる。

（発問）「公共的空間」の問題点のうち1つを取り上げ，その解決のための構想を試みて，ワークシートにまとめてみましょう。

（解説）ここでは，いろいろな主体が問題解決のために動く構想をさせる。細かく分類してあるため，ワークシートを見るだけで到達目標がわかり，たとえば国家行政のできることと都道府県行政のできることなどには違いがあることを判断できる。教員側としても，これが誤っていないかどうかを評価の際の指標にすることもできる。

まとめ1

(発問) この構想案を，人口最少自治体の住民は本当に喜んでくれると思いますか。自治体の伝統文化などをあらためて検索し，それを破壊することはないのか，実現可能性はあるのかを検証してみましょう。

(解説) 高校所在地しだいではあるが，生徒の構想は大都市側からの論理でつくられる可能性が高い。祭りや地域産業などの伝統的文化との関連性や，年齢層的に可能な内容であるのかを考えさせる。ここで，内容Aで学んだ「伝統文化論」や「幸福論と義務論」の考え方を復習しながら，生徒の構想が妥当で実現可能性があるか否かを判断させる。
時間があれば「思考実験」を取り入れ，この構想案を導入したときに当該自治体でどんなことが起きるのかということについても考えさせたい。

(発問) この構想した案に自分たちが実際に参画するために，高校生の個人として，高校生のグループとして，具体的にどのようなことからはじめていったらよいでしょうか。グループ内で話し合い，記述してください。

(解説) ポイントとして第一に挙げられるのは，本当に高校生としてなし得るものであるかということである。評論家的な発想に終わらないようにさせる必要がある。第二は，個人的にできることと，グループでこそできることに分けて考えているかということである。高校生レベルであれば，かなり大きなことも達成可能であることに気づかせたい。ただし，大きなことをはじめた場合，下級生へその活動をつなぐなど，「持続可能性」という部分まで考察させたい。第三は18歳選挙権との関連である。地域を担っていく主体としての認識もさせられるようにしていきたい。

■発展的な授業例

1．グループごとに発表の準備時間を設け，RESAS分析データおよびグループ内で構想した案を含めたプレゼンテーションを実施する。
2．グループごとに構想した「公共的空間」の問題点解決策の妥当性や実現可能性について，クラス全体で討論する。場合によっては，提案に関して生徒相互評価も実施する。
3．もっとも妥当性や実現可能性が高かった提案について，とくに「高校生としてできること」に関して具体的な実践を開始する。

■レポート・小論文課題例

学校所在都道府県以外を1つ選び，「人口最少自治体」の公共的空間の問題点を抽出し，1点を選び，それを解決する「持続可能な地域づくり」のための提案を行いましょう。その県内に居住している人々，とくに県内に居住している高校生であっても参画可能な提案としてください。

(坂口克彦)

ワークシート

構想内容の大きなテーマ名	
a．地域住民一人ひとりが解決のためにできること	
b．地域の小集団の人々が解決のためにできること	
c．自治体全体の人々が解決のためにできること	
d．解決のために人口最少地方自治体が行政としてできること	
e．解決のために都道府県が行政としてできること	
f．解決のために国家が行政としてできること	
g．都道府県内に住む住民一人ひとりが解決のためにできること	
h．都道府県内に住む高校生が解決のために1人でもできること	
i．都道府県内に住む高校生が解決のために集団でできること	

私たちは，文化とどのように関わっていけばよいのか？

（文化相対主義と人権）

ア　地域の創造，よりよい国家・社会の構築及び平和で安定した国際社会の形成へ主体的に参画し，共に生きる社会を築くという観点から課題を見いだし，その課題の解決に向けて事実を基に協働して考察，構想し，妥当性や効果，実現可能性などを指標にして，論拠を基に自分の考えを説明，論述すること。

指導のねらい

①キルギスの誘拐結婚の「現実」を理解する。

②文化相対主義並びに普遍的人権主義の考え方を理解する。

③「相手の芽を摘むのではなく，根に水をあげて花が開くことを待ち望みたい」という言葉から，誘拐結婚の当事者に対する第三者の関わり方について話し合う。

学習内容・授業方法等の概説

・学習指導要領「3　内容の取扱い」（3）には次のように述べられている。

キ（ア）（略）「個人を起点として，自立，協働の観点から，多様性を尊重し，合意形成や社会参画を視野に入れながら探究できるよう指導すること」

内容Aで身に付けた考え方・基本原理

・文化相対主義（＝自文化中心主義批判）：レヴィ・ストロース

・社会契約説の自然権思想，基本的人権の尊重

	授業内容	備考
導入	1．キルギスの位置・経済・宗教などを理解する。 2．誘拐結婚の「現実」を理解する。　　　　　　　（15分）	・新聞記事や写真集等を活用する。
展開	1．文化相対主義（＝自文化中心主義批判）の主張を理解する。 　A：レヴィ・ストロース 　B：サイード 2．普遍的人権主義の主張を理解する。 3．1．と2．のどちらかの立場に立ったうえで，誘拐結婚について思うところを文章化し，グループで発表する。 　　　　　　　　　　　　　　　　　　　　　　（25分）	・文化相対主義の主張が理解できれば，必ずしもサイードやレヴィ・ストロースを持ち出す必要はない。 ・その立場に立つ理由を明らかにしたうえで，自分の見解を説明し，もう一方を批判させる。
まとめ	「現代の日本の文化の中にもこのような問題はないのだろうか？」「伝統や文化を肯定しながらも，人権が守られていくためには何が必要か？」をグループで話し合う。 　　　　　　　　　　　　　　　　　　　　　　（10分）	・「相手の芽を摘むのではなく，根に水をあげて花が開くことを待ち望みたい」という研究者の言葉を紹介する。

授業展開　◆私たちは，文化とどのように関わっていけばよいのか？（文化相対主義と人権）

導入1

新聞記事を読ませて，キルギスの位置・経済・宗教などを理解させる。

資料

中央アジアにある内陸国。緯度は北海道とほぼ同じ。国土の4割が標高3000mを超える山岳地帯。人口の7割を超えるキルギス人の祖先は遊牧民。1922年にソ連の支配下に入ってから定住化が進んだ。主要産業は，農業・畜産業だが資源に乏しく，一人当たりのGDPは1268ドルで世界160位前後。最貧国の一歩手前。首都ビシュケクと地方の経済格差が拡大しており，農村の若者など人口の1割がロシアなどに出稼ぎに行っている。宗教は主にイスラム教スンニ派（略）　　　　　　　　（「誘拐結婚が伝統の国って」朝日新聞2020年3月4日朝刊より）

導入2

新聞記事や本を読ませたり，写真集を見せたりして，誘拐結婚の事実を知らせる。

資料

男性が女性を意思に反して連れ去り，婚姻を強要すること。キルギスなど中央アジアのいくつかの国で続いており，求婚された女性は結婚を承諾するまで，男性の一族に囲まれて夜通し説得される。キルギス政府は根絶方針を打ち出し，懲役刑が科される罪が規定されている。だ

が，一部のキルギス人の間では「伝統」として許容する空気があり，国連によると，24歳以下の女性の13.8％が誘拐結婚を強いられている。国連は2018年5月，「誘拐結婚はキルギスの『文化』や『伝統』に基づくものとは言えず，弱者の権利を侵害する行為だ」と指摘し，キルギス政府に対し，加害者の処罰や被害者の保護に努めるよう求めている。

（「誘拐結婚が伝統の国って」朝日新聞2020年3月4日朝刊より）

　男性が女性を突然強引に連れ去り，結婚を強要する。中央アジアのキルギスで見られる「誘拐結婚」の実態にフォトジャーナリストの林典子（30）が迫った。レンズ越しに現地で目にしたのは，誘拐結婚と「文化」の入り組んだ関連性だった。ロンドンの写真エージェントに所属し，欧米の新聞・雑誌などに作品を寄せている。昨年7月から1月まで，キルギスの農村や都市に入って誘拐結婚を取材。その成果で今回，報道写真の国際的祭典「ビザ・プール・リマージュ」で最高賞を受賞した。女子大生のファリーダは，市街地で車に連れ込まれた。農村に住むトウシュトンペックが仲間とともに実行した。林は追尾して一部始終を撮影。トウシュトンペックの親族女性らが彼女を家に連行する様子もとらえた。誘拐結婚はキルギスでも違法とされている。関係者はなぜ，撮影を容認したのだろう。「罪の意識が薄かったことが一因だと思う」と林は語った。国際人権機関の報告書を読んで誘拐結婚の存在を知った。女性への人権侵害を告発する狙いを持って現地に入る。だが，初めの1カ月間は当惑の連続だった。「かつて誘拐結婚させられた50代の女性たちも『今は幸せに暮らしている』『幸せになる人も不幸せになる人もいる』と，のどかに語った。『これも一つの文化だ』と伝えるべきなのか，と一時は迷いました」誘拐結婚は単なる物理的暴力ではなかった。望まない結婚を多くの女性たちに受け入れさせてきた仕組みが，次第に見えてきた。林によれば現地では，女性が男性の家で一夜を過ごすことは純潔を失ってしまったこととみなされていた。男性の一族に囲まれて夜通し説得される間に，拒んでいた女性も諦めさせられてしまう。そんな構図が見えた。被害者の親も同じ価値観を持っていることが多いため，娘を救出に行くよりも諦めさせる方に傾きがちだったという。首謀者の親族女性たちが「私も誘拐されたけど幸せになれたから大丈夫」と被害者を説得する現実もあった。逃げ道をふさぐため，高齢者たちが玄関前に座りこむ場面も見た。老人は尊敬されるべきだという価値観が，女性を閉じ込める壁として利用されていた。「誘拐結婚の背景には価値観の問題が結びついている」と思う一方，「誘拐結婚も一つの文化」とする伝え方は退けた。きっかけは，結婚の3日後に自殺した女性の遺族に話を聞いたことだった。花嫁の象徴とされる白いスカーフをかぶらされそうになり，泣き叫びながら抵抗する女性を見たことも影響した。「人権侵害と見る立場を選ぶと決めました。特定の価値観を基準にして現地に『介入』する行為ではあるけれど，私はあの場にいて，見てしまったので」誘拐結婚はキルギスの伝統だとする主張についても「広まったのは，キルギスが旧ソ連の一部になって以降の1世紀間のこと。伝統とは言えない」と話す。法で禁じられても人々の意識のあり方のせいで人権侵害が根絶されないのは，キルギス社会に特有の現象だろうか。そうは思わない，と林は言う。「たとえば日本の家庭内暴力や性暴力。人権侵害を受けたのに共同体からの報復を恐れて声をあげられない女性は，日本にもいると思う」

（「誘拐結婚キルギスの文化か」朝日新聞2013年12月3日夕刊）

「文化相対主義　cultural relativism」,「多文化主義　multiculturalism」の主張を理解させる。

板書事項

A：レヴィ・ストロース『野生の思考（La Pensée sauvage）』

　　アマゾン川流域の無文字社会の文化も西洋と同じ「構造」をもつ

　　＝「**文化相対主義**」

　　＝すべての文化は，それ自身で固有の価値をもっており，対等。

　　　優劣をつけたり，善悪を判断したりすることはできない。

B：サイード『オリエンタリズム』

　　西洋の東洋に対する見方

　　その根底に自民族中心主義（エスノセントリズム）

　　脱植民地主義（ポストコロニアリズム）としての「**多文化主義**」を主張

解説　レヴィ・ストロース以前は，savage は「未開な」「野蛮な」と捉えられており,「未開」は
　　　やがて「文明」へといたるものであるという価値観・序列付けを前提としていた。

資料

　「現在の地球上に存在する社会，また人類の出現以前いままで地球上に次々存在した社会は
（略）われわれ西欧の社会と同じく―誇りとする倫理的確信を持ち，それに基づいて（略）自
らの社会の中に，人間の生のもちうる意味と尊厳がすべて凝縮されていると宣言しているので
ある。（略）歴史的地理的にさまざまな数多の存在様式のどれかただ一つだけに人間のすべて
がひそんでいるのだとするには，よほどの自己中心主義と素朴単純さが必要である。人間につ
いての真実は，これらいろいろな存在様式の間の差異と共通性とで構成される体系の中に存す
るのである。　　　　　　（レヴィ・ストロース著，大橋保夫訳『野生の思考』みすず書房，1976，p.299）

　オリエンタリズムの思考様式，言説空間の下では，つねに西洋と東洋の厳格な二項対立が機能
し，西洋と対比的に，東洋には後進性，奇嬌性，官能性，不変性，受動性，被浸透性などの性
質が割り当てられた。また逆に，西洋は東洋に対し，みずからと反対のもの（カウンター・イ
メージ）を執拗に割り当てることによってのみ，自分自身のアイデンティティーを形成して
いった。　　（サイード著，今沢紀子訳『オリエンタリズム（上）』平凡社ライブラリー，1993，pp.347-348）

展開2

「普遍的人権主義　universal humanism」の主張を理解させる。

板書事項

「普遍的人権主義」

　　＝すべての文化に共通する人間の権利や価値が存在する。

　　　人権は人類に共通のもので，地域や文化によって違ったりはしない。

展開3

１．文化相対主義と２．普遍的人権主義のどちらかの立場に立ったうえで，誘拐結婚について思うところを文章化し，グループで発表する。

まとめ

　異文化理解を専門としている文化人類学者の深川宏樹氏（神戸大学教授）の以下の言葉を紹介したうえで，以下のA・Bについて話し合わせる。

> 「異文化理解は，他者の批判や自己の批判を含むが，他者と自己の肯定に貫かれており，他者にも自己にも属さない第三の概念の産出を試みなければならない。相手の芽を摘むのではなく，根に水をあげて花が開くことを待ち望みたい」

A：「現代の日本の文化の中にもこのような問題はないのだろうか？」

B：「伝統や文化を肯定しながらも，人権が守られていくためには何が必要か？」をグループで話し合う。

A：「家庭内の性別役割分業」，「夫の妻に対するDV」，「女性国会議員数の比率の低さ」などの意見が考えられる。

B：「違った価値観や異文化を含むさまざまな情報の開示」，「自分の家族が（する側の）誘拐結婚に巻き込まれたらどうするかということを考えさせる」などの意見が考えられる。当然，もっと積極的に現場に介入すべきだという意見も出るだろう。

■評価

・試験問題例（「思考・判断・表現」）

　「キルギスの誘拐結婚について考察する際に，あなたは文化相対主義と普遍的人権主義のどちらの立場に立つか？　その際に，あなたの選んだ立場はどのような立場なのかを説明すること。さらに，その立場を選んだ理由と，もう一方の立場に対する批判も付し，具体的な解決の方向性を論ぜよ」

採点基準

①文化相対主義か普遍的人権主義のどちらかの立場が選ばれ，その立場の説明がなされている。

②どちらかの立場を選んだ理由と，もう一方の立場への批判が述べられている。

③解決に向けた具体的な方向性が論じられている。

■他の授業例／発展的な授業例

・「倫理」：サイードのポストコロニアリズム

・「政治・経済」：人権の国際的保障

〈参考資料〉

・林典子『フォト・ドキュメンタリー　－人間の尊厳』岩波新書，2014

・林典子『キルギスの誘拐結婚』日経ナショナルジオグラフィック社，2014

・「誘拐結婚キルギスの文化か」朝日新聞 2013 年 12 月 3 日夕刊

・「誘拐結婚が伝統の国って」朝日新聞 2020 年 3 月 4 日朝刊

・レヴィ・ストロース著，大橋保夫訳『野生の思考』みすず書房，1976

・エドワード.W.サイード著，今沢紀子訳『オリエンタリズム（上・下）』平凡社，1993

・深川宏樹他『21 世紀の文化人類学』新曜社，2018

・岩渕功一『多様性との対話　－ダイバーシティ推進が見えなくするもの』青弓社，2021

（菅野功治）

持続可能な世界をつくるために
─SDGs を手がかりに─

ア　地域の創造，よりよい国家・社会の構築及び平和で安定した国際社会の形成へ主体的に参画し，共に生きる社会を築くという観点から課題を見いだし，その課題の解決に向けて事実を基に協働して考察，構想し，妥当性や効果，実現可能性などを指標にして，論拠を基に自分の考えを説明，論述すること。

指導のねらい

①社会課題を見出し，その課題の解決に向けて事実をもとに協働して考察，構想し，妥当性や効果，実現可能性などを指標にして，論拠をもとに自分の考えを説明，論述させる。
②課題探究のプロセスを学ぶことにより，「総合的な探究の時間」における課題研究論文の作成を促す。＜発展＞

学習内容・授業方法等の概説

・内容Aで身に付けた選択・判断の手がかりとなる考え方や公共的な空間における基本的原理などを活用するとともに，A及びBで扱った課題などへの関心を一層高める。（3　内容の取扱い（3）キ（ア））

・法，政治及び経済などの個々の制度にとどまらず，各領域を横断して総合的に課題を探究する。（3　内容の取扱い（3）キ（イ））

・令和4（2022）年度から高等学校で年次進行により実施された新学習指導要領に基づき，「総合的な学習の時間」にかわる新科目「総合的な探究の時間」がスタートした。その骨子は「探究の見方・考え方を働かせ，横断的・総合的な学習を行うことを通して，自己の在り方生き方を考えながら，よりよく課題を発見し解決していくための資質・能力を次のとおり育成すること」にある。ここには「総合的な学習の時間」にはなかった，自ら「課題を発見」すること，そして自己の生き方だけではなく「自己の在り方」を考えるという文言が新たに加わった。つまり，先の見通せない激しい変化の時代を生きるにあたり，より主体的に，教科横断的な社会課題を自らが発見し，他者と協働しながら解決していくアクティブな「活動」が求められているとみることができる。「総合的な探究の時間」は，地域課題を解決するアクティビティや課題研究論文の作成など，学校の実情によりめざすゴールが異なる。本指導案では，高校2年時での課題研究論文の作成をめざし，高校1年時で行うミニ課題探究をイメージした。昨今の大学入試では，学校推薦型選抜や総合型選抜など推薦入試の合格者を増やす傾向にあるが，課題研究論文の成果をエントリーシートや面接でアピールすることもできる。探究活動は，学習指導要領に明記されているように，「①課題の設定　→　②情報の収集と読み取り・分析　→　③課題の探究　→　④自分の考えの説明」というスパイラルを何度も経験させることが重要である。テーマについては，探究活動が学校に充当された限られた予算の中で行われるため，大掛かりな科学実験を行うことは現実的に難しく，一般的には人文・社会科学的なテーマで文献調査を行うケースが多い。つまり，

「公共」で学習した内容と関連した現実社会の諸課題がテーマに選ばれることがとても多くなっている。とりわけ，SDGsと絡めた問題設定にすると問いを立てやすく，課題研究論文のテーマとしてふさわしいものとなりやすい。そこで本指導案は，「公共」の授業のまとめとしてSDGsをテーマにしたミニ課題探究を行い，「総合的な探究の時間」における課題研究論文の作成につなげていく内容になるよう構成した。

内容Ａで身に付けた考え方・基本原理

・「行為の結果である個人や社会全体の幸福を重視する考え方」や「行為の動機となる公正などの義務を重視する考え方」
・人間の尊厳と平等，個人の尊重，民主主義，法の支配，自由・権利と責任・義務などの，公共的な空間における基本的原理
・哲学対話の手法
　【哲学】自分を含めた世界を理解しようと自ら問いを繰り返し，普遍の真理にたどり着こうとする営み，当たり前を「疑う」こと（探究的な学びの基礎になる）
　【哲学対話】共に問い，考え，語る営み
　【哲学対話のルール】
　　・基本的に自由に，何を話してもよい
　　・お互い相手の意見は最後まで聞く
　　　（誰かが話し終わってから，手を挙げて会話のバトンを受け取り，発言する）
　　・発言をせかさず，沈黙して話すことを考えている場合も，待つ
　　・自分の意見については「理由」を必ず言う
　　　（有名な誰かがこう言っていました…のように，人の考えを使って意見を述べない）
　　・賛成・反論はしてもよいが，相手の意見を否定しない
　　　（ディベートと異なり，論破することが目的ではない）
　　・結論を出す必要はない（話の途中で時間切れになってもよい）
　　・「人それぞれ」で話を終わらせない
　【問いの立て方】
　　・誰かの意見に対して，「６Ｗ１Ｈ」を意識して「問う ＝ 考える」内容・材料を探す
　　　When ：いつ／時
　　　Where：どこで／場所
　　　Who ：だれか／人
　　　What ：何を／物・事
　　　Why ：なぜ／理由・原因
　　　Which：どの／比較
　　　How ：どのように／手段・方法

学習指導案

〈1時間目〉

	授業内容	備考
導入	・ワークシート を配付する。 ・ワークシート①-1, ①-2 (1)～(3)の課題に各自取り組むよう指示する。　　　　　　　　　　　　　　　　　　　　　（5分）	・スマートフォン，タブレットPCを準備させる。
展開	（1）興味がある「SDGs」のゴール（1～17）を選ぼう。 　　（複数のゴールにまたがる内容に興味がある場合は，複数でもよい） （2）興味があるゴールについて，具体的な国・地域および世界で，どのようなことが課題となっているのか，具体的な事例について調べてみよう。 （3）具体的な解決策 　　（現在行われている取り組み，将来に向けた取り組み）　　（40分）	・机間巡視を行い，それぞれの課題についてアドバイスする。
まとめ	・調べた際に用いたインターネットサイトは ワークシート②-2 の引用文献・参考文献リスト（本，インターネットサイトなど）に記載させる。 　　　　　　　　　　　　　　　　　　　　　　　　　　（5分）	・信頼できるサイトから引用した情報であるかどうかを再確認させる。

〈2時間目〉

	授業内容	備考
導入	・ワークシート②-1, ②-2 (4)～(6)の課題に各自取り組むよう指示する。 　　　　　　　　　　　　　　　　　　　　　　　　　　（5分）	・スマートフォン，タブレットPCを準備させる。
展開	（4）自分の中で生まれた疑問（問い）と，それについて現時点でわかったこと　※複数の問いを立てよう （5）分析・考察・自分の考えたこと（まとめ） （6）私の行動宣言を書こう　　　　　　　　　　　　　（40分）	・机間巡視を行い，それぞれの課題についてアドバイスする。
まとめ	・次回の授業で，6人班で各自5分間の発表・2分間の質疑応答を行うので，事前に発表資料を準備しておくように指示する。発表資料は ワークシート① ・ ワークシート② の(1)～(6)に則した内容で作成する（形式は自由）。 ・調べ切れなかった内容は，次回の授業までに書籍や論文等を追加で探して調べるよう指示する。　　　　　　　　　　　　（5分）	・Power PointかA3ポスター形式で発表資料を作成させる。

〈3時間目〉

	授業内容	備考
導入	・6人班をつくり，机をつける。 ・1人5分間の発表と2分間の質疑応答を行うよう指示する（発表はPower PointかA3ポスター形式の発表資料を用いる）。 ※タイムキーパーを1人決めてもよい。 ・質疑応答の内容は，ワークシート②-3の＜班員からの疑問などのフィードバックをまとめよう＞に発表者が記入するよう指示する。（3分）	・タブレットPCを準備させる。 ・他の人の発表に対して，「6W1H」を意識して，問う内容・材料を探すよう促す。
展開	・各班での発表 （1人5分間の発表・2分間の質疑応答）（42分）	・発表の様子を観察し，講評に備える。
まとめ	・授業者による講評・発表成果の共有を行う。 ・ワークシートを回収して，評価に活用する。（5分）	

授業展開 ◆持続可能な世界をつくるために ― SDGs を手がかりに―

〈1時間目〉

導入

ワークシート①（1）～（3）の課題に各自取り組もう。

解説 本学習には情報の収集方法を学ぶ目的もある。学校にインターネットに接続できるタブレットPCが生徒分あれば望ましいが，難しい場合はスマートフォンを活用させる。

展開

解説 ワークシート①-1 「（1）興味がある「SDGs」のゴール（1～17）を選ぼう」については，複数のゴールにまたがる内容に興味がある場合は，複数でもよいと伝える。「そのゴールを選んだ理由」は課題研究論文においては，「研究の背景，動機（どうしてこのテーマを選んだか），研究目的や意義（研究を行うことがもたらす影響）」の部分に該当する。

ワークシート①-2 「（2）興味があるゴールについて，具体的な国・地域および世界で，どのようなことが課題となっているのか，具体的な事例について調べてみよう」については，「どこで？」「だれが？」「いつから？」「どのようなことが課題に？」を具体的に記入させる。これが課題研究論文における「本研究における課題」の部分に該当する。そのうえで，「（3）具体的な解決策（現在行われている取り組み，将来に向けた取り組み）」を確かな情報ソースから調べ，記入させる。

（2）については，具体的な国・地域を挙げられず，「世界中で」とか「アフリカのどこかで」といった書き方をしている生徒も見られる。本指導案のようなミニ課題探究は，探究する対象を細分化する練習になる。探究論文を執筆する際には，「アフリカの民族問題」「人種

差別」「ジェンダー平等と LGBT」といった，どこで・だれが・いつから・どのようなこと
が問題になっているかが具体的にわからない漠然としたテーマだと，探究するテーマとして
ふさわしいものにならない。たとえば，以下のように，信頼できるインターネットサイトや
本を参考にして具体的な統計データなどを使いながら記述できると，探究するテーマにおけ
る課題としてふさわしい内容になる。ここまで調べられると，〈2時間目〉に取り組む（4）
における「問い」を立てることがやっと可能になる。

世界 30 カ国（うち半数以上がインドネシア，エジプト，エチオピア）で，2 億人の女の子た
ちや女性たちが FGM（女子割礼・性器切除）を経験している。FGM を経験している 15 歳未
満の女の子の割合が最も高い国々は，ガンビア（56%），モーリタニア（54%），インドネシア
（49%）であり，現在の傾向が続けば 2030 年までに，さらに 1 億 5,000 万人の 15～19 歳の女
性が FGM を受けることになる見込みである。5 歳の誕生日を迎える前に多くの場合受けると
いわれる FGM は，女性と子どもの権利の侵害である。2008 年以降，20 カ国の 1 万 5,000 以
上のコミュニティで FGM を廃止するという公式宣言が出されており，2015 年時点で 5 カ国
（ケニア，ウガンダ，ギニアビサウ，ナイジェリア，ガンビア）が FGM を違法とする法案を
可決している。FGM に関する統計が存在する国でも，多くの人が FGM を廃止すべきだと考
えており，この慣習に対する非難が広まっている。

（ユニセフの主な活動分野／子どもの保護　女性器切除（FGM）

https://www.unicef.or.jp/about_unicef/about_act04_03.html より）

まとめ

解説　調べた際に用いたインターネットサイトは ワークシート②-2 の引用文献・参考文献リス
ト（本，インターネットサイトなど）に記載させる。官公庁の白書や，国際機関，NGO や
NPO のサイト，新聞や通信社など，信頼できる出典からの引用に限り，個人のブログや
SNS などでの発言は複数の裏付けを取ったうえで（情報の真偽を確かめて），名前を明記し
て引用する。

調べ切れなかった場合は，次回の授業までに書籍や論文等を追加で探して調べるよう指示す
る。書籍や論文の検索のしかたは，事前に別途演習させておくことが望ましい（p.240-241
【資料・文献の探し方】を参照）。

〈2時間目〉

導入

ワークシート②-1, ②-2 (4)〜(6)の課題に各自取り組もう。

解説 前時と同様, 学校にインターネットに接続できるタブレット PC が生徒分あれば望ましいが, 難しい場合はスマートフォンを活用させる。

展開

解説 ワークシート②-1 「(4) 自分の中で生まれた疑問 (問い) と, それについて現時点でわかったこと」については, 複数の問いを立てさせる。ここまでに行った現状と課題を把握する調べ学習がどこまで深まっているか, がここで問いを立てられるかどうかの鍵になる。〈1時間目〉の 展開 の 解説 で挙げた事例に基づく問いの例は以下の通りである。

(問いの例)
・FGM (女子割礼・性器切除) の定義はそもそも何か。
・ガンビア, モーリタニア, インドネシア以外で FGM を行っている国はどこか。
・FGM は特定の宗教による風習なのか。
・FGM を続けたいと考える人が今もいるのはなぜか。
・FGM をなくすためにできることは何か。なくすための障害となっているものは何か。

このような問いを, インターネットから得た情報や書籍・論文などを使って掘り下げていき, さらにそこから新たな問いが生まれ, それをまた調べて, 探究は深まっていく。最終的にテーマ全体を貫く問いを立てることができれば, それが課題研究論文における「本研究における課題」となる。

しばしば課題探究は「調べ学習とは違う」といわれるが, 文系大学生の卒業論文, 修士論文でも調べ学習を超えたものに出会えることはほとんどない。高校生に必要以上のハードルを要求するのは酷である。単なるインターネットから得た情報や生成 AI による文章のコピー&ペーストは慎むとして, 自ら問いを立て, 論文や新書〜専門書レベルの書籍を最低でも5冊以上読んでまとめた課題探究は, 論文の形にしても一般的に立派な仕上がりになる (数値化された統計資料を必ず1つ以上含める, という条件を課すのもよい)。

以上を踏まえて ワークシート②-1, ②-2 「(5) 分析・考察・自分の考えたこと (まとめ)」「(6) 私の行動宣言を書こう」を記入させる。

まとめ

解説 調べ切れなかった内容は, 次回の授業までに書籍や論文等を追加で探して調べるよう指示する。

〈３時間目〉

導入

解説 ６人班をつくり，机をつけさせ，１人５分間の発表と２分間の質疑応答を行うよう指示する。発表はPower PointかＡ３ポスター形式の発表資料を用いるものとする。50分授業ではギリギリの時間となるため，タイムキーパーを教員側で行うか，班に１名タイムキーパーを置くのもよい。質疑応答では，発表者はメモを取りながら ワークシート②-３ の＜班員からの疑問などのフィードバックをまとめよう＞に記入するよう指示する。

展開

解説 各班での発表（１人５分間の発表・２分間の質疑応答）に入る。すべての発表者が発表できるよう，慎重にタイムキープを行う。質疑応答の際は，哲学対話の要領で「６Ｗ１Ｈ」を意識して問いを立てさせる。問われたほうは，答える材料が手元になければ，さらに探究を深めるきっかけになる。課題探究は，担当する教員がすべての生徒に寄り添い綿密な指導を行うことが難しい。ミニ課題探究のサイクルをくり返し，生徒同士で問う力を身に付け，協働的に学ぶ探究の共同体を形成することが望ましい。

まとめ

解説 ワークシート を回収し，優れた発表者がいれば，その課題探究の深まりについてその成果を全体で共有する。次の授業の冒頭で１～２人の優れた発表者に発表させてもよい。

■学習内容のまとめと評価
〈評価方法〉
・ ワークシート を回収し，主体的に学習に取り組む態度および思考・判断・表現の観点の評価に用いる。

■発展的な授業例
「総合的な探究の時間」につなげる，課題研究論文のテーマ設定においては，本指導案における各自興味をもった「SDGs」のゴールに関連した課題を発展させてもよいし，まったく違ったテーマを選んでもよい。その際に，以下の注意点を生徒に示すとよい。
【テーマの選び方】
①「好き」を選ぶ
　自分が「好き」なことをテーマに選ぶのが，一番無理がない。みなさんにとって，時間があったらあるだけ，人に語りたくなるような「好き」なことはあるだろうか？「好き」なことほど，主体的に，楽しく実験したり，掘り下げたりすることができる。とはいえ，ただ「好き」というだけでは課題研究論文にはならない。長い目で見て，そのテーマで調べ続けることができるか，調べるにあたって参考となる先行研究や資料，データが存在するか，自分以外の人に客観的に興

味をもってもらえるテーマであるか，高校生のもつ知識や与えられた時間，環境で検証できるか，などの将来性も考慮して選んでほしい。資料があっても，読みこなすのが難しすぎるものもある。まずは，自分の手に負えそうなテーマを選ぶのが肝心である。

②どうしても決められなければ…

　もし，どうしてもテーマが決められなければ，自分が属している国・地域・学校・組織などについて掘り下げてみるのもよい。あるいは，学校の授業やインターネットサイト，テレビのドキュメンタリー番組，ニュース，本などから興味をひかれたことでもよい。さらに，そうした情報を耳にしたみなさんの心が動いたならば（たとえば，難民申請を却下されて苦しんでいる人がいることに怒りを覚えた，など），テーマとして掘り下げる動機としては十分である。

③テーマは小さく，細分化し，具体的に

　その際，「鉄道」「テーマパークの歴史」「アメリカの小説」「社会福祉」「速く走る方法」「世界の民族問題」「もし江戸幕府が続いていたらどうなったか」といった大まかなテーマ設定だけを行うと，範囲が広すぎて的をしぼり切れなかったり，単なる雑な調べ学習で終わってしまったりする可能性がある。テーマは，「日本における音楽サブスクリプション市場の現状」「ミウラ折り段ボールと普通の段ボールの耐荷重比較」「日本と諸外国の e-sports の広がり」など，小さいピースに細分化したほうが明確になりやすく，まとめる見通しを立てやすい。また，「どうすればダイエットできるか」のような，個人の努力に帰するテーマも避けるべきである。

④疑問形で設定する

　テーマは「なぜ〜なのか」などといった疑問形で設定すると，課題探究の「問い」として妥当なものとなりやすい。まずは自分の「好き」なことについて問いを立て，6W1Hに基づいて突っ込みを入れて，問いを研ぎ澄ましていこう。ただ，「なぜ飛行機が飛ぶのか」のような，すでに答えがわかっている問いや，「人の心を動かすデザインとは何か」のような，「心を動かす」「デザイン」がそもそも客観的・具体的に定義できないテーマは探究に適さない。「どのような紙飛行機がよく飛ぶか」といった問いであれば，実際に紙飛行機を作って，比較実験で検証することなどが可能であり，探究に適しているといえる。

　そしてもちろん，読んだ人が不快に感じたり，脅威を感じたりするような内容がテーマにふさわしくないことは言うまでもない。

⑤テーマを途中で変えてもよい

　探究を進めていく中で，テーマを変えることは構わない。資料が集めにくいテーマや壮大すぎるテーマにこだわっていては，探究を先に進めることができない。調べているうちに，探究したい内容をしぼったほうがよいと気づいたり，新たな興味が生まれたりすることもある。行き詰まったら，思い切ってテーマを変えることを検討してほしい。

〈参考資料〉
・梶谷真司『考えるとはどういうことか　―0歳から100歳までの哲学入門』幻冬舎，2018
・宮内泰介，上田昌文『実践 自分で調べる技術』岩波書店，2020
・小熊英二『基礎からわかる 論文の書き方』講談社，2022
・小笠原喜康，片岡則夫『中高生からの論文入門』講談社，2019

（石浦昌之）

ワークシート①‐1

持続可能な世界をつくるために〜SDGs を手がかりに〜

(1) 興味がある「SDGs」のゴール（1〜17）を選ぼう

（複数のゴールにまたがる内容に興味がある場合は，複数でもよい）

ゴール（例）1：貧困をなくそう，2：飢餓をゼロに
そのゴールを選んだ理由

(2) 興味があるゴールについて，具体的な国・地域および世界で，どのようなことが課題となっているのか，具体的な事例について調べてみよう

どこで？	
だれが？	
いつから？	
どのようなことが課題に？	

(3) 具体的な解決策（現在行われている取り組み，将来に向けた取り組み）

ワークシート②-1

(4) 自分の中で生まれた疑問（問い）と，それについて現時点でわかったこと
　　※ 複数の問いを立てよう

（例）・飢餓の原因の一つは，穀物の多くが先進国における家畜飼料になっているからだという。では先進国の人々
　　　が肉を食べることをやめれば，飢餓はなくなるのだろうか？　飢餓を根本的になくすためにできることは何
　　　か？ →（現時点でわかったことを書く）

・

→

・

→

・

→

・

→

・

→

(5) 分析・考察・自分の考えたこと（まとめ）

（5）分析・考察・自分の考えたこと（まとめ）記入欄の続き↓

（6）私の行動宣言を書こう

行動宣言

［引用文献・参考文献リスト（本，インターネットサイトなど）］

※ 他の人の発表に対して，「6W1H」を意識して，問う内容・材料を探そう

　　　When　：いつ／時
　　　Where：どこで／場所
　　　Who　　：だれか／人
　　　What　：何を／物・事
　　　Why　　：なぜ／理由・原因
　　　Which　：どの／比較
　　　How　　：どのように／手段・方

ワークシート② - 3

＜班員からの疑問などのフィードバックをまとめよう＞

●資料・文献の探し方，論文のまとめ方●

【資料・文献の探し方】

　先行研究の資料の探し方については，以下のような活動で学ばせることができる。

①公共の図書館の蔵書を探す

　【問題】加藤尚武『環境倫理学のすすめ【増補新版】』（丸善出版）という本を自分の家から近く
　　　　て利用しやすい図書館で手に入れられるかを調べよう。

　（1）住んでいる地域の公立図書館（区立，市立など）の蔵書検索サイトを開こう。

　（2）区内・市内などのどこの図書館の開架，閉架にあるか，請求記号と貸出の有無を調べよう。

所蔵している図書館名	○をつける	請求記号	貸出の有無（○×）
図書館	開架 閉架		

　　※新版（2020年）ではなく，旧版（1991年）を検索していませんか？
　　※タイトルの似た，別の本を調べていませんか？　同じ著者の『新・環境倫理学のすすめ【増補新版】』
　　　（丸善出版）という本もあるので，間違えていないか，確かめてみよう。

　　閉架の場合は，図書館の受付に申し出れば出してもらえる。また，普段利用している図書館に
　はなくても，区内・市内などの図書館に蔵書があれば，数日で取り寄せてもらえる。

　　現時点で貸し出されていないことが確認できれば，予約してから図書館に行くと確実である。

　　本の検索に関しては，学校や図書館の司書さんに相談してみるのもよい。

　　公立図書館・大学図書館の蔵書を，「カーリル（https://calil.jp/）」を利用して住んでいるエリ
　アや現在地から検索することもできる。

②論文を探す

　【問題】Aさんは，「日本におけるe-sports（エレクトロニック・スポーツ）の現状と課題」につ
　　　　いて論文を書きたいと考えている。あなたがAさんであると仮定して，（1）～（3）の検
　　　　索サイトなどを活用しながら，論文執筆に使えそうな先行研究や基礎文献，信頼できる
　　　　インターネットサイトを5点以上集め，リストアップしよう。

　（1）「国立国会図書館サーチ」（https://iss.ndl.go.jp/）

　　　本・論文・雑誌記事などの検索が可能。「e-sports」「現状」のように，複数のキーワード
　　　の間にスペースを入れて検索すると，より自分の入手したい本や論文などにたどりつける
　　　（本を入手するための具体的な検索のしかたは「①公共の図書館の蔵書を調べる」を参照）。
　　　論文は，「J-STAGE」（https://www.jstage.jst.go.jp/）や「学術機関リポジトリ」（https://
　　　irdb.nii.ac.jp/）のリンクがある場合は，PDFで論文をダウンロードすることができる。

　　※ダウンロードできない場合

　　　国立国会図書館　遠隔複写サービス（https://www.ndl.go.jp/jp/copy/remote/index.html）より，ログイン→新規利用者登録→インターネット限定利用者登録を行うと，遠隔複写のサービスで指定した記事・論文のコピーを有料で入手できる（郵送された後に代金振込）。

（2）「CiNii（サイニィ）Research」（https://cir.nii.ac.jp/）

　　大学図書館の本や博士論文を検索できる。

（3）「Google Scholar」（https://scholar.google.com/）

　　さまざまな論文を検索できる。「巨人の肩の上に立つ」（by ニュートン）とあるように，先人たちが積み重ねてきた学問の成果や技術の肩に乗って，自分の課題探究を仕上げていこう。

【論文・雑誌記事】著者（複数の場合もある）・「論文のタイトル」・発行者名・『雑誌名』・巻名・発行年・ページ

(例)・成耆政・葛西和廣「e- スポーツの現況と成長戦略の構築」松商学園短期大学総合研究所『地域総合研究』11(1)，2010，pp.73-95

　　・鎌田光宣・岩永直樹「日本人のeスポーツに対する意識調査」千葉商科大学国府台学会『千葉商大紀要』57(3)，2020，pp.233-242.

【本】著者（複数の場合もある）・『本のタイトル』・出版社名・発行年

(例)・黒川文雄『プロゲーマー，業界のしくみからお金の話まで　eスポーツのすべてがわかる本』日本実業出版社，2019

【インターネットサイトなど】

(例)・経済産業省「日本のeスポーツの発展に向けて〜更なる市場成長、社会的意義の観点から〜」2020 https://jesu.or.jp/wp-content/uploads/2020/03/document_05.pdf.

　　・一般社団法人日本eスポーツ連合オフィシャルサイト https://jesu.or.jp/

【論文のまとめ方】

　　課題研究論文については，以下の項目で3,500〜4,500字程度でまとめさせるとよい。

・タイトル（問いを踏まえたタイトルにすると，論文を通した問いが明確になる）

・キーワード（自分の課題探究の内容を表すキーワードを3つ程度挙げる）

・要旨（課題探究の概略，主要なポイントを簡単にまとめる）

1. はじめに（研究の背景，動機＝どうしてこのテーマを選んだか，研究目的や意義＝研究を行うことがもたらす影響）

　　※背景では，テーマに選んだ物事の定義や歴史，種類や現状を示すとよい。

2.1 先行研究（5.引用文献・参考文献 に示した確かな出典から，必要な情報やデータをそのまま「引用」して書く）

　　※先行研究をまとめ，現時点で明らかになっていることと未解明なことを明確にする。

2.2 本研究における課題（設定した問いを示す）

3.1 仮説の設定（立てた仮説とその根拠を示す）

　　※問いの答えの予想（仮の説）（例）〜の原因は…なのではないか

3.2 仮説の検証方法（研究方法および調査の対象）

　　※文献調査，アンケート調査，インタビュー調査，参与観察（組織やグループの一員として参加しながらデータ収集する）・現地調査，実験

　　※アンケート調査やインタビュー調査などについては，個人情報やプライバシーの管理に細心の注意を払う必要がある。また，アンケート調査では，調べたい内容を的確に問うことができる，信頼性と妥当性に足る質問紙になっているかどうか，吟味が必要である。

　　※長期休業などを生かして現地調査・参与観察といったフィールドワークを行う場合は，施設などに依頼文を出したり，電話・メールでアポイントメントをとったりする必要がある（記録する際も，録音などは相手先の許可が必要となる）。終わったあとは，礼状の送付が礼儀とされる。

　　※公共機関・企業・NPO・大学などが企画したプログラムに参加し，そこから得られたことや考えたことを論文にすることもできる。

3.3 検証結果

　　※ 必要に応じて，図・グラフ・表を入れることが望ましい。

3.4 考察

　　※ 仮説を検証して得られた結果の原因を考察する。

4. 結論

　　※考察を踏まえた研究のまとめ，今後の課題を記す。

5. 引用文献・参考文献（先行研究の論文，書籍，インターネットサイトの URL など）

【論文を書く際の注意点】

　他人の意見（先行研究）を踏まえて，自分の意見を加えたものが論文である。コピー＆ペースト（コピペ）して，他人の意見を無断で盗用する行為は禁物である。インターネットサイトの情報やAI の生成した文章は，大まかな知識を得る際には有用だが，客観的な裏付けに欠けているため，論文の根拠にしたり，ましてコピペすることがあってはならない。ただし，公的な機関（政府・官公庁の白書，地方自治体の報告書など）のサイトに掲載された情報であれば，出典を明記して引用することができる。また，書籍の文章や学術論文も，引用文献・参考文献欄に出典を明記していれば，引用することができる。画像データの引用については，著作権の有無に気をつけてもらいたい。

　課題研究論文は，誰が読んでもわかる明快な文章で書くことが重要である。文体は「である」調で統一し（「ですます」調は×），清書は何度も推敲を重ね，誤字・脱字，文法（主語・述語の対応なども），句読点や改行，論理的一貫性などの観点からチェックを行う。探究担当の教員（メンター）やクラスの仲間に読んでもらうのもよい。

（石浦昌之）

おわりに

　2018 年の既刊書では "東京都高等学校公民科「倫理」「現代社会」研究会" だった「都倫研」の正式名称が，本書では "東京都高等学校「倫理」「公共」研究会" に変更されています。この変更は，高等学校地歴・公民科にとって激震ともいえる新学習指導要領の実施によるものです。戦後 GHQ の手引きで作られた社会科を作りかえるという幾分政治的な意図に加え，今に始まった話ではありませんが，理数・英語・情報といった実学重視の時代のニーズを受けて，学校によっては地歴・公民科全体の減単や，それにより地歴科の教員が公民科の基礎科目を担当するという事態も生じています。正式名称から "公民科" が抜けたのもそうした理由によるものです。

　歴史総合，地理総合，公共（現代社会は廃止）という必修科目の導入により，日本史探究，世界史探究，地理探究，倫理，政治・経済は選択科目になりました。歴史科についていえば，近現代の日本史・世界史のつまみ食いだけで大学生になれるしくみができました。一方，公民科には，倫理を学ばずに大学生になれるしくみができてしまいました。必修で現代社会を置いていた学校は公共に代替されるだけなので影響は大きくないと思われます。しかし，難関国公立大学の受験などで必要とされた共通テスト科目「倫理，政治・経済」を受験する生徒を想定し，倫理と政治・経済の両方を必修で置いていた学校の多くは，倫理を公共に代替し，政治・経済を必修として残しました。公共の4分の3が政治・経済の学習内容であることを考えると，難関国公立大学への進学を目指す生徒が「コスパ」の論理を取れば，2025 年度以降の共通テストでは「公共，倫理」ではなく，「公共，政治・経済」を受験科目に選ぶと思われます（どうしても倫理を学びたい，あるいは政治・経済を苦手とする一部の生徒は，「公共，倫理」を受験するため自由選択科目の倫理を履修する可能性は残ります）。

　都倫研で活動する教員の多くは倫理を専門としているため，以上の理由から，今後は公共の授業を中心に担当することが多くなると思われます。「他のどんな授業とも違う，倫理の授業の時間が好きでした」という声を何度聞いたことでしょう。「当たり前を疑う」倫理の授業が静かなる熱狂をもたらしたように，「主体的・対話的な深い学び」という倫理・哲学のお家芸をアクティビティの形で公共に導入することは，必修倫理なき今後，大きな意味をもつと思われます。既刊書や本書は，倫理の学習内容の素晴らしさを未来の公共の授業にしっかりと生かし，よりよいものとするための意欲的な取り組みでもあります。例えばロックの経験論と社会契約説を結び付けて学習する（白紙状態から培った各人の経験は異なり，同じ真理に達することはできないため，特殊意志の総和である全体意志に基づいて意志決定する＝間接民主制）など，倫理と政治・経済の橋渡しをするアイデアは豊富にあります。本書にはそのようなアイデアをちりばめた実践事例が数多く詰まっているので，現場の先生方や教員を目指す未来の先生方の一助となれば幸いです。

　本書の編集にあたって，株式会社清水書院編集部の蓮見恵美子様には細やかで正確なご指摘を含め多大なるご教示を頂きました。また，中沖栄様にも様々な書類の作成など，多大なるご尽力を賜りました。編集部一同，謹んで感謝を申し上げる次第です。

東京都高等学校「倫理」「公共」研究会　編集部

石浦昌之

編集委員（50音順）

石浦　昌之（東京都立上野高等学校主任教諭）

村野　光則（東京大学・東京外国語大学非常勤講師）

和田　倫明（東京都立産業技術高等専門学校名誉教授）

執筆者（50音順）

宇田　尚人（東京都立飛鳥高等学校教諭）

菅野　功治（東京都立西高等学校主任教諭）

久世　哲也（東京都立向丘高等学校主任教諭）

古賀　裕也（かえつ有明中学校・高等学校教諭，上智大学非常勤講師）

小玉　重夫（東京大学教授）

坂口　克彦（東京都立墨田川高等学校指導教諭）

杉浦　光紀（東京都立井草高等学校主任教諭）

照井　恒衛（東京都立稔ケ丘高等学校主任教諭）

外側　淳久（東京都立駒場高等学校主任教諭）

豊岡　寛行（埼玉県立八潮南高等学校教諭）

西尾　　理（都留文科大学教授）

塙　枝里子（東京都立農業高等学校主幹教諭）

山本　智也（筑波大学附属駒場中・高等学校教諭）

（所属・役職は2023年7月現在）

本文イラスト　本間　康司

SDGs LOGO：国際連合・持続可能な開発目標ウェブサイト

　　　　　　https://www.un.org/sustainabledevelopment/

　　　　　　この出版物の内容は国連によって承認されておらず，国連またはその当局者または加盟国の見解を反映したものではありません。

新科目「公共」「公共の扉」を生かした13主題の授業事例集

2023年8月25日　　初版発行

編　者　東京都高等学校「倫理」「公共」研究会

発行者　野村久一郎

発行所　株式会社　清水書院

　　　　〒102-0072　東京都千代田区飯田橋3-11-6

　　　　電話 03-5213-7151

印刷所　広研印刷株式会社

製本所　広研印刷株式会社

定価はスリップに表示

●落丁・乱丁本はお取り替えいたします。

ISBN 978-4-389-22605-3 C3037　　　　　　　　　　　　　　Printed in Japan